Josef Bader

Das ehemalige Kloster Sanct Blasien

Josef Bader

Das ehemalige Kloster Sanct Blasien

ISBN/EAN: 9783743302167

Hergestellt in Europa, USA, Kanada, Australien, Japan

Cover: Foto ©Lupo / pixelio.de

Manufactured and distributed by brebook publishing software
(www.brebook.com)

Josef Bader

Das ehemalige Kloster Sanct Blasien

Das ehemalige

Kloster Sanct Blasien

auf dem Schwarzwalde

und

seine Gelehrten - Academie.

Von

Joseph Bader.

(Separat=Abbruck aus dem Freiburger Diöcesan=Archiv, VIII. Band.)

———•◦•———

Freiburg im Breisgau.
Herber'sche Verlagshandlung.
1874.
Zweigniederlassungen in *Strassburg*, *München* und *St. Louis*, Mo.

Buchdruckerei der Herder'schen Verlagshandlung in Freiburg.

Quellen und Hilfsmittel.

1) Liber constructionis monasterii ad S. Blasium, bei Mone, bab. Quellensammlung IV, 76.

2) Series abbatum (necrologische Annalen) von S. Blasien, baf. III, 598.

3) Liber actorum monast. S. Blasii oder Chronik des Andreas Letsch, baselbst II, 42.

4) Liber originum monast. S. Blasii von Abt Caspar I, im Landes-Archiv zu Karlsruhe, auszugsweise bei Mone, baf. 56.

5) Mone, die Geschichtschreiber von S. Blasien, in der Einleitung zur bab. Quellens. I, 64.

6) P. Ziegelbauer, historia rei literariae ordinis S. Benedicti, herausgegeben von P. Oliv. Legipont, 1754.

7) P. Kettenacker, tabulae fundatorum et benefactorum monast. S. Blasii, Hbschr. im Landes-Archive.

8) Gerberti historia sylvae nigrae, 1783.

9) Feierlichkeit des im Stift S. Blasien eingeweihten neuen Tempels. S. Gallen, 1784 (mit acht Festreden).

10) Neugarti episcopatus Constantiensis, 1803 und 1862.

11) Necrologia congregationis San-Blasianae, von 1662 bis 1756 und 1803.

12) Catalogi patrum et fratrum congregat. San-Blasianae, von 1726 bis 1775 und 1807.

13) Nicolai, Reise durch Deutschland im Jahre 1781 (Berlin, 1796), 12. Band.

14) Grabmann, das gelehrte Schwaben. Ravensburg 1802.

15) Klüpfel, necrologium sodalium et amicorum literariorum. Friburgi et Constantiae 1809.

16) Waitzenegger, Gelehrten- und Schriftsteller-Lexicon der kathol. Geistlichkeit in Deutschland. Landshut 1822.

17) Dümge, Auszüge aus interessanten Urkunden, Acten und Briefen. Handschr.

18) Kolb, bab. Lexicon, Art. S. Blasien (I, 120).

19) Bader, die ehemal. breisgauischen Landstände. Karlsruhe 1846.

20) Braun, Memoiren des letzten Abtes von S. Peter. Freiburg 1870.

Vorwort.

Mit der folgenden Abhandlung erfülle ich eine Pflicht der Dankbarkeit. Denn wie die Anfänge meiner Bildung für die vaterländische Geschichte es darthun, muß ich mich als einen Zögling der historischen Schule von S. Blasien betrachten. Meine Heimat liegt zwischen Schaffhausen und dieser ehemaligen Abtei, dadurch bin ich in frühen Jahren schon ein Schüler der sanctblasischen Gelehrten und des berühmten Geschichtschreibers der Schweiz geworden.

Ich schöpfte aus den Werken Herrgotts und Heers meine ersten diplomatischen Kenntnisse; aus Gerberts Sylva nigra den ersten geschichtlichen Unterricht über meine Heimatgegend (das Kletgau), aus Kreuters Buch die erste Bekanntschaft mit der Geschichte meiner zweiten Heimat (des Breisgaues), und erlernte aus Ussermanns und Neugarts trefflichen Arbeiten die primae lineae historischer Kritik, während es mir zur besondern Freude gereichte, die zerstreuten Handschriften Lucas Maiers zu sammeln und für meine eigenen historischen Versuche zu benützen.

Aber, wie diesen Epigonen der Blasianer, so hat Johann von Müllers geschichtschreiberisches Genie auch mich hingerissen und in die Bahn seiner Anschauungen gezogen. Schaffhausen und S. Blasien — wenn ich auf dem Felde vaterländischer Geschichte je etwas Erspriesliches geleistet, aus diesen Oertlichkeiten stammten die Keime dazu!

Unmöglich kann ein Jüngling an einem großen Landsmanne[1] wärmer hängen, als ich an Müller hieng, und obwohl das schwarz-

---

[1] Schaffhausen und Neukirch, wo Müller geboren und erzogen worden, gehören der Landschaft Kletgau an.

Baber, St. Blasien.

wälbische Benedictinerstift schon seit zwei Jahrzehnten aufgehoben war, so führte mich das Leben noch mit zweien seiner jüngsten Patres zusammen, welche mir mündlich ergänzten, was ich aus den Schriften der älteren Conventualen gesammelt. Es waren Pfarrer Speidel von Alpfen und Pfarrer Kleber von Dogern. Zumal hat mir der Erstere, ein durchaus gescheibter Kopf, manche interessante Nachricht mitgetheilt und manchen nützlichen Wink gegeben.

Alsdann, nach meiner Anstellung an unserm Landesarchive, wurde meiner Verwaltung auch das ehemalige sanctblasische Klosterarchiv (so weit dasselbe nach Karlsruhe gekommen) anvertraut, was mich in den Stand setzte, meine aus den Werken der erwähnten Gelehrten früher geschöpften Kenntnisse gründlichst zu vervollständigen und zu erweitern. Die gewonnene Vertrautheit mit den Schätzen dieses Archives war ein neues Band, welches meine Dankbarkeit an den Namen S. Blasien fesselte.

Was nun die folgende Abhandlung betrifft, so habe ich dieselbe wegen verschiedener hemmenden Umstände, welche während der Bearbeitung zusammentrafen, leider nicht in der Weise ausführen können, wie sie im Plane angelegt war. Namentlich hätte ich die sanctblasische Literatur gerne vollständiger und genauer angegeben, als es geschehen, und muß deßhalb den Leser um billige Nachsicht bitten. Wenn ich aber aus meinen früheren Arbeiten über S. Blasien hier Manches wieder wörtlich eingeflochten, so wird dieses wohl keiner Entschuldigung bedürfen.

Baber.

I. Die Brüder an der Alb bis zur Errichtung der Abtei S. Blasien.

Kaum eine andere Gegend des Schwarzwaldes übertrifft an öder, wilder, eigenthümlicher Natur das kleine Bereich der südöstlichen Abhänge des Feldberges, jene vereinsamten Höhen und Tiefen, wo die Quellenbäche der Alb und der Aha entspringen. Diese „Alb" entsteht durch Vereinigung der beiden Wasser des Bernauer und Menzen= schwander Thales, und strömt unmittelbar dem Rheine entgegen, wäh= rend die geringere „Aha", nachdem sie den Schluchsee gebildet, durch die finstere Schlucht der Schwarzhalde der Wutach zueilt, um mit derselben gleichfalls vom Rheinstrome aufgenommen zu werden.

Zwischen der Alb und dem Schluchsee dehnt sich über gewaltige Halben und Bergrücken der Blasienwald mit dem „Muchenlande" aus, in deren Rahmen sich Alles vereinigt, was einer Gebirgs= und Waldgegend den Charakter großartiger Wildheit verleihen kann. Denn hier, an den südlichen Abhängen hin, zwischen Felsriffen und Steingeröllen, haben sich in menschenloser Urzeit eine Menge jener Granitblöcke nieder= gelassen, welche von den höchsten Alpen losgebrochen und auf ungeheuern Eisschollen im weiten See zwischen den Schweizer= und Schwarzwald= Höhen umher geirrt.

Diese altersgrauen Blöcke des reinsten Granitgesteins lagern in allen Größen auf den grünen Bergwiesen und verleihen der Gegend ein besonders abenteuerliches Gepräge. Stolze Hochwal= dungen von Roth= und Weißtannen umschließen die verschiedenen Halden, Auen und Thalgründe, wo einzelne Tannen=, Birken= und Erlengruppen, Rauchholder=, Brombeer= und dergleichen Gesträuche mit dem dürren Gefelse und Steingerölle malerisch abwechseln. Selbst der wilde Kirschenbaum zeigt sich da in geschützter Verborgenheit.

Das an den Blasienwald sich anlehnende Albthal verändert bei Neuhäusern ob der Kutterau seine südöstliche Richtung in eine streng südliche, erhöht aber von hier an seinen wildromantischen Cha= rakter, welcher ihm in neuerer Zeit einen besondern Ruf erworben, in reichem Wechsel bis zu seinem Ausgange hinter Albbruck. Der=

maßen zerfällt das Thalgelände in zwei ziemlich verschiedene Hälften, in das hintere und das vordere Thal, deren Scheidepunct die grüne Au zunächst unterhalb S. Blasien bildet.

Das Wassergebiet der hintern Alb, von der Kutterau bis hinauf an die Südhalbe des Feldberges (beim Seebucke und Hochkopfe), ist von bedeutenden Höhen umschlossen, gegen Westen vom Herzogen=horne (4724'), vom Blößling (4372') und von der hohen Zinke (4143'), im Süden vom Brestenberge und Hochkopfe (4218'), vom Arberge und von der Hächenschwander Höhe (3368'), gegen Osten von der Bären= und Schnepfenhalbe (4400'), dem Habsberge (4031') und Blasienwalde (2709').

Dieses fünf Stunden lange und halb so breite Gebiet selbst aber umschließt (links der Alb) die „schöne Matte", den Kuhkopf, Heu=berg, Bötz= und Windberg (4036'), solchem gegenüber (rechts der Alb) den Richberg, Ahornkopf und Kolwald, sobann die Orte Bernau, Rickenbach und Menzenschwand, endlich die Höhen der „Grafenmatte" und des Tischbaumes (4336'). Am östlichen Ab=hange des Hochkopfes entspringen der Schwarzenbach und der Steinbach, wovon ersterer am Eingange des Bernauer Thales, letzterer dagegen bei S. Blasien in den Albfluß mündet.

Dergestalt ist die enge Thalgegend des ehemaligen Benedictiner=Stiftes von bedeutenden Höhen und Hochwäldern umgeben, welche ihr während der Winterszeit nur über die Mittagsstunden die wär=menden Stralen der Sonne gestatten. Indessen muß ich hier wieder=holen, was schon anderswo über diese Lage gesagt worden. Die Berg= und Thalgegend von S. Blasien, so recht im Herzen des obern Schwarzwaldes gelegen, zeigt das Gepräge desselben im kräftigsten Aus=drucke. Es herrscht darin urweltliche, saftige, unerschöpfte Natur. Dichte Hochwaldungen, gewaltige Gneis= und Granitfelsen, tiefgrüne, kräuterreiche Berg= und Thalwiesen, üppiges Gesträuch von Stechpalm=, Rauchholder= und Brombeerstauden, herrliche Quellen des frischesten, süßesten Wassers und die reinste stälendste Luft — dieser Wechsel so köstlicher Gaben entschädigt die Bewohner während der schönen Jahres=zeit für den Schnee und Nebel des langen und rauhen Winters[1].

Seit wenigstens tausend Jahren war die Gegend von S. Blasien der Cultur zugänglich und das Stift hat für den Anbau derselben alles Mögliche gethan; hieraus läßt sich schließen, welch' ein Bild oder

---

[1] Sehr interessant ist es zu lesen, wie der Berliner Nicolai, welcher im Jahre 1781 auf seiner Reise nach dem Süden auch nach S. Blasien kam, die bortige Ge=gend geschildert hat, im 12. Band seines weitschweifigen Itinerars, S. 47.

Gebirgswilbuiß das Albthal und seine Umgebung gewährt haben,
als die ersten Menschen sich darin angesibelt.

Die erste anbauernde Bewohnung desselben fällt unzweifelhaft
in die deutsche Zeit unter den Merovingern und Karolingern,
denn der Typus der Bernauer und Menzenschwander ist vorherrschend
germanisch und weitaus die meisten in der ganzen Gegend vorkom=
menden Oertlichkeits=Bezeichnungen sind entschieden deutsch; doch lassen
andere die Vermuthung zu, daß schon im keltisch=römischen Zeitalter sich
etliche Menschenkinder so weit hinauf ins Gebirge verloren [1].

Es will zwar die alte Sage, daß schon während der Christen=
verfolgungen unter den römischen Kaisern sich einzelne Verfolgte in die
Wildnisse auch des schwarzwälbischen Albthales geflüchtet; wir halten
das aber für eine Uebertragung aus späterer Zeit, wo allerdings da
und dort in diesen Einöden ein frommer Walbbruder seine Hütte
errichtet hatte, wie die Ortsnamen Bruderhalbe, Einsibel, Zell
und bergleichen bezeugen.

Nach der alten sanctblasischen Hauschronik lebten im 8ten und
folgenden Jahrhunderte an verschiedenen Orten des Albgebietes solche
weltverachtende Eremiten in schlechten Hürden, in Felsgrotten und
Erbhölen dem Dienste des Herrn und der Arbeit ihres Unterhaltes.
Da sich aber auf Stunden weit kein Hof, kein Weiler oder Dorf
befand, so waren die nöthigen Nahrungsmittel an Fleisch, Mehl, Milch,
Butter und Käse kaum zu erringen, wie gedulbig und mühselig, unter
den Beschwernissen des langen und harten Winters, die armen Ein=
sibler auch umherwanderten, um ihr Nothdürftigstes zu sammeln [2].

Oefters war einer und der andere in der bittern Lage, sich
mit dem Honig wilder Bienen, mit Wildobst, Strauchbeeren, Kräutern

---

[1] Die Bernauer und Menzenschwander sind ein Menschenschlag, welcher
sich von den Bewohnern ihrer Nachbarschaft sehr unterscheidet, meistens Leute von
hohem Wuchs, blonbhaarig und blauäugig, während weiter abwärts im Albthale
ein kleinerer, untersetzter und dunkler Schlag erscheint. Aber auch in seelischer Be=
ziehung zeigen sie das germanische Wesen. Ihre Nahrungsquellen waren schon
seit den ältesten Zeiten hauptsächlich die Viehzucht und die Holzschnefferei.
Mehrere Weiler und Flecken der Gegend heißen Schwand (Menzenschwand,
Häckenschwand, Wittenschwand, Geschwänd, Schwand und Heppenschwand), ein Zeichen,
daß ihre Feldgemarkungen durch „Schwänden“ oder Abholzen und Ausreuten dem
Walde abgerungen worden. Keltischen Ursprunges scheinen die Namen Alb,
Präg, Böh(berg) und Aha zu sein.

[2] Der liber constructionis macht eine düstere Schilderung des Albthales, in=
dem er von den Eremiten erzählt: Horrida patiebantur a magnis nivium glebis
et imbrium turbinibus, nec non violentia ventorum sive grandinum et pruinarum.
quibus solitudines habundare solent in hemisphaerio nostro.

und Wurzeln behelfen zu müssen. Mancher erlag einer so harten und
ärmlichen Lebensweise, wurde krank und starb hilflos dahin. Diese Noth
führte die einzeln und entfernt von einander wohnenden Brüder
endlich zusammen. Sie erinnerten sich der Worte des Herrn: „Wo
zwei oder drei sich zusammen thun in meinem Namen, da werde ich
unter ihnen sein."

Zum Orte ihrer gemeinsamen Wohnstätte erlasen diese Brüder
eine erhöhte Stelle des grünen Thalgrundes, wo sich der Steinbach
in den Albfluß ergießt. Hier erbauten sich dieselben hölzerne Hütten
mit einem Kirchlein und erwählten den Tüchtigsten aus ihrer Mitte
zum „Oberen" oder Vorsteher, dessen Anordnungen sie in freiwilligem
Gehorsam getreulich zu befolgen gelobten. Dergestalt bildete sich um
die Mitte des 9ten Jahrhunderts die „Zelle an der Alb", welche
nachmals zu einem reichen und berühmten Gotteshause — zur Abtei
S. Blasien erwuchs [1].

Der Vorsteher der Zelle, den die Brüder ihren „Vater" nannten,
schrieb jeglichem derselben, je nach seinen Lebensjahren, Gaben und
Kräften, die ihm obliegenden Geschäfte und Arbeiten vor. Die
Rüstigeren wurden in die benachbarten Höfe, Weiler und Flecken geschickt, um die nöthigen Lebensmittel herbei zu schaffen; andere der
Brüder dagegen waren für die Handarbeit daheim bestimmt, zumal
für die Urbarmachung der nächsten Umgebung, und wieder andere für
die Besorgung der verschiedenen gottesdienstlichen Geschäfte.

Das Alles jedoch konnte nicht geschehen ohne die Genehmigung

---

[1] Die Kritik des 18. Jahrhunderts verwarf die Sage von den Einsieblern, und
freilich konnte dieselbe aus der Legende des heiligen Blasius entstanden sein, welche
berichtet, daß dieser menschenfreundliche Bischof von Sebaste (in Armenien) vor den
Christen-Verfolgungen unter Kaiser Diocletian sich in eine Wildniß geflüchtet und
ein Einsiedlerleben geführt, wo gezähmte Thiere seine Gesellschaft waren, bis ihn
kaiserliche Jäger entdeckt und hinweggeführt, worauf er in hartes Gefängniß gerieth
und nach vergeblichen Versuchen, ihn abtrünnig zu machen, im Jahre 283 ent-
hauptet worden.
Aber warum sollten bei der Eroberung des Oberrheins durch die heidnischen
Alemannen nicht einzelne christliche Priester mit ihren Büchern und Dienern in
die Einöden des Schwarzwaldes geflüchtet und daselbst Einsiedeleien gegründet
haben? Und warum wäre es so unwahrscheinlich, daß sich zeitweise der eine und
andere Knabe oder Jüngling aus benachbarten Höfen und Weilern solch' einem Waldbruder angeschlossen, von ihm in literis unterrichtet und zum Nachfolger bestimmt
worden, wodurch die Einsiedelei von Geschlecht auf Geschlecht geerbt? Wenn der
Verfasser des liber constructionis seine Erzählung von den Eremiten auch etwas
stark ausgemalt hat, so wäre das noch immer kein Grund, es in Abrede zu stellen,
daß dieselbe auf einer ächten Ueberlieferung beruhe.

unb Förderung des Grundherrn dortiger Gegend, des Dynasten Sige=
mar, welcher dem frommen Vereine an der Alb seine besondere Theil=
nahme schenkte; denn er übergab die Zelle dem nächstgelegenen Bene=
dictiner=Stifte, damit sie von dortaus eine klösterliche Einrichtung nach
den Regeln des benedictinischen Ordens erhalte[1]. Dieses Stift war
das Gotteshaus Rheinau, welches zu den ältesten Klöstern am Ober=
rhein gehörte. Die Uebergabe fand im Jahre 858 statt und wurde
866 durch König Ludwig den Deutschen bestätiget. Zu gleicher Zeit
brachten die Rheinauer Mönche eine Reliquie des heiligen Blasius
nach der Albzelle, worauf dieselbe den Namen cella sancti Blasii
oder Sanct=Blasien erhielt.

Nachdem sich nun die Brüderzal durch Zuwachs aus verschiedenen
Gegenden ansehnlich vermehrt hatte, erbaute man ein gemeinschaft=
liches Zellenhaus und lebte in klösterlicher Gemeinschaft dem Dienste
des Herrn durch Gebet und Studium, der Handarbeit in den Geschäften
der Hauswirtschaft und des Landbaues, und der nöthigen Ruhe und
Erholung, wie es die regula sancti Benedicti vorschrieb, welche den
Albzellern von ihrem Diöcesan=Bischofe Erenfrid zu Costanz bereit=
willigst gestattet worden.

Was das erwähnte Studium unserer Brüder anbelangt, so be=
saßen dieselben schon damals eine Schule, aber noch wenige Bücher, und
da ihnen auch das Pergament mangelte, so waren sie gezwungen, auf
Birkenrinde zu schreiben, um sich die nöthigsten Schriften der Bibel
zu verschaffen[2]. Doch besserte sich's damit, als bei dem immer größeren
Zuflusse fremder Bekenner auch Priester, Schriftkundige und kunst=
fertige Männer nach der Albzelle kamen.

Diese Zunahme der Bewohner hatte für die fromme Pflanzung
auch eine Vermehrung des Besitzes und Einkommens derselben
zur Folge, was den Brüdern die Mittel verschaffte, ihr hölzernes Bet=
haus in einen steinernen Bau zu verwandeln. Mit großer An=
strengung beschlugen sie das harte Granitgestein, wie sich's blockweise
in der Gegend vorfand, und mühevoll führten sie die Mauern auf;
aber manches Stück fiel ihnen wieder zusammen, was sie der Tücke des
Bösen zuschrieben, und durch Gebet und unausgesetzte Arbeit über=
wanden. Auf gleiche Weise dämmten sie die wilde Alb, welche durch

---

[1] Ad stabiliendum inibi servitium S. Mariae (der Schutzheiligen von Rheinau),
heißt es in der alten Notiz dieser Uebergabe.

[2] Libri ex arborum corticibus gab es auch anderwärts in alten Klöstern, wie
denn S. Gallen noch 1114 ein solches Buch besaß. Die Birkenrinde hat mehrere
Häute, auf deren einer sich trefflich schreiben und zeichnen läßt. Ziegelb. I, 582.

öfteres Austreten die am Ufer gelegenen Viehställe und Krautgärten überschwemmte und verdarb, in die gehörigen Schranken ein.

So blühte die Albzelle freudig heran, als die Einfälle der Hungarn, welche durch Baiern und Schwaben verheerend bis an den Oberrhein vordrangen, ihr verderblich wurden. Im Jahr 925 zog eine Schaar vom Bodensee durchs Rheinthal herab, zerstörte die Gottes=häuser S. Gallen, Rheinau (die Reichnau blieb von ihnen verschont, weil sie keine Fahrzeuge besaßen)[1], wurden bei Säckingen, wo sie das reiche S. Fribolins=Stift zu plündern gedachten, von dem Frick=thaler Helden Hirminger geschlagen, warfen sich hierauf in den Schwarzwald, zerstörten daselbst die Albzelle und das Kloster S. Trubbert, setzten auf Flößen nach dem Elsaße über, wo ihnen Graf Leutfrid einigen Widerstand leistete, erfochten aber sofort einen glänzenden Sieg und erlagen erst weiter im Lande den gegen sie auf=gebotenen burgundischen Waffen.

Nach der Verwüstung der Albzelle zogen die geflüchteten Brüder gen Rheinau, wo das dortige Kloster wieder hergestellt wurde; ihre schwarzwälbische Heimat blieb veröbet viele Jahre lang, bis ein neuer Einsidler seinen Sitz daselbst wählte. Es war dieses der Freiherr Reginbert von Seldenbüren (im Zürichgau), welcher am Hofe und im Heere Kaiser Otto des Großen lange gedient und sich endlich aus der Welt in die Einsamkeit begeben, um ganz und einzig seinem Gotte zu dienen, semper coelestia meditans.

Reginbert kam im Jahre 948 nach der verlassenen Zelle des heiligen Blasius an der Alb, stellte dieselbe nothbürftig wieder her und bewohnte sie einige Zeit als einfacher Waldbruder, beschäftigte sich aber angelegentlichst mit dem Gedanken, ein eigentliches Kloster daraus zu machen. Er brachte es durch seine Freunde und Gönner zu Rheinau, beim Bischofe zu Constanz und am kaiserlichen Hofe auch wirklich dahin, daß die neue, von ihm erbaute Zelle[2] von ihrem Mutterstifte ge=trennt, mit der umliegenden Wildniß bewidmet und unter dem Patro=cinium des heiligen Blasius als selbstständige Abtei urkundlich be=stätigt wurde.

Dieses Alles geschah zwischen den Jahren 948 und 983. Regin=bert hatte keine Zeit, keine Mühe und kein Opfer an Geld und Gut gespart, um sein frommes Ziel zu erreichen. Er stellte die alte zer=fallene Kirche und die Zellen wieder her, bevölkerte dieselben wieder

---

[1] Diöcesan=Archiv IV, 270 f. VI, 272.

[2] Anno 948 initiatus est locus monasterii S. Blasii, wie die alte Nach=richt lautet.

mit Mönchen unter einem Prior und befestigte sie in der Regel des heiligen Benedict, mit Genehmigung des Abtes zu Rheinau und des Bischofs von Constanz, trat hierauf selbst in den Orden — omnia sua Deo et sancto Blasio donans, und wurde als ein kluger, vielerfahrener, leutseliger Greis von allen geliebt und verehrt. Die Errichtung dieses Priorates fällt in die Zeit von 950 bis 955; sofort aber begab sich Rginbert an den kaiserlichen Hof, wo Otto I den alten Günstling und Waffengenossen huldreichst empfieng und seiner Bitte gnädigst entsprach, indem er „die neuerbaute Zelle mit ihrer Umgegend dem heiligen Blasius zu freiem Eigentume übergab und dem frommen Einsiedler, welcher sich zuerst daselbst niedergelassen[1], wie all' seinen Brüdern und Nachfolgern zu ewigem Besitze überließ."

Diese kaiserliche Gnade erlangte Reginbert noch kurz vor seinem Ableben im Jahr 963, die Bestätigungs-Urkunde der Schenkung und Freiheit blieb jedoch unvollendet liegen bis 983, wo der Sohn und Nachfolger Otto's des Großen, Otto der Zweite, dieselbe in aller Form ausfertigen ließ. Die Gränzmarken des der Zelle verwidmeten Gebietes wurden darin genau bestimmt und erstreckten sich vom Ursprunge der Alb an der Südhalbe des Feldberges mit dem Höhenzuge des Herzogenhornes, Blößlings und Hochkopfes bis zum Urberge, sodann hinüber nach Heppenschwand und über die Höhe von Hächenschwand an die Schwarzach hinab, mit dieser aufwärts bis zum Schluchsee, von da über den Habsberg und sofort mit der Schnepfen- und Bären-halbe bis wieder zum Feldberge[2].

Innerhalb dieses Gebietes gehörte Grund und Boden mit Allem, was er trug und führte, als freies, unabhängiges Eigentum der Zelle des heiligen Blasius und erhielt in diesem Sinne den Namen des sanctblasischen „Zwinges und Bannes". Es war also auch hier, wie bei den übrigen Klöstern des Schwarzwaldes, dem neuen Gottes-hause eine Wildniß vermacht worden, welche dasselbe durch seine Leibeigenen zu bevölkern und zu bebauen hatte.

Man kennt wohl wenig' Beispiele, wo sich Laienherren ein ähnliches Verdienst um die Cultivierung von Einöden erwarben, wie es bei den Klöstern meistens der Fall war. Und so müssen wir im Gange unserer Cultur das Gesetz bewundern, wornach ein geheimnißvoller Seelentrieb jene armen Einsiedler in schwärmerisch frommer Welt-

---

[1] Cella in sylva Swarzwalt noviter constructa a Reginberto eremita, qui primus ibi habitare coeperat, heißt es im k. Diplome.
[2] Eine nähere Beschreibung dieses Zwinges und Bannes geben meine Mit-theilungen über das sanctbl. Waldamt in der Zeitschr. für Gesch. des Oberrh. VI, 97.

Baader, St. Blasien. 1

verachtung nach den Wildnissen des Schwarzwaldes drängte, wo aus deren bescheidenen Zellen wohlgeordnete Gotteshäuser entstunden, welchen die Freigebigkeit der Kaiser, Fürsten und Edelherren diese Wildnisse überließ, damit sie dieselben der Bewohnung und Cultivierung eröffneten und so der Menschheit nützlich machten!

Was von den ersten Einsiedlern im Albthale mit unendlicher Müheseligkeit begonnen, aber durch die Verwüstung der ungarischen Horden unterbrochen war, nahm Reginbert wieder auf und setzte es fort mit der gleichen unermüdlichen Arbeit. Das vermochte nur die Alles beherrschende Glaubenskraft jener Menschen mit ihren nach dem Himmel gerichteten Herzen.

Der Neubegründer des Albklosters, welcher den Glanz und die Ehren des kaiserlichen Hofes verlassen, welcher sein irdisches Gut hingegeben, um unter dem rauhesten Himmel, auf dem undankbarsten Boden, stets bedroht von den Gefahren der Elemente, der wilden Thiere und der Feindschaft böser Menschen, für die Zukunft eine Pflanzschule geistiger und materieller Cultur anzulegen — er lebte selber in gottergebener Demuth unablässig dem Gebete, der Betrachtung und den Sorgen der Klostergeschäfte [1].

Als Reginbert in hohem Alter sein wechselvolles, thätiges und verdienstvolles Leben beschloß, erfüllte eine tiefe Trauer die Brüder der Albzelle, denn sie verloren an ihm nicht allein einen liebevollen Vater, sondern auch einen auf weithin angesehenen und einflußreichen

---

[1] Mone hält diesen bedeutenden Mann, weil er am Hofe Otto's des Großen gelebt und dessen Gunst besessen, in den sächsischen Annalen aufgeführt worden und die sächsischen Farben im Wappenschilde geführt, für einen gebornen Sachsen; diese Umstände lassen sich aber auch anders erklären.

Die Herren von Berau (Bärenau) und jene von Selbenbüren besaßen das gleiche Wappen, einen schwarzen Bären auf goldenem Schilde. Die Burg Berau lag im schwarzwälbischen Alpgau, wenige Stunden von der Albzelle, und die Veste Selbenbüren im benachbarten Zürichgau. Grafen in diesem Gaue aber waren die alten Nellenburger, ein daselbst, wie im Alpgau und Hegau, reichbegütertes Geschlecht, welches bei Otto dem Großen und seinen Nachkommen in besonderer Gnade stund. Vgl. meine nellenburgischen Regeste in der oberrh. Zeitschr. I, 72.

Es ist daher höchst wahrscheinlich, daß Reginbert, ein Freiherr „von Berau", mit dem Grafen Eberhart von Nellenburg nach Sachsen gezogen, dort am Hofe und im Heere des Kaisers gedient, sich dadurch die Gunst desselben und als Lohn seiner Treue das kaiserliche oder Reichsgut Selbenbüren erworben, und aus Dankbarkeit, wie es auch die Nellenburger und andere Geschlechter gethan, die Farben des sächsischen Kaiserhauses angenommen. Ein Gottfried von Berau, wohl der letzte des Stammes, vermachte im Beginne des 12. Jahrhunderts an S. Blasien sein ganzes Erbe und wurde Mönch daselbst, wohl nicht ohne besondere Beziehung seiner Familie zu diesem Kloster.

Beschützer, welcher ihnen als ehrwürdiges Beispiel der Nachahmung vorgeleuchtet. Todtkrank an das Lager gefesselt, nahm er Abschied von ihnen, empfieng die heiligen Sacramente und hauchte ruhig seinen Geist aus. Er verschied am 13ten December des Jahres 963.

II. Schicksale der Abtei bis zum ersten Klosterbrande.

In Folge der ottonischen Schenkung wurde der erste Prior zum Abte erhoben und von Bischof Konrat zu Constanz in dieser Würde bestätiget. Es war der Bruder Beruger, geboren zu Hächenschwand, ein frommer, ernster, sittenstrenger Mann, welcher mit dem Stifter Reginbert die ganze Einrichtung des neuen Klosterwesens begonnen hatte und dieselbe sofort vollendete, indem er neben dem neu erbauten Münster nicht nur ein steinernes Conventhans mit Capitelsaal, Refectorium, Dormitorium, Küche und Keller errichtete, sondern auch eine Herberge für Gäste, Pilger und arme Leute, nebst einem Siechenhause für die Kranken. Die kirchliche Einweihung des neuen Klosters geschah durch den Bischof Eberhart von Constanz am 15ten September des Jahres 1036.

Das alte Klostergebäude überließ man denjenigen Brüdern, welche „Geschrift nit können hand", den fratribus non literatis, welche daher die „äußeren Brüder", fratres extranei, genannt wurden. Ihnen lagen vornehmlich die Arbeiten der Haus= und Landwirtschaft ob, und es knüpfte sich an sie später das Institut der Laienbrüder, welches den Landbau des Klosters so trefflich förderte.

Nach dem Hingange des hochverdienten Abtes Beruger im Jahre 1045 mußte sich der listige Mönch Itzo bei seinen Mitbrüdern so ein= zuschmeicheln, daß sie ihn zu dessen Nachfolger erkiesten. Bevor derselbe aber noch bestätiget war, trat er mit solcher Ueberhebung auf, daß sie ihn wieder fallen ließen und den Bruder Werher an seine Stelle erhoben, einen durch Weisheit und Frömmigkeit ausgezeichneten Mann, welcher die Neubanten seines Vorgängers in zierlichem Geschmack vollendete; auch erwarb er sich ein besonderes Verdienst durch sorgfäl= tigen Anbau einigen Reutelandes in der Nähe des Klosters[1].

Abt Werner I, nach löblicher Verwaltung seines Amtes, verstarb am 28sten September 1068 und erhielt durch einstimmige Wahl zum würdigen Nachfolger den frommen Pater Giselbrecht. Dieser begann sein Regiment mit einer Reformation der bisherigen Regelzucht,

---

[1] Excoluit etiam novalla quaedam monasterio accommoda, wie der liber construct. kurz berichtet.

1*

nach dem Beispiele anderer Klöster, wo die ursprünglichen Satzungen des benedictinischen Ordens mehrfach abgeändert und verschärft worden, um sie vor der Ausartung in einen zu weltlichen Geist möglichst zu bewahren.

Berühmt durch diese strengere Disciplin waren damals besonders die Stifte Clugni und Fructuar, von wo dieselbe in viele Benedictiner-Klöster übergieng und sowohl ihrem religiösen, als ihrem wissenschaftlichen Leben neuen Trieb verlieh. Denn so lange die Mönchsanstalten in ihren Einöden mit wilden Thieren und zerstörenden Elementen zu kämpfen hatten, so lange sie mit Ausrodung der Wälder und Beurbarung des Erdreiches beschäftigt waren, mußte die gelehrte und literarische Arbeit bei ihnen zurückstehen. Nachdem sie aber die rauheste Wildniß überwunden und sich durch ihre wohlgeordnete Wirtschaft, wie durch fromme Vergabungen, bereichert sahen, rangen sie in löblichem Eifer auch nach dem Ruhme gelehrter und künstlerischer Bildung.

Abt Giselbrecht sandte die Brüder Uto und Rusten nach dem Kloster Frubelle (Fructuarium), damit sie die bortige Regelzucht kennen lernten und heim brächten. Solches geschah auf Betrieb der Kaiserin Agnes, welche als Witwe in jenem Gotteshause lebte und die beiden Sendlinge freigebig unterstützte[1]. Von dem an herrschte zu S. Blasien die fructuarische oder clugnische Disciplin, wodurch daselbst ein neues geistigeres Leben erwuchs, denn sie verschaffte den clericalischen, gelehrten, literarisch und künstlerisch thätigen Brüdern das Uebergewicht über die Menge der ungelehrten und Laienbrüder. So gewann das Kloster durch strenge Regelzucht, durch den Flor seiner Schulen und die Pflege der Gelehrsamkeit eine immer glänzendere Stellung und bildete im 11ten und folgenden Jahrhunderte, wo die altberühmten Stifte S. Gallen, Reichenau und Rheinau schon abzunehmen begannen, mit Allerheiligen zu Schaffhausen und S. Aurel zu Hirschau die Trias der berühmtesten Gotteshäuser in ganz Schwabenland.

Giselbrechts Klosterverwaltung fiel in die Zeiten des heftigsten Kampfes zwischen Thron und Altar, unter Papst Gregor VII und Kaiser Heinrich IV, und da der treffliche Prälat mit seinen Mönchen standhaft zur Sache des heiligen Stuhles hielt, so suchten und fanden viele getreue Anhänger der verfolgten Kirche in der Abgelegenheit von S. Blasien eine sichere Zufluchtsstätte. Sie waren dankbar dafür

---

[1] Agnes stund mit S. Blasien in Verbindung durch ihre Schwester Abelheit, die Gemahlin des Grafen Kuno, aus dem reichbegüterten Hause von Rheinfelden, welches das Gotteshaus ansehnlich begabte, um seine Grabstätte daselbst zu erhalten.

und beschenkten das Kloster mit Gütern, Zinsen und Gülten, mit Büchern, Kleinoden und anderen Gaben, wodurch sich dasselbe so be= reicherte, daß es einen großen Neubau vornehmen konnte. Dieser Neubau war um so nöthiger, als der Zudrang zum Kloster immer stärker wurde. Abt Giselbrecht begann denselben mit Weg= räumung des alten hölzernen Zellenbaues der ersten Brüder, an dessen Stelle er eine Pfarrkirche für die Dienstleute des Klosters und die nächsten Umsassen errichtete. Seit beinahe dritthalb hundert Jahren hatte dieser Holzbau nun schon bestanden — die structura lignea, wie die Hauschronik bemerkt, habitationis anachoretarum, ubi in= primis confluxerant a diversis locis.

Die Pfarrkirche wurde im Jahre 1085 eingeweiht durch den Bischof Otto von Ostia, welcher später auf den päpstlichen Stuhl ge= langte. Alsbann erbaute Giselbrecht, noch kurz vor seinem Tode, eine Kapelle für das Krankenhaus, deren Einweihung durch den Bischof Gebhart von Constanz geschah, während seiner Flucht vor den kaiser= lichen Waffen. Der Abt, nach einer langen und rühmlichen Kloster= verwaltung, verstarb im Herbste 1086 und erhielt den Prior Uto zum Nachfolger, einen besonders gelehrten, weisen und beredten Mann, während dessen Regiment das Kloster zu ungeahnter Blüthe gedieh.

Unter ihm wurde das neue Münster erbaut mit Mauern von einheimischem Granit, mit Säulen, Gewölbebögen, Thüren= und Fenster= gestellen von weit hergeführten Sandsteinen — ein mühesames, kost= spieliges Werk, woran man 14 Jahre lang arbeitete[1]. Daneben ließ der Abt auch ein neues Conventhaus mit schönem Kreuzgange er= richten, wie das Münster, etwas entfernt vom bisherigen Gebäude, wonach ein altes und ein neues Kloster neben einander bestunden. Ersteres, die habitatio exterior, war den Laienbrüdern, Dienstleuten, Pfründnern, Armen und Fremden eingeräumt, welche zum Unterschiede von den schwarzgekleideten Mönchen eine graue Tracht erhielten.

Abt Uto erlebte noch die Einweihung des neuen Münster= und Klosterbaues durch den Bischof Gebhart und schied sodann im Oktober 1108 aus dem irdischen Dasein, mit dem Lobe eines besonders tüchtigen, einsichtsvollen und thätigen Vorstehers. Ihm glich in diesen Eigen= schaften sein Nachfolger Rusten, monasticae religionis custos aman= tissimus, welcher das Conventhaus und den Kreuzgang vollendete, ein Krankenhaus mit einer Kapelle errichtete und den Neubau eines Abteihofes begann. Er verstarb im September 1125.

---

[1] Die inceptio novi monasterii S. Blasii wird von den sanctblas. Annalen bei Pertz in's Jahr 1092 gesetzt.

Seinem würdigen Nachfolger Berchtold gelang es, von zwei Päpsten und zwei Königen die nöthigen Bestätigungsbriefe über Besitzungen und Freiheiten des Klosters zu erlangen und die Schirm= vogtei desselben aus der Hand des Bischofs von Basel, welcher sie im Namen des Kaisers durch den Freiherrn von Werrach selbstsüchtig verwaltete, an das Haus Zäringen zu bringen. Diese wichtige Veränderung geschah nach einem theueren Prozesse, worin auch die Waffen des beiderseitigen Kriegsvolkes eine Rolle gespielt, im Jahre 1241, noch wenige Monate vor dem Hingange des Abtes, welcher im Auslande, wahrscheinlich auf einer Romreise, verstarb.

So erfreute sich das Gotteshaus S. Blasien des besonders gün= stigen Geschicks, daß die Reihe seiner ersten Vorsteher, während eines Zeitraumes von beinahe drei Jahrhunderten, lauter Männer zählte, welche sich nicht allein durch asketische Frömmigkeit und Strenge, sondern auch durch Kenntnisse, Geist, Klugheit und Thatkraft ausgezeichnet. Sie galten für die Leuchten einer weiten Umgebung, wurden häufig — selbst von Fürsten und Herren zu Rathe gezogen und führten dergestalt ein freudiges Wachstum des Klosters an Gebäuden und Zierden, an Gütern und Einkünften, wie an Bewohnern und Gästen herbei.

Unter Abt Giselbrecht vermachten die Grafen von Rheinfelden dem heiligen Blasius ihre Güter am Schluchsee, woraus die Vogtei dieses Namens entstund; unter Uto die Freiherren von Wart ihr Besitztum zu Weitnau, wie die Herren von Wolfhartsschwänd das ihrige zu Ochsenhausen, an welchen Orten der Abt sofort kleine Klöster er= baute; unter Rusten die Freiherren von Beran und Wislighofen ihre Güter daselbst, wo später eben solche Klösterlein gegründet wurden, der Herr von Nallingen sein Besitztum an diesem Orte, wie die Freiherren von Werrach und Eistatt die Thäler Schönau und Todt= nau mit dortigen Bergwerken; unter Berchtold aber der Freiherr von Kaltenbach den Berg Bürgeln und das Gut Sitzenkirch, wo man gleichfalls klösterliche Anstalten errichtete.

Aber nicht weniger, als die Trefflichkeit dieser Prälaten, trug zum Aufschwunge von S. Blasien die damalige Verfolgung der Kirche bei. Der Kampf zwischen Thron und Altar, die Gewaltthätigkeit des Imperiums gegen das Sacerdotium, hatte tief in's Leben der Bevölke= rungen eingeschnitten; alles war in zwei Parteien getrennt, vom Palaste bis herab zur Hütte — es gab nur päpstlich und kaiserlich Gesinnte, welche sich ingrimmig haßten und befeindeten!

Kirchentreue Bischöfe wurden abgesetzt und vertrieben, standhafte Geistliche verhöhnt und verfolgt, während die kaiserliche Partei den Anhängern der Gegenpäpste überall zu den erledigten Stellen verhalf.

Man denke sich die Lage der papsttreuen **Klöster, Pfarreien** und **Bevölkerungen** in diesem wirren Kampfe der Parteien! Der päpstlich gesinnte **Abel** sah sich den äußersten Gefahren aus- gesetzt und vielfach genöthigt, der feindlichen Gewalt zu weichen oder seine bisherige Sache zu **verlassen.** Denn zu wild und roh in blinder Vertilgungssucht wütheten die kaiserlichen Horden; zu schwer hiengen die Wolken des Geschickes über den Getreuen der Kirche und zu düster erschien ihnen die Zukunft. An einem endlichen Siege verzwei- felnd, vermachte manche Familie all' ihr Gut einem befreundeten Kloster und vergrub sich — Mann, Frau und Kinder, in die Abgeschlossenheit seiner Zellen. So thaten es bei uns die Freiherren von **Berau,** von **Walbeck** und von **Kaltenbach!**

Diese Drangsale aber hatten Wunderbares zur Folge. Die ver- triebenen **Bischöfe** erschienen größer und verehrter; die bedrängte **Geistlichkeit** zeigte sich entschlossener und muthiger, das verscheuchte **Volk** anhänglicher, der bedrohte **Abel** hingegebener und begeisterter. Von all' diesem liefert uns die Geschichte des Gotteshauses S. **Blasien** ein überraschend reiches Bild.

Nachdem Bischof **Gebhart** von Zäringen, jener entschiedene, un- erschütterliche Kirchenfürst, welchen der Papst den deutschen Prälaten als nachahmungswürdigstes Vorbild empfahl, im Jahre 1103 durch die Waffen der kaiserlichen Partei aus **Constanz** vertrieben worden, flüchtete er sich mit Meister **Bernold,** seinem Vertrauten, in die Ab- geschiedenheit von S. **Blasien.** Daselbst lernte er den benachbarten Freiherrn von **Kaltenbach** kennen, besuchte ihn öfters auf seiner einsamen Burg, besprach sich mit der Familie über die Gefahren der Zeit und siehe — allesammt, Eltern und Kinder, entsagten der haber- und sündenvollen Weltlichkeit und verschlossen sich in die Mauern stiller Klosterzellen[1].

So wurde S. **Blasien** damals der Zufluchtsort einer Reihe von Jünglingen, Männern und Greisen, deren Vertrauen auf die Zeitlichkeit im tobenden Parteikampfe gewaltigen Schiffbruch gelitten. Denn das Elend der Welt, wie es ihnen täglich vor Augen trat, verscheuchte überall die sinnigeren, tieferen, gemüthreicheren Naturen; sie wendeten sich in schwärmerisch frommen Seelenstimmungen dem **jenseitigen Leben** zu, dessen Glückseligkeit die armen Märtyrer als Lohn ihrer Verachtung des **diesseitigen** zu erwerben glaubten[2].

---

[1] Das Nähere findet sich in Zell's trefflicher Abhandlung über Bischof **Geb- hart,** I, 307 dieses Archivs.
[2] **Vita praesentis saeculi tam infidelis est et instabilis, ut nunquam**

Dieses myſtiſche Element im damaligen religiöſen Leben brachte die merkwürdigſten Erſcheinungen hervor, deren Sinn heutzutage kaum noch begriffen und daher meiſtens als Unſinn verurtheilt wird. Aber der Menſch iſt ein Gottesgeſchöpf, welches zwiſchen Himmel und Erde lebt, warum ſollte er ſeinen Blick einſt nicht ebenſo nach den Sternen gerichtet haben dürfen, wie er ihn zu unſerer Zeit nach den irbiſchen Dingen richtet?

Innerhalb des einzigen Jahrhunderts von 1070 bis 1170 zählte zu S. Blaſien jedes Geſchlechtsalter etliche frommen Eiferer, welche ihrer Bekehrung wegen [1] oder aus beſonderer Vorliebe für dieß herrlich aufblühende Gotteshaus dahin gekommen. Und die meiſten davon kamen nicht mit leeren Händen, wodurch daſſelbe, neben dem Gewinne ſeiner trefflichen Haus- und Landwirtſchaft, an irbiſchem Beſitztume überraſchend zunahm.

Unter Abt Giſelbrecht erſchien der Freiherr Ulrich von Uſenberg, welcher aus Dankbarkeit für eine wunderbare Rettung ſeines Lebens ſich in verſchloſſener Zelle dem beſchaulichen Leben widmete. Ihm folgten die Ritter Wigmann von Herznach und Arnold von Jb-lingen, deren der eine als Kellner, der andere als Hirte des Kloſters diente, während die Prieſter Leuthold aus Blochingen und Mark-wart aus Eßlingen zu S. Blaſien das härene Gewand nahmen, um in ascetiſchem Büßerleben klöſterliche Handlanger-Dienſte zu leiſten.

Während der Verwaltung des Abtes Uto meldeten ſich die Grafen Berchtold von Frickingen und Ulrich von Sulz, unter Darbringung von reichlichen Gottesgaben, als Converſen an, indem ſie es nicht ver-ſchmähten, tamquam vilissima mancipia, die niedrigſten Geſchäfte zu verrichten, der eine in der Kloſterbäckerei und der andere in der Kloſter-küche, wo es ihn öfters traf, Fiſche am Schluchſee (zwei Wegſtunden von S. Blaſien) holen zu müſſen, was er immer nächtlicher Weile that, um den Abend- und Morgengottesdienſt nicht zu verſäumen.

In ähnlicher Weiſe erſchienen mit Vermächtniſſen die Ritter Ulrich von Walsweiler und Lambrecht von Farnau (miles satis nobilis) zur Bekehrung und Dienſtleiſtung; ſodann Berner von Bottingen, welcher dem Kloſterweber den Einſchlag bereitete, und Bernhart von Warmbach, von ſeinem Sohne todtkrank zu Pferde einhergebracht, um

---

amatoribus suis certam fidem dare potuerit. Ab origine enim mundi in se credentes fefellit et omnes exspectantes decepit, cunctos de se praesumentes irrisit et ita nullum omnino certum reddidit, ut omnibus probetur, fuisse mentita. Liber constr. §. 39.

[1] Ad morum conversionem, daher die Bezeichnung Conversi.

im Kloster sterben zu können! Ferner erschienen, um daselbst Mönche zu werden, die Priester Truto aus Gunbelsheim, mit einem Geschenke von Büchern, Wigmann aus Oetweil und Leutfrib aus Ebersbach, welche sich durch Visionen bemerklich machten.

Unter Abt Rusten zählte S. Blasien neben den frommen, durch Erscheinungen namhaft gewordenen Conversen Trautmann aus Zürich und Leutfrib von Hotweil, auch einen auswärtigen Ordensbruder, den Bürgerssohn Heinrich aus Straßburg, welcher studiert und am dortigen Münster ein Canonicat erlangt hatte. Durch Geist und Wissen alle Collegen weit überstrahlend, war derselbe der Stolz und die Hoffnung seiner Familie, bis ihn ein verführerischer Umgang umgarnte und auf's Krankenlager warf, wo sich der gebeugte (doch im Herzen un= verborbene) Jüngling, in Folge einer psychisch merkwürdigen Bekehrung, sterbend noch zu einem Mönche von S. Blasien einkleiden ließ [1].

Auch in den Tagen des Abtes Berchtold und seiner nächsten Nach= weser wurde S. Blasien von Leuten aller Stände als Bekehrungs= und Zufluchtsort aufgesucht. So ließen sich die Herren Engelhart von Westerheim, Heinrich von Harbeck und Gottbold von Tann als Conversen unter die äußeren Brüder daselbst aufnehmen, um die gewöhnlichen Arbeiten derselben zu verrichten; wie es auch Hermann von Achbuch that, welcher hernach die Ordensweihe erhielt, omnes amans et ab omnibus amatus; während die Priester Heilgos aus Neukirch und Albrecht von Leineck, dessen Schwestern zu Berau den Schleier nahmen, ebenfalls in den Orden der Sanctblasier traten.

Ferner wurde Leutgart, die Wittwe des Grafen von Bogen (eine geborne von Wirtenberg), welche zu Berau in's Kloster gieng, eine besondere Wohlthäterin von S. Blasien, indessen ihr Sohn Al= brecht, der heldenmüthige, liebenswürdige Jüngling, im Kriegsdienste unter König Konrad III von einem feindlichen Pfeile tödtlich getroffen, sich (gleich jenem Heinrich von Straßburg) noch auf dem Sterbelager

---

[1] Fast rührend ist es, zu lesen, mit wie kindlich inniger Gläubigkeit der arme Berirrte im Empfange des Mönchsgewandes das Wundermittel seines Seelen= heiles erblickte. Veterem hominem exutus novique hominis novis vestibus innovatus, oculis ac manibus ad coelum sublevatis, *Domine*, inquit, *ad te confugi, doce me, facere voluntatem tuam!* Cumque vestes multum deside-ratas tanto animi affectu complecteretur, ut jam nullius infirmitatis suae vi-deretur meminisse, tota die illa, terrenis omnibus abiectis, solis coelestibus inhaerebat, ad sublimitatem eorum adstantes invitans. Ita demum die peracta tota nocte usque ad horam dominicae resurrectionis quiescens, eadem hora, qua vita nostra resurrexit, ipse quoque sine gemitu, sine querela, requievit in Domino (am Ostersonntage 1125).

zum sanctblasischen Mönche weihen ließ [1]. Und endlich sprach im Kloster der 96jährige Greis Jring ein, um unter die „zwölf Ar= men" aufgenommen zu werden [2]; ein höchst merkwürdiger Mann, welcher die halbe damalige Welt durchpilgert hatte, in Rom, Constantinopel und Jerusalem daheim war wie in seinem Vaterorte, und Wunder= dinge zu erzählen wußte.

Dieser Jring, von der Natur mit einem seltenen Reisetalent be= gabt, hatte seine Pilgerfahrten schon als 17jähriger Jüngling begonnen. Unaufhörlich trieb es ihn weiter, bis er alles Merkwürdigste der damaligen Welt gesehen. Und nie verweilte der allzeit Rüstige länger unter dem gleichen Dache als einen Tag und eine Nacht; wo er ein solches nicht fand, genügte ihm der Schutz einer Grotte, einer Mauer, eines Baumes. Seine Kost beschränkte sich auf das Allernothbürftigste, und keine Gefahr, selbst nicht eine längere Gefangenschaft in Ketten und Banden, vermochte es, ihn von der Fortsetzung seiner Fahrten abzuschrecken [3].

Gegen Süden gelangte der kühne Pilger bis zur nubischen Gränze, gegen Osten bis zum Indus, gegen Westen bis an's atlan= tische Meer, gegen Norden bis nach Schottland und Island! Er durchwanderte Aegypten, Palästina, Syrien, Babylonien, Persien und Indien; sodann Armenien, Griechenland, Pannonien, Germanien und ganz Italien, auch Spanien, Gallien und Britannien.

Er durchschiffte das schwarze und das mittelländische Meer und be= rührte die Inseln Cypern, Kreta, Sicilien und Sardinien. Er sah am Nile die Trümmer von Theben und die Heimstätte des Mönch= tums, im Indierlande die Elephanten=Heerden, in Armenien den

---

[1] Seine Familie, in der Hoffnung, er werde wieder genesen, um die so glänzend begonnene militärische Laufbahn fortsetzen zu können, war entschieden gegen diesen Schritt gewesen; da aber hatte der schwer Darniederliegende eines Tages, als Vater, Bruder und Oheime deßhalb in ihn drangen, dieselben durch folgende Worte umgestimmt: „Sagt mir doch, was ist an diesem weltlichen Leben und Treiben denn so Werthvolles, daß ihr mir nicht gestatten wollt, ihm zu entsagen? Wo sind die Reize und Annehmlichkeiten, welche euch veranlassen können, mir's zu verargen, wenn ich die ewigen Ehren den vergänglichen, meinen himmlischen Kaiser und König dem irdischen vorziehe?" Tandem, sagt die Hauschronik, eius precibus convicti annuerunt et priorem monasterii cum aliis fratribus advocaverunt, qui mox desideratum habitum ei imposuerunt monachumque cum S. Blasii fecerunt.

[2] D. h. die 12 Aeltesten, an welchen der Abt zu Ostern die Fußwaschung vorzunehmen pflegte.

[3] Noverat enim cum Paulo apostolo multos labores et pericula pati. Ferro ligatus miserabiliter multo tempore fuit.

Kaukasus, in Thessalien den Olymp und bei Catania den rauchen=
den Aetna; er betrauerte auf Island [1] den Rückfall dortiger Christen
in die Ausschweifungen des Heidentums, und betete zu Rom an den
Grabstätten der Apostelfürsten, auf Monte Cassino im Kloster des
heiligen Benedict, zu Antiochien am Stuhle des heiligen Petrus und
zu Jerusalem am Grabe des Herrn!

Nach diesen achtzig Jahre lang fortgesetzten Wanderungen erlas
der „greise Weltbürger" sich endlich das Gotteshaus des heiligen Bla=
sius, um daselbst den Rest seiner Tage in Ruhe zu verbringen. Seine
Erzählungen fesselten die Brüder in hohem Grade und Einer von ihnen
verzeichnete die Fahrten und Wanderungen dieses „fremden Aeltesten"
summarisch in die Kloster=Chronik [2], aber ohne zu melden, in welchem
Jahre derselbe endlich das Zeitliche gesegnet.

Man ersieht aus dieser langen Reihe von Grafen, Rittern, Prie=
stern und anderen Ankömmlingen, welche zu S. Blasien als Mönche
oder Laienbrüder der Welt entsagen und sich dem Himmel ergeben
wollten, wie das klösterliche Leben damals eine überaus hohe Ver=
ehrung erlangt hatte. Es galt für das größte Verdienst, die irdischen
Bande und Güter zu verlassen, um in stiller Abgeschiedenheit, in De=
muth und Entbehrung, zwischen den engen Wänden einer Zelle, unter
Gebeten und Kasteiungen, seinem Seelenheile zu leben. Die Macht
des Glaubens, das Vertrauen auf einen himmlischen Lohn für die
Opfer der Entsagung und Buße beherrschten fast allgemein die Ge=
müther. Die Worte Religion und Christentum hatten beinahe keinen
andern Begriff mehr, als den des Mönchtums. Edelleute, Bürger
und Bauern, Knechte und Mägde, Väter, Mütter und ganze Familien,
sogar ganze Ortschaften huldigten den klösterlichen Gelübden!

Dieses hohe Ansehen erlangten die Stifte und Klöster, weil
sie für viele, oft weite Landstrecken die einzigen Leuchten des Geistes
waren, die einzigen Pflegerinnen der Ueberlieferung in Kunst und

---

[1] Der Name ist nicht bezeichnet, es heißt bloß: Quaedam Insula oceani in
extremis partibus occidentis ad septentrionalem plagam. Dieselbe kann aber
kaum eine andere gewesen sein.

[2] Zu bedauern ist, daß dieselbe nur ein Summarium von Jrings Erzählungen
mittheilt; wie viel dankbarer wäre es gewesen, statt der mancherlei Wundergeschichten,
welche oft einen so breiten Raum einnehmen, diesen Reisebericht ausführlicher ge=
geben zu haben! Unser Pilger, mundi civis, magnae gravitatis et veritatis vir,
war um 1095 geboren und gelangte um 1190 von seinen Fahrten zurück, dieselben
scheinen daher zum Theile mit den ersten Kreuzzügen und deren Folgen im Zu=
sammenhange gestanden zu sein, woraus sich die Möglichkeit eines so weiten Evaga=
toriums schon zu jener Zeit einigermaßen erklären ließe.

Wissenschaft, mit einem Worte — die einzigen Anstalten der Cultur und Bildung im edleren Sinne.

Wirft man einen Blick in's Innere des damaligen Klosterlebens zu S. Blasien, so dürfen mancherlei Vorkommnisse an dem Werthe bezeichneten Verdienstes nicht irre machen, waren sie ja meistens eine Wirkung des mystischen Geistes, welcher sich aus dem Schoße dunkler Gefühle und Ahnungen in's Reich des Uebernatürlichen emporschwang und durch das verführerische Spiel der Phantasie zu Erscheinungen gelangte, deren Wahrheiten und Täuschungen keine Gränzscheide mehr fanden. Jene frommen Selbstquäler unterdrückten in sich das sinnliche Element und rangen nach Dem, was man für Tugend hielt; dagegen gibt es Zeiten, wo man ein solches Ringen als lächerliche Thorheit verhöhnt, während die Berechnungen schmutziger Selbstsucht für die zeitgemäßeste Weisheit gelten.

Eine einflußreiche Rolle spielten damals auch zu S. Blasien die wunderbaren Gesichte (visiones) vieler Mönche und Laienbrüder. Dieselben wurden mit besonderm Interesse in die Hauschronik verzeichnet, was uns stutzig machen könnte; sie sind aber aus dem ascetisch-mystischen Herzens- und Gedankendrange jener meistens mit großer Gemüthsfülle begabten Menschen wohl zu erklären, ohne daß man die Seher oder Verzeichner trügerischer Absicht zu zeihen braucht[1].

Eine andere, keinerlei schiefem Urtheil ausgesetzte Seite der damaligen Glanzperiode unseres Stiftes waren seine Leistungen in der Gelehrsamkeit, in der bildenden Kunst, in den verschiedenen Handwerken und im systematischen Betriebe der Landwirtschaft. Werfen wir einige Blicke hierauf zurück.

Die Kloster-Schule zählte eine Reihe trefflicher Lehrer und bildete Männer heran, welche durch ihre gelehrten Arbeiten daheim und auswärts wieder höchst fördernd auf den Fortgang des wissenschaftlichen Lebens wirkten; ich erinnere nur an die beiden sanctblasischen Aebte Werner I und II, an die Aebte Frowin zu Engelberg und Konrat zu Muri, wie an die ausgezeichneten Geschichtschreiber Berchtold von Constanz und Otto von S. Blasien.

Alsdann setzt der neue Klosterbau unter den Aebten Uto und Rusten eine Bauhütte nebst verschiedenen Werkstätten voraus, und

---

[1] Sind ja die Wechselwirkungen zwischen Leib und Seele, wie die Geheimnisse des magnetischen Elementes in der menschlichen Natur, noch lange nicht genugsam erforscht, und begegnet es ja nicht selten noch heutzutage ganz gescheidten Leuten, daß ihnen ein gehabter Traum den lebhaftesten Eindruck der Wirklichkeit seines Inhaltes zurück läßt!

wie damals auch die bildende Kunst zu S. Blasien ihre Jünger und Pfleger gefunden, das dürften einige alte Miniaturgemälde und Stein=bilder [1], besonders aber die liturgischen Gewänder beweisen, welche im 12ten und folgenden Jahrhunderte daselbst gefertigt worden. Man be=sitzt noch einige Ueberbleibsel davon und bewundert die herrliche Nadel=malerei derselben, womit nur die schönste Stickarbeit der Neuzeit zu vergleichen ist [2]. Der stiftische Landbau endlich mußte für die ganze Umgegend als Musterwirtschaft gelten.

Von Abt Berchtolds nächsten Nachwesern verdienen die Prälaten Werner und Otto genannt zu werden. Jener, aus dem freiherr=lichen Geschlechte von Küssaberg, ehedem Lehrer an der Klosterschule, ein gelehrter, fleißiger und gottergebener Herr, suchte durch eine „Blu=menlese aus den Schriften der heiligen Väter" die überhandnehmende weltliche Lectüre der Mönche zu verdrängen, und dieser, von unbekannter Familie, machte sich durch seine Fortsetzung zu dem Geschichtsbuche des Abts von Freisingen rühmlichst bekannt.

Immer noch hatte sich das irdische Besitztum des Gottes=hauses vermehrt, befestigt und zur abgerundeten Herrschaft ausgebildet, während auch das geistliche Wesen sich in äußerem Ansehen fort=erhielt. Es waren wieder mehrere Klöster, wie Muri, Engelberg, Rheinau, Schaffhausen, Donauwerd, Maurusmünster, Wessenbrunn und Lorch, von S. Blasien aus mit Vorstehern versehen worden; die Klosterschule behauptete noch ihr altes Ansehen, und mehrere Mönche verfaßten ihre Kenntnisse und Erfahrungen in fleißig gearbeitete, wenn auch nicht eben geistreiche Bücher; daneben aber war manches Gute erloschen und manches Schlimme noch schlimmer geworden.

Um sich von der lästigen Handarbeit, wie die benedictinische Regel sie vorschrieb, frei zu machen, suchte der einfache Mönch immer häufiger die priesterliche Weihe, ohne daß Kunst und Wissenschaft etwas dadurch gewannen, indem die Menge der bruderschaftlichen Verbindungen mit anderen Gotteshäusern den Chordienst für die Abgestorbenen ungemein vervielfältigte, und das Bestreben der Aebte, die verschiedenen Klosterpfarreien möglichst mit Ordenspriestern zu besetzen, die Zahl derjenigen Brüder, welche der Gelehrsamkeit oblagen, oft sehr ver=minderte. Deutlich läßt sich wahrnehmen, wie der clericalische Cha=rakter, der ewige, monotone, düstere Chordienst, die einseitige Auslegung

---

[1] Zu diesen zähle ich die Standbilder des Klostergründers Reginbert, wie solche bei Gerbert (N. S. I, 178) beschrieben sind.

[2] Dr. Heider, liturg. Gewänder aus S. Blasien, jetzt im Stifte S. Paul in Kärnthen. Wien, 1860. Eine treffliche Schrift mit bildlichen Beigaben.

der Ordensregel und die beschränkte Art der mönchischen Theologie dem Klosterwesen von S. Blasien allmählig eine Richtung gegeben, welche von der früheren keineswegs vortheilhaft abstach.

Nach dem Hingange des Abtes Otto, im Jahre 1223, erneuerte sich die Vorsteherwahl zu S. Blasien, in Folge des damals herrschen= den, durch die Kreuzfahrer heimgebrachten Siechtums der Elephan= tiasis, viermal schnell nach einander[1], woburch 1247 der aus Hächen= schwand gebürtige Mönch Arnolb an die Abtei gelangte, welcher von der Krankheit verschont blieb und ein hohes Alter erreichte. Derselbe verwaltete das Stift, dessen ornator et ornamentum er genannt wurde, beinahe ein ganzes Geschlechtsalter hindurch, während der Wirren und Gefahren des großen Zwischenreichs, mit löblichster Umsicht und Thätigkeit. Seine Verwaltung ist durch viele guten und schlimmen Ereignisse bezeichnet.

Das erbitterte Zerwürfniß zwischen Papst und Kaiser war durch das Wormser Concorbat von 1122 beigelegt, dafür aber hatte sich der politische Kampf zwischen den gewaltigen Parteien der Welfen und Waiblinger erhoben, dessen Folgen zur Auflösung aller einheit= lichen Reichsgewalt führten, wodurch Deutschland einem innerlichen Kriege verfiel, welcher dasselbe in unsägliches Verberben stürzte.

Für die Stifte und Klöster entsprang hieraus die traurige Ver= änderung, daß der Abel, welcher dieselben früher so hoch verehrt und so reichlich begabt, sie nunmehr vielfach beeinträchtigte, befehdete und beraubte. Dergestalt hatte S. Blasien schon seit ben Unruhen unter König Friberich II durch die Gewaltthätigkeiten der benachbarten Ebelherren hin und wieder an Gütern, Leuten und Gefällen em= pfindlichen Schaden erlitten, und diese Bebrängnisse mehrten sich mit der steigenden Rechtlosigkeit des Zwischenreichs. Viele der Be= bränger und Schädiger zwar, von vermittelnden Freunden gemahnt oder von Vorwürfen des Gewissens gestachelt, sühnten ihre Schulb wieder mit nicht geringen Opfern; gleichwohl blieb mancher Verlust unersetzt und das Stift gerieth in sichtbaren Verfall seines Wohlstandes.

---

[1] Die Series abbatum (bei Mone III, 601) besagt: Anno domini MCCXXIII, xii Kalendas Augusti (am 21. Juli) obiit dominus Otto, abbas huius loci. Anno domini MCCXXXVII Hermannus secundus resignavit abbatiam. Anno domini MCCXL Heinricus abbatiam resignavit. Anno domini MCCXLVII Arnoldus primus abbatiam resignavit. Diese drei Abbankungen geschahen in Folge der erwähnten Krankheit. Dann aber heißt es: Anno domini MCCLXXVI, v Kalendas Augusti (am 28. Juli) obiit dominus Arnoldus secundus, qui prediorum acquisitione ac edificiorum constructione nulli antecessorum suorum inferior, morte subita mundo subtractus.

So hatte schon unter Abt Otto und dessen Nachfolger der klet=
gauische Ritter Rudolf von Rabeck, wegen seines schädlichen Treibens
„der Schaden" genannt, sanctblasische Besitzungen durch Raub und
Brand verwüstet und war vom Landgerichte im Jahre 1225 zu einer
Entschädigung des Stiftes verurtheilt worden[1]. Ein ähnliches Sühn=
opfer mußte der benachbarte Freiherr Heinrich von Krenkingen dem
Gotteshause 1266 für den beträchtlichen Schaden darbringen, welchen
er demselben ebenfalls per rapinam et incendium zugefügt.

Am ärgsten aber trieb es der nächste Nachbar von S. Blasien, der
Freiherr Hugo von Tiefenstein. Derselbe hatte zwei kinderlose Oheime,
wovon der ältere zu S. Georgen bei Stein am Rheine in den Orden
trat und dem Kloster sein ganzes Erbe unter der Bedinguiß verschrieb,
daß es bei Ibach auf dem Brühl, wo er gewohnt, ein Klösterlein er=
richte, was sofort auch geschehen. Der jüngere Oheim dagegen wurde
Mönch zu S. Blasien, ebenfalls unter Verschreibung seines Erb=
theiles an das Gotteshaus.

Diese Verschleuderung des tiefensteinischen Familiengutes an die
todte Hand verdroß aber nicht allein den natürlichen Erben, sondern
auch den Grafen Rudolf von Habsburg, welcher als Verwandter oder
als Landesherr[2] an die fragliche Hinterlassenschaft einigen Anspruch zu
haben glaubte. Daher verjagte er die Mönche aus der Neuenzelle,
wie man das Ibacher Klösterlein nannte, zerstörte sie und bemächtigte
sich sämmtlicher derselben gewidmeten Güter. Da dieser Gewaltschritt
jedoch gar zu bittern Tadel hervorrief, so stellte der Graf die Zelle
wieder her und übertrug sie mit entsprechendem Einkommen einem Welt=
priester zur Versehung.

Wie nun aber Herr Hugo von Tiefenstein die Erbtheile seiner
Oheime in Händen des Stiftes S. Blasien und des Grafen von
Habsburg sehen mußte, faßte derselbe gegen beide einen tiefen Groll,
welchen er trotz einer urkundlichen Versöhnung[3] von 1243, zeitlebens
im Herzen trug. Als daher um's Jahr 1268 der Krieg zwischen dem

---

[1] Der Schaden belief sich auf mehr als 100 Marken Silbers, wofür der excom=
municirte Schädiger dem Stifte sein Hofgut zu Bierbronnen abtrat.
[2] Die Habsburger waren durch eine senzburgische Erbtochter schon frühe in den
Besitz der Grafschaft Hauenstein gelangt.
[3] In dieser Urkunde bekennt Hugo, daß er, cum ecclesiam S. Blasii occasione bellorum sive alias saepius laesisset et plurimum damnificasset, diesen
Schaden unter Vermittelung der Herren von Klingen, von Krenkingen und Rhein=
felden mit seinem Hofgute zu Tegerfelden ersetzt habe. Die Sühne geschah in
castro Tüffenstein, wobei zugegen waren Abt Arnold mit einigen Geistlichen,
Herr Hugo mit Frau, Kindern, Bruder und etlichen Rittern.

Grafen und dem Bischofe von Basel ausgebrochen, übergab er letzterem seine Stammveste zur Besatzung; das habsburgische Kriegsvolk jedoch bemächtigte sich ihrer und zerstörte sie. Da bereitete sich H u g o eine Wohnung in der Bildsteinflue am Urberge, zunächst bei S. Blasien, wo er als tief erbitterter Feind des Stiftes und des G r a f e n aus diesem Schlupfwinkel täglich auf deren Leute lauerte, sie überfiel und beraubte, bis ihn ein gräflicher Kriegs= knecht überraschte und niederstieß [1].

Unter solchen Gefahren und Beeinträchtigungen hätte S. B l a s i e n wohl traurig verkommen müssen, wäre nicht Abt A r n o l d II während der ganzen kaiserlosen Zeit sein Vorsteher geblieben. Dieser treffliche Prälat verschaffte dem Stifte eine Reihe frommer Vermächtnisse, erkaufte aus dem Ertrage der Silberminen, welche man im T o b t n a u e r T h a l e eröffnet hatte, von dem verschuldeten Adel viele vortheilhaft gelegenen Güter, stellte die durch Feuersbrünste eingeäscherten Zellen zu B ü r g e l n, B e r a u und S i t z e n k i r c h, von reichen Almosen unterstützt, in Kurzem wieder her, gründete die Kirche am S c h l u c h s e e und sicherte die von einer Sitzenkircher Nonne gestiftete Zelle zu G u t e n a u in ihrem ge= fährdeten Besitztum. Auch wahrte der Abt sein Gotteshaus bei dessen hergebrachten Rechten und F r e i h e i t e n nicht nur gegen Fürsten und Adel, sondern selbst gegen die höchste Kirchengewalt.

Seit längerem nämlich war es am römischen Hofe üblich geworden, auf erledigte Kirchenstellen aller Art s. g. A n w a r t s c h a f t s = oder Einweisungsbriefe zu ertheilen, womit man ein sehr einträgliches Ge= werbe trieb, da sich die Bewerber in ihren Spendesummen oft leiden= schaftlich überboten. Diesem Mißbrauche unterlagen am meisten die deutschen Kirchen, denn stets durchzogen eine Anzahl fahrender Pfaffen mit ihren päpstlichen Provisionsbriefen das Reich. Auch S. B l a s i e n blieb von denselben nicht verschont; Abt A r n o l d aber mußte die Pfarrstellen seines Stiftes vor dem Eindringen fremder Priester zu schützen, indem es ihm gelang, die Gunst des heiligen Vaters und da= durch zwei Befreiungsbullen in diesem Betreffe zu erwerben.

So hat dieser Prälat, an welchem etwa einzig zu tadeln wäre, daß er aus zu strengen Begriffen von klösterlicher Regelzucht seinen Mönchen alle weltliche Beschäftigung, namentlich das Ausfertigen von U r k u n d e n, völlig untersagte, wodurch die Gelehrsamkeit sicherlich wenig gewann — so hat Abt A r n o l d in einer der schwersten Zeiten

---

[1] Diese Ereignisse hat ein Z e i t g e n o s s e lateinisch aufgezeichnet, wie eine Ab= schrift bei W ü l b e r z barthut. Die Aufzeichnung wurde später auch in's Deutsche übertragen und von Abt C a s p a r in seine Stifts=Chronik aufgenommen.

beinahe dreißig Jahre lang mit seltener Umsicht, Thätigkeit und Ausdauer sein vielgefährdetes Stift verwaltet.

Vor seinem Hingange erlebte derselbe noch die Freude, den Grafen von Habsburg, dessen Gunst ihm stets bewahrt geblieben, auf den deutschen Thron erhoben und damit die Einheit des Reiches wieder hergestellt zu sehen. Als er verstarb, zählte S. Blasien, neben einer Menge einzelner Höfe und Grundstücke, über 100 ganze Dorfschaften, mehr als 30 Kirchen, Bethäuser und Zellen und gegen 40 Lehen- oder Dienstmannen!

Unter dem nächsten Abte Heinrich II, dessen Verwaltung in die ruhigen Zeiten König Rudolfs fiel, wie (trotz der damaligen Thronstreite des Reiches) unter den drei folgenden Vorstehern Berchtolb II, Heinrich III und Ulrich I, schritt unser Gotteshaus auf dem Wege des Gedeihens immer noch freudig fort. Immer noch herrschte darin eine kluge Oekonomie, welche der Fahrlässigkeit, der Schwelgerei und Verschwendung zu steuern besorgt war. Man kannte wenig andere Ausgaben, als die wohlbemessenen für das Nöthigste und verwendete die ersparten Summen auf den Ankauf neuer Ländereien, auf die Erbauung neuer Kirchen, die Verschönerung des Gottesdienstes oder die Vermehrung der Bücherei. Freilich überwog dabei das Streben nach irdischem Besitze schon fast alles andere, und die materiellen Interessen wurden in den Klosterschriften mit derselben Wichtigkeit behandelt, wie früher die religiösen und geistigen.

Unter diesen günstigen Verhältnissen hatte Abt Ulrich 1314 die Verwaltung des Stiftes übernommen, und dasselbe erreichte unter ihm für jene Zeiten die höchste Stufe des Wohlstandes und Glanzes. Der kluge Prälat gewann durch seine Anhänglichkeit an die Partei Friberichs des Schönen in dem Wahlstreite gegen Ludwig von Baiern so sehr die Gunst des österreichischen Hauses, daß Herzog Leupold dem Stifte nicht allein die Neuenzelle am Jbache, sondern auch den benachbarten Wallfahrtsort im Todtmoos[1] vermachte. Hiezu fügte Ulrich eine Reihe zum Theil wichtiger Ankäufe aus den Erträgnissen der Todtnauer Bergwerke, wovon schon seine Vorweser über 4000 Marken Silbers auf die Erwerbung von Gütern und Leuten, von Gilten, Zehenten und anderen Gerechtsamen verwendet hatten. Und weil weder die Fehden der Gegenkönige in der Nähe spielten, noch bei der überwiegenden Stimmung des Volkes und Adels für Oesterreich eine thätliche Par-

---

[1] Ueber die Neuenzelle vgl. meine Abhandlung in der oberrhein. Zeitschr. IX, 356, und über die Kirche im Todtmoos den Abbruck eines alten Aufschriebes in meiner Herba von 1841, S. 89.

Baber, St. Blasien.   2.

teiung bie Ruhe bes Lanbes ftörte, fo burfte man von ber Kloſter= verwaltung bieſes ausgezeichneten Abtes noch eine glückliche unb ruhm= volle Zukunft erwarten.

Das Glück aber iſt falſch; wenn es am meiſten ſchmeichelt, verbirgt ſein Lächeln eine Tücke bes Verberbens. In bemſelben Jahre 1322, wo bie öſterreichiſche Partei burch bie Nieberlage von Mühlborf einen ſo erſchütternben Schlag erhalten, am Vorabenbe bes Feſtes Philippi unb Jacobi, brach im Gaſthauſe zu S. Blaſien unverſehens Feuer aus, griff bei bem herrſchenben Winbe unwiberſtehlich um ſich unb verzehrte in wenigen Stunben bas Dach= unb Innenwerk bes Münſters, ben Schlaf= unb Speiſeſaal, bie Küche, bie Werkſtätten, zwei Kapellen, bie Bibliothek unb bie Prälatur mit ber ganzen Hofſtatt [1]. Nichts blieb verſchont, als bas Archiv in ſeinem feuerfeſten Gewölbe unb bas alte Kloſtergebäube jenſeits ber Steinach.

Was ber klöſterliche Fleiß, Gelehrten= unb Kunſtſinn ſeit fünf Jahrhunberten geſchaffen unb aufbewahrt, bie beſten Vorräthe, bie ehr= würbigen Altertümer, ber koſtbare Kirchenſchmuck, alle Chorbücher unb beinahe ber ganze Schatz ber Bücherei, von ben Birkenſchriften ber erſten Brüber bis auf bie Hanbſchriften Abt Heinrichs, lagen vernichtet. Von ber „köſtlichen Bibliothek, bie hoch berühmt geweſen unb von gelehrten Leuten viel beſucht", ſagt bie Kloſterchronik: „Es ſinb barin geſin griechiſch' Bibeln, viel' alter Scribenten ber Theologie unb anbere Geſchichtbücher; es hat auch Bücher barin gehabt uf birchene Ninben geſchrieben, ſo von Anfang bes Kloſters hergekommen."

Wer von ben obbachlos geworbenen Brübern nicht im äußern ober alten Kloſterbaue jenſeits ber Steinach noch ſeine Unterkunft fanb, wanberte nach ben verſchiebenen auswärtigen Zellen bes Stiftes unb nach befreunbeten Gotteshäuſern, wo man bieſe Gäſte theilnehmenb beherbergte, währenb Abt Ulrich baheim für ſchnelle Wieberherſtellung ber nothwenbigſten Wohnungen ſorgte unb ben Neubau bes Münſters, bes Dormitors, Refectors unb Abteihauſes begann.

Der Bau ſchritt aber nur langſam voran; benn ſeit bieſem Branbe wurbe ber Abt von einem Unfalle nach bem anbern betroffen, unb als

---

[1] Habet, ſagt Gerbert über bieſen Branb, autographa descriptio: *Anno domini 1322, venerabili abbate Ulrico, huius nominis primo, monasterio praesidente, in vigilia beatorum apostolorum Philippi et Jacobi, monasterio* (Münſter), *capella beatae Mariae, domo infirmorum, refectorio, coquina, officinis, keminata domini abbatis, capella s. Benedicti, nec non duabus domibus incendio devastatis. Periit etiam irreparabili manuscriptorum codicum damno* Bibliotheca *tot maiorum nostrorum laboribus tantisque sumptibus comparata. Ingens haec et incomparabilis quidem iactura!*

derselbe bei völlig erschöpfter Stiftscasse, sich durch Erhebung des halben Zehents der sanctblasischen Pfarreien und andere Hilfsmittel aus der drückendsten Noth gerettet, belegte ihn der Gegenpapst Nicolaus mit dem Kirchenbanne, weil er unter Berufung auf die erworbenen Freibriefe keine päpstlichen Aufbringlinge in die Pfarrstellen des Stiftes zuließ. Dieser Bann wurde zwar durch den rechtmäßigen Papst Johann XXII für ungültig erklärt; aber Ulrich, von Alter, Sorgen und Anstrengungen gebeugt, überlebte das nicht lange mehr, indem er 1334 verstarb.

III. Die Abtei bis zur Erhebung des Abtes zum Fürsten.

Ulrichs Nachfolger, Abt Peter von Thaingen, vollendete den neuen Klosterbau und bemühte sich mit rühmlichstem Eifer, die Bibliothek wieder herzustellen, indem er Bücher zusammen kaufte, wo sie nur immer aufzutreiben waren, und viele Abschriften von Werken anderer Kloster-Bibliotheken besorgen ließ. Ebenso eifrig suchte derselbe den stiftischen Grundbesitz durch vortheilhafte Ankäufe zu erweitern, wozu die Mittel vorhanden waren, nachdem viele Vasallen zur schnelleren Erholung des Stiftes ihre Lehen restituiert und mehrere frommen Hände freiwillige Gaben dargebracht hatten.

Hierauf aber wurde das Glück dem neu erblühenden Gotteshause abermals treulos, denn als (seit 1361) der nächstfolgende Abt Heinrich, ein Edler von Eschenz, mit gleicher Thätigkeit den Ruhm und Wohlstand von S. Blasien zu heben suchte, hinderten ihn hieran nicht allein die Verwirrungen, worin alle geistlichen Verhältnisse durch das damalige Schisma der Kirche geriethen, sondern auch noch viele mit dem gotteshäusischen Waldvolke im Hauenstein entstandenen Irrungen und Streitigkeiten [1].

Seit dem Abgange der Herzoge von Zäringen hatte S. Blasien ohne besondere Schirmvögte unmittelbar unter dem Schutze des Reichsoberhauptes gestanden. In Folge aber des gesunkenen Ansehens der deutschen Könige und der Unruhen in Helvetien wurden dem Stifte von vielen seiner Hörigen die schuldigen Zinse, Zehenten und Abgaben oft hartnäckig verweigert, indem das Landvolk fast überall anfieng, sich an die Städte zu hängen, welche damals eine so vor-

---

[1] Die Urkunden-Regeste darüber finden sich in meiner Abhandlung über das sanctbl. Waldamt, in der oberrh. Zeitschr. VI, 360. Dort erscheint Herzog Albrecht im Jahre 1371 als „oberster und erblicher Vogt und Schirmer und auch als rechter Castvogt" der Abtei S. Blasien.

herrschende Rolle spielten. Da nun Abt Heinrich alle geistlichen Zwangsmittel vergeblich aufbot, so blieb ihm kein anderes Mittel der Abhilfe, als daß sein Gotteshaus der Reichsunmittelbarkeit entsagte und sich unter den oberherrlichen Schutz der mächtigen Fürsten von Oesterreich stellte, welche es vormals so reich beschenkt und auch in dieser jüngsten Noth wieder mehrfach unterstützt hatten.

Der im Jahre 1370 erfolgte Anschluß an das Haus Oesterreich war ein folgenreiches Ereigniß für S. Blasien, im Guten und Schlimmen. Das Stift wurde beschützt und begünstigt, wie ein Liebling; es wuchs neuerdings an irdischem Besitztum und weltlichem Glanz; es spielte bald eine Hauptrolle in den Vorlanden — jener Geist aber, welcher so lange Zeit seine Bestrebungen, seinen religiösen und wissenschaftlichen Eifer geleitet, gieng verloren und die Klosterherren fiengen an, ihre Interessen zuweilen auch durch Mittel zu verfolgen, deren sich nur mönchischer Stolz und pfäffische List bedienen konnten!

Dieses zeigte sich zunächst in dem Verhältnisse des Stiftes zu seinen Unterthanen auf dem Walde. Dieselben hatten während des Thronstreites zwischen Friderich von Oesterreich und Ludwig dem Baiern einen Schutzverein wider innere und äußere Feinde unter sich abgeschlossen, welchen man die „hauensteinische Einung" nannte. Schon seit Längerem war der Verein in Irrungen mit dem Gotteshause gerathen, ohne merkliche Folgen zu veranlassen. Kaum aber befand sich dasselbe unter österreichischem Schutze, als der Volksunwille zum Ausbruche kam.

Die Kloster-Beamten mochten, pochend auf diesen Schutz, rücksichtsloser gegen die Waldleute geworden und in ihrem Amtseifer hin und wieder zu weit gegangen sein, was im Jahre 1371 einen Auflauf hervorrief, wobei mit Glocken gestürmt, ein Pfründner des Stiftes gewaltsam hinweggeführt und gegen die sanctblasischen Amtleute mit Schmach- und Drohworten getobt wurde.

Die Herzoge erließen sofort ein strenges Verbot gegen derlei Zusammenrottungen und beauftragten ihre Landvögte, die streitenden Parteien wo möglich in Güte zu vergleichen. Aber der Kampf der hauensteinischen Waldleute mit dem Stifte S. Blasien war einmal ausgebrochen und erneuerte sich, je nach Gestalt der Zeiten, immer wieder bis in's 18te Jahrhundert herab [1].

---

[1] Aus den mannigfachen Abhängigkeits-Verhältnissen, worin das hauensteinische Waldvolk zu dem Stifte S. Blasien gestanden, lassen sich die Ursachen der Jahrhunderte langen Irrungen und Streitigkeiten zwischen beiden Theilen unschwer erklären. Es gab im Hauensteinischen s. g. Freileute, welche stiftische Lehen- und

Diese mit jedem Jahrzehent sich mehrenden Verlegenheiten von Außen führten allmählich auch im Innern des Klosterlebens schlimme Zustände herbei. So hatte schon Abt Heinrich männlich zu kämpfen für die Behauptung seiner Würde und der Rechte seines Gotteshauses, sowohl wider den Gegenpapst Urban, als wider ben von demselben ernannten Gegenabt Konrat Golbaft von Stein, welcher den päpst= lichen Bannstral über S. Blasien gebracht und deßhalb vom Convente entschieden verworfen wurde. Unter solchen Wirren gieng das Stift, obgleich äußerlich immer noch wachsend an Reichtum und Macht, sicht= bar seinem innern Zerfalle entgegen.

Wo waren jene Tugenden der ersten Brüder, die Einfalt und Strenge der Sitten, der religiöse Eifer, die Demuth und Genügsamkeit, die freudige Arbeitsliebe und Thätigkeit, welchen S. Blasien seine Aufnahme, seine Blüthe, seinen Ruhm verdankte? Es hatte sich Alles in ein leeres, muth= und geisttödtendes Formelwesen verwandelt. Die damaligen Mönche sahen die Pflicht ihres Berufes fast allein im Gebete und Gesange für das Seelenheil der Lebenden und Verstorbenen. Daher der endlose Chordienst, dessen Beschwerlichkeit man zum Ver= dienste erhob und auf übertriebene Weise zu steigern suchte.

Schon um Mitternacht wurden die Grabual=Psalmen mit dem Cursus Marianus und gegen Morgen die Matutin mit den Laudes und Suffragien abgehalten. Alle Betstunden fiengen mit den Lieblings= psalmen an, welche man in der Fastenzeit knieend entrichtete, wobei die Schüler auf ihrem Angesichte vor dem Altare lagen. Am Charfreitag sprach man außer dem gewöhnlichen Gebete den ganzen Psalter

---

Zinsgüter besaßen und davon den alljährlichen Lehen= oder Bodenzins und bei Hand= wechseln den Ehrschatz, den Gutsfall oder das Drittel entrichteten und gewisse Fron= dienste leisteten. Die sanctblasischen Leibeigenen aber, die eigentlichen „Gottes= hausleute", besaßen entweder Stiftsgut, oder fremdes Herrengut, oder beiderlei Güter zugleich, und waren dem Stifte, außer der an ihrer Person haftenden Schuldig= keit des Rauchhunes und Leibfalles, zum Gutsfalle oder Trittel, zum Grundzinse und zur Fronleistung verpflichtet. Und überdieß erkaufte das Stift zu verschiedenen Zeiten von dem verarmenden Adel die Vogtrechte über mehrere der bezeichneten Güter, bezog also auch die „Vogtsteuer" davon.

Aus diesen vielfach verstrickten Verhältnissen mußten sich in Folge von Heiraten, Todesfällen, Handänderungen, Erbschaften, Gutsverkäufen und Wegzügen mehr und mehr Verstöße ergeben, was häufig zu Rechtsstreitigkeiten führte und eine wachsende Erbitterung erzeugte, welche durch die hauensteinische Einungs=Verfassung nicht wenig genährt wurde. Denn innerhalb dieser Verfassung stunden Freileute und Eigenleute auf dem Boden ganz gleicher Berechtigung, was die letzteren dazu verleitete, nach dem Vorbilde der benachbarten Schweizer, noch eine weitere Freiheit und Gleichheit in Anspruch zu nehmen.

und gieng baarfuß während des Gottesdienstes. Neben den vielen Jahreszeitfesten ward für jeden verstorbenen Mitbruder dreißig Tage lang das ganze Seelenamt mit dem Psalter abgehalten[1]. Täglich machte man Umzüge zu den Altären, Kapellen und Gräbern. Jeden Sonntag übten die Priester das Fußwaschen unter sich, täglich aber dasselbe an einigen Armen, welche das Almosen des Klosters abholten. Alle Handlungen, das Essen, Trinken, Spazieren und Arbeiten, wurden mit Ablesen von Gebeten begonnen und beschlossen.

Gleich streng und hart war auch die Lebensweise der Brüder. Ihre tägliche Kost bestand in Habermuß, Gemüse, Brot und etwas Wein; Eierkuchen, Honig, Butter und Fische gehörten zu den Lecker=bissen, und Fleisch erhielten nur die Kranken. Die Handarbeit in freier Luft, welche den Mönchen sonst zur Abwechselung, Erholung und Stärkung von Leib und Seele gedient, wurde durch den Chordienst immer mehr beschränkt und bestand zuletzt nur noch im Heuen.

Traurig war das Loos eines Bruders, wenn er der klösterlichen Zuchtruthe verfiel; er wurde mit dem Brevier, seinem einzigen Tröster, in ein enges, spärlich erleuchtetes Gemach zu kürzerer oder längerer — zuweilen lebenslänglicher Einsamkeit verdammt, und konnte hier Verschuldetes abbüßen oder durch unverschuldete Leiden die Mär=tyrerkrone mönchischer Entsagung erwerben[2].

Vergeblich hatte sich Abt Konrat von Stein um Erlangung der sanctblasischen Insul angestrengt; die Brüder, obgleich noch immer mit dem päpstlichen Banne belegt, erwählten aus ihrer Mitte den Johann Kreutz von Todtnau, dessen kluge Friedfertigkeit das Stift in so schweren Zeiten und bei so vielen mächtigen Feinden, nicht allein den äußeren Ge=fahren möglichst entrückte, sondern auch im Innern durch Schärfung der klösterlichen Zucht und Erweiterung des Besitzstandes bestens empor=

---

[1] Eine charakteristische Erscheinung des mittelalterlichen Klosterwesens waren die Confraternitäten oder Verbrüderungen zwischen verschiedenen Gotteshäusern zum Zwecke gegenseitiger Freundschaft im Leben und im Tode (fraternitas plenaria in morte pariter et in vita, cum unanimitate precum), wobei das Nachhalten bei Todesfällen die Hauptsache ausmachte.

S. Blasien stund seit seiner· ersten Verbrüderung mit Clugny von 1048 während eines Jahrhunderts schon mit 60 Stiften und Klöstern in solchen Verbrü=derungen (dieselben sind benannt bei Mone, bad. Quellenf. III, 610), woraus man auf die Folgezeit einen Schluß ziehen kann. Da nun jede Todesfeier eines Klo=sters in allen verbrüderten Gotteshäusern auf die gleiche Weise abgehalten werden mußte, so läßt sich denken, wie diese Confraternitäten den Chordienst mit Erquien überlasteten.

[2] Diese Schilderung beruht auf den Angaben eines Abrisses der sanctblasischen Geschichte von Pfarrer Lucas Maier in dessen „Alpegovia."

zubringen suchte. Daß die Zelle zu Ochsenhausen (seit 1093 ge=
gründet) sich vom sanctblasischen Mutterstifte endlich losriß, konnte er
nicht mehr verhindern. Denn schon unter seinem Vorgänger hatte der
ochsenhausische Prior, als Anhänger des Papstes Urban, den über
S. Blasien von demselben verhängten Bann dazu benützt, sich zum
selbstständigen Vorsteher seines Gotteshauses zu erheben, was
ihm mit Hilfe des Bischofs von Constanz, trotz allen Gegenbemühungen,
im Jahre 1404 endlich durchzusetzen gelang.

Sein gleichnamiger Nachweser, aus der schafhausischen Familie
Tuttlinger, wurde am Concile zu Constanz neben dem Abte von
Füßen zum Aufseher der Benedictiner=Klöster in der mainzischen Pro=
vinz ausgerufen, mußte die Stadt aber wieder verlassen, als durch die
Acht des Herzogs Friderich ganz Vorderösterreich in Verwirrung ge=
rieth und S. Blasien wegen seines besondern Verhältnisses zu diesem
Fürsten die Gefahr vielfachen Verlustes zu befürchten hatte[1].

Es gieng dieselbe jedoch glücklich vorüber. Abt Johann erlangte
von dem neuen Papste ~~Otto~~ die Bestätigung aller Güter, Freiheiten
und Rechte seines Gotteshauses. Unter ihm erhielten auch die Stifte
S. Gallen, Reichenau und Engelberg ihre Vorsteher aus seinem Con=
vente. Mit dem Bischofe Otto von Constanz vertrug er sich dahin,
daß die sanctblasischen Priester beim Antritte ihrer Pfarreien 20
Gulden erlegen sollen mit Ausnahme der von den Landbecanen befreiten
Kirchen zu Beran, Schönau, Todtnau, Todtmoß, Weitnau, Wislighofen,
Hächenschwand, Bernau, Menzenschwand und Schluchsee.

Nach dem Hinscheiden des Abtes Johann im Herbste 1429 er=
langte der Pater Nicolaus Stocker aus Kenzingen den erledigten
Krummstab. Die ersten Jahre seiner Verwaltung brachte dieser Prälat
größtentheils am Concile von Basel zu. Er besaß daselbst ein eigenes
Haus, worin er längere Zeit den Aeneas Sylvius beherbergte.
Die Angelegenheiten des Stiftes riefen ihn aber öfters wieder heim,
zumal wegen der Bedrückungen und Angriffe, welche dasselbe durch den
Freiherrn von Krenkingen zu erdulden hatte. Dieser Faustrechts=
ritter besaß die Veste Weißenburg am Rockenbache bei Bonndorf
und schädigte von dort aus mit seinen Gesellen die sanctblasischen
Güter in der Nachbarschaft, auf Ansprüche gestützt, wie sich deren das

---

[1] In der Vollmachtsurkunde für seine beiden Vertreter am Concil (die Aebte von
Petershausen und Reute) sagt er: Praeliis, hostilitatibus saevis et atrocibus,
inter quae et quas monasterium meum pene cum omnibus possessionibus,
rebus et pertinentiis suis situatum existit, irrecuperabiliter quassatur, *nosque
sine periculo, corporis et rerum,* ad dictum concilium redire nequeamus.

frivole Junkertum damals häufig zu bedienen pflegte, um von den Kirchen und Klöstern einiges Geld zu erpressen.

So hatte der Freiherr, trotz allen Abmahnungen des Kaisers, dem Stifte 1435 wieder zwei Höfe zu Schönenbuch ausgeplündert und niedergebrannt. Da wendete sich der bedrängte Abt an die Väter des Concils, welche den Brandstifter sofort mit dem Kirchenbanne belegten und Fürsten und Städte aufforderten, denselben in ihren Ge= bieten nirgends mehr zu dulden. Diese Maßregel war aber von so wenig Erfolg, daß Nicolaus nach drei Jahren die Stiftsmannschaft aufbieten mußte, um das Räubernest am Rockenbache belagern, einneh= men und zerstören zu lassen.

Die zu jener Zeit laut gewordenen Klagen über die Ausartung der Stifte und Klöster veranlaßten im Jahre 1439 eine große Ver= sammlung der Aebte des Benedictinerordens, wobei Abt Nicolaus den Vorsitz führte. Balb hierauf aber von König Friderich wieder nach Basel beordert, ließ er im Concile durch seinen Secretär eine ge= harnischte Rede über die damalige päpstliche Wahlparteiung vortragen; doch blieb diese öffentliche Thätigkeit des wohlmeinenden Prälaten ohne sichtbaren Erfolg, und er würde in den Jahrbüchern seines Stiftes weniger lobreich erwähnt sein, hätte man ihm nicht die schöne Erwer= bung der Herrschaft Blumeneck zu verdanken gehabt, wodurch der erste Grund zur nachmals wieder erlangten Reichsunmittelbarkeit des Stiftes S. Blasien gelegt war.

Nicolaus verschied im Herbste 1460 und der neue Abt Peter Bösch aus Todtnau folgte ihm schon während des ersten Jahres seiner Würde in die Ewigkeit, worauf der Conventherr Christoph von Greut an dessen Stelle erwählt wurde. Dieser Prälat erlangte eine päpstliche Exemtions=Bulle für sein Stift in Betreff des Verbots der Milchspeisen während der Fastenzeit, weil dasselbe in einer so hohen, öden, unfruchtbaren, waldigen und kalten Gegend liege, wo man drei Vierteljahre lang Schnee und Eis habe, und weder Wein, noch Oel, noch Korn und andere Früchte pflanzen, also ohne Milch und Käse nicht leben könne[1].

Alsdann erkaufte er die zwischen dem blumeneckischen und Stifts= banne gelegene Herrschaft Gutenburg, und veranstaltete 1467 zur

---

[1] Cum dictum monasterium, heißt es im Dispensationsbriefe von 1467, in vasta solitudine et in loco alto, infertili, nemoroso et frigido, ubi propter frigora et terrae altitudinem nives per tres anni partes sedent, situatum sit. Diese Schilderung gleicht völlig noch jener, welche im liber constructionis von der Gegend S. Blasiens gemacht worden.

Hebung vieler alten Mißhellungen mit den stiftischen Hörigen in der
Einung Hauenstein, unter Zuziehung dortiger Abgeordneten, die
Abfassung eines Dingrotels, worin nach dem Laute der Urkunden
und Kundschaften in 83 Artikeln die beiderseitigen Rechte und Pflichten
genau verzeichnet wurden [1].

Im Uebrigen war Christophs Regierungszeit eine sehr un=
glückliche. Denn als in den damaligen Kriegswirren der österreichi=
schen Vorlande die Waffenmacht der Eibgenossen vor der Stadt
Walbshut lag, wurden dem Stifte bei einem Streifzuge in die benach=
barte Waldgegend nicht nur seine Höfe zu Gutenburg, Gurtweil,
Inblighofen, Remetsweil und Birdorf geplündert und niedergebrannt,
sondern es trotzte der Feind dem Abte, welcher ihm nach Hasenhäusern ent=
gegen gegangen, um sein Gotteshaus durch Unterhandlung zu retten,
noch ein Brandgeld von 3000 Gulden ab. Und hernach, als man
die bedrängte Waldstadt endlich zu entsetzen beschloß, hatte S. Blasien
die österreichische Mannschaft wochenlang auf seine Kosten zu beher=
bergen und zu verpflegen.

Diese Schläge von Außen aber waren nicht das Schlimmste, was
unsern Abt niederbeugte; im Innern des Stiftes entsprang damals
noch ein größeres Uebel — die Spaltung der Conventherren in zwei
leidenschaftlich gegen einander erbitterte Parteien. Denn seit den
Zeiten des Heinrich von Eschenz hatte sich der Abel auch des Klosters
S. Blasien zu bemächtigen gesucht, ganz gegen den ursprünglichen
Geist desselben, indem die Aebte meistens Schwarzwälder Bauern=
söhne (aus Bernau, Hächenschwand, Weitnau, Todtnau) oder Abkömm=
linge bürgerlicher Familien aus dem Breisgau, Schweizer= und Schwa=
benlande (von Meßkirch, Ochsenhausen, S. Gallen, Thayngen, Schaf=
hausen, Kenzingen) waren.

Ein durch den Bischof von Constanz und den Herzog von Oester=
reich im Jahre 1481 veranlaßtes Schiedsgericht zu Walbshut glich
zwar die Irrung auf dem Papiere aus, in den Gemüthern aber wirkte
der gegenseitige Groll noch immer fort, weil die adelige Partei
mehr nach weltlicher Pracht und Behaglichkeit strebte, während
ihre Gegner auf wirthschaftliche Sparsamkeit, christliche Eintracht und
klösterlichen Gehorsam drangen. Daß der Abt das Stiftseinkommen
großentheils zur Heilung der im Schweizerkriege erhaltenen Wunden,
wie zum Ankaufe der Herrschaft Gutenburg und anderer Besitzungen,

---

[1] Diese Oeffnung ist eine Erneuerung des alten (in 75 Artikeln bestehenden)
Weisthumes von 1383, welches ich in der oberrhein. Zeitschr. VI, 107 bis 119
mitgetheilt, von wo dasselbe in die Grimm'sche Sammlung übergegangen.

und nicht vielmehr zur Aufbefferung des Pfründenwesens der Convent=
herren oder für andere dergleichen Interefsen verwendete, das konnten
ihm die Junker im Mönchshabit um so weniger verzeihen, als er
felber von Geburt ihr Standesgenofse war[1].

Nachdem Abt Chriftoph 1482 ein Opfer feines Grams über
biefes Zerwürfniß geworden, fuchte die abelige Partei durch eine
freche Intrigue an's Ruder zu kommen. Dabei fpielte die Hauptrolle
Herr Eberhart von Reifchach, welcher „mit Anderen vom Abel, deren
bamals viele im Convent gewefen", das Widertheil des Abtes bildete.
Derfelbe mußte beshalb aus dem Klofter weichen und trat zu Freiburg
in den Karthäufer Orden, verließ aber nach kurzer Zeit auch biefen
wieder, um fich bis zum Ableben Chriftophs bei feinen Verwandten
in der Nachbarfchaft des Stiftes aufzuhalten.

Kaum nun war Herr Eberhart vom Tobe feines alten Feindes
und über den Tag ber neuen Abtswahl heimlich benachrichtigt, als er
mit einem imponierenden Anhange plötzlich zu S. Blafien erfchien.
Da gelang es den Junkern im Convente, die Widerpart einzufchüchtern
und die Wahl ihres Candidaten durchzufetzen. Der Neugewählte legte
fofort feine weltliche Tracht bei Seite und trat wieder in den benedic=
tinifchen Orden, was jedoch erft nach koftfpieligen Verhandlungen mit
ben Karthäufern endgültig gefchehen konnte.

Balb genug legte Abt Eberhart feinen wahren Character an
ben Tag, indem er in der Würde eines geiftlichen Vorftehers wie ein
weltlicher Fürft auf dem glänzendften Fuße zu leben begann.
Seine Tafel war eben fo üppig an Speifen und Getränken als zahl=
reich befucht vom benachbarten Abel, und wenn er auswärts wohin
ritt, gefchah es nie ohne eine Begleitfchaft von wenigftens zwölf
Rittern. Für folche Verfchwendung des Klofter=Einkommens konnten

---

[1] Gerbert berührt biefes Zerwürfniß kaum, was mich veranlaßt, aus Caspars
Chronik hier Folgendes barüber anzuführen: „Es ift jm (bem Abte Chriftoph)
noch ain größerer Unfal zugeftanden. In dem 20. Jar feiner Regierung hat fich ain
Widerwillen erhebt under bem innern Convent (ber Kloftergeiftlichen) gegen bifen
Prelaten von wegen ettlicher lieberlicher Anfprach, fo fie zu Urfach namen, und
hänktend barmit an fich Ettlich' bes uffern Convents (der Converfen) fammt jren
Fründen vom Abel und andern, und erhuebend fich klagweis gegen ben Prelaten."
Sobann, nach bem Berichte über die fchiebsgerichtlichen Verhandlungen, heißt es weiter:
„Und boch hat fich folcher Handel erhebt zu ainer Unruh, was bann gern befchieht,
wo man brüberliche Liebe und gaiftliche Zucht vollbringen foll und aber böfer Samen
barein geworfen wird, wie auch hier befchehen, als ba ettlich gaiftliche Perfonen
gewefen, benen mehr baran gelegen, baß fie zu weltlicher Pracht geförbert würden,
und bie barneben mehr betrachtet, wie viel Weines und anderes über die Noth=
burft raichen möcht', anftatt zu mehren bes Gottshaufes Renten und Gülten."

weber die zierlichen Meßgewänder, noch die prächtige Orgel, welche unter ihm gefertigt wurden, als Ersatz gelten; denn kaum reichte die weitere Verwaltung der nächsten Aebte hin, um die schweren während seines neunjährigen Regimentes dem Stifte verursachten Wunden und Schäden wieder zu heilen und auszubessern.

Einen Vortheil hatte das hochmüthige, verschwenderische Treiben des Prälaten Eberhart, es schlug für S. Blasien dem adeligen Fasse den Boden aus; denn von diesem infulierten Junker an bis zur Aufhebung des Stiftes wurde (mit Ausnahme des Patriciers Gerbert) kein adeliger Conventuale mehr zur Abtswürde erhoben, wie überhaupt während der zwei letzten Jahrhunderte nur noch sechs Conventherren mit dem Abelsprädicate in den Stifts-Catalogen erschienen.

Damit aber waren Geist und Richtung unseres schwarzwälbischen Stiftes für die Zukunft ausgesprochen. Wohl hatte es früher, wie in anderen Gotteshäusern, auch dorten adelige Aebte von ausgezeichneter Tüchtigkeit, Frömmigkeit und Gelehrsamkeit gegeben; allein dieselben stammten aus dem alten, hohen, eigentlichen Abel, welcher mit dem 12ten Jahrhunderte schon stark zusammen schmolz, während der niedere, der Dienst- und Soldaten-Abel, desto üppiger emporwucherte und an Fürstenhöfen, in Städten, auf dem Lande, in Stiften und Klöstern eine einflußreiche Stellung gewann. Dieser Einfluß jedoch zeigte sich häufig als einen höchst unheilvollen, namentlich in geistlichen Häusern, wo seine Folgen durch die Ausschreitungen eines frivolen Junkerlebens nicht selten alle Regelzucht, alle gelehrte Thätigkeit und priesterliche Würde verdrängten[1]. Vor einer solchen Gefahr hat das Jahr 1482 die Abtei S. Blasien gesichert.

---

[1] Alles in der Welt hat seine Schattenseite, jene des mittelalterlichen Abels begreift man in dem Ausdrucke „Junkertum." Der deutsche Ritterabel hatte seine Blüthezeit im 12. und folgenden Jahrhunderte, wo derselbe eine erste Zierde der Nation war; seine wachsende Geltung aber und der Umstand, daß sich diese Ritter- und Dienstmannsfamilien größtentheils der Besitzungen und Rechte des abnehmenden Dynastenabels zu bemächtigen wußten, machten sie stolz, üppig und ausschweifend, wodurch ihr Stand, bei der herrschenden Fehdelust, in eine steigende Ueberschuldung und damit in ein trauriges Verkommen gerieth. Erst nachdem sich der Abel während des 16. Jahrhunderts in seinen begabteren Söhnen mit glücklichem Erfolge auf die Studien an den Hochschulen und auf die neue Kriegskunst verlegt hatte, gelangte er wieder zu verdientem Ansehen und Einfluß.

Ueber das Eindringen des Ritterabels in die Stifte und Klöster vgl. man das Diöcesan-Archiv VI, 244. Der Familie von Reischach, deren schon 1191, 1200 und 1253 in Salemer Urkunden erwähnt wird, hat Gerbert in der S. N. einen längern Absatz gewidmet, um an die Verdienste derselben zu erinnern, dem Schatten gegenüber, welchen der apostatische Eberhart auf sie geworfen.

Dem Abte Eberhart folgten als nächste Nachweiser der nallingische Propst Blasius Wambach aus Oberedingen, „ein leiber ebenso hoch= betagter und preshafter, als wohlgesinnter Mann", und der weiland alpirsbachische Bruder Georg Eberhart aus Horb am Neckar, ein gelehrter und wohlerfahrener Prälat, welcher mehrere Baureparationen vornahm und besonders die Besitzungen und Rechtsamen des Stiftes durch päpstliche und kaiserliche Bestätigungsbriefe zu sichern suchte.

Die damalige von Fehden und anderen Uebeln erfüllte Zeit machte diese Sorgfalt für S. Blasien doppelt nöthig; denn es entbrannte in dessen Nachbarschaft der neue Schweizerkrieg. Die eidgenös= sische Waffenmacht näherte sich abermals der Waldgegend; die Städte Thiengen, Stülingen und Blomberg wurden eingenommen und nieder= gebrannt, und dazwischen mehrere sanctblasische Höfe am Vor= wald, welche nach dem alten Schweizerkriege wieder hergestellt worden, auf's neue beraubt und verwüstet.

Der Nachfolger des Abtes Georg war Johann Spielmann von Betmaringen, bisher Prior und Großkeller, ein in den Geschäften des Stiftes besonders geübter Mann, dessen Verwaltung aber von der ganzen Härte eines widerigen Geschickes betroffen wurde. Denn nicht bloß erhoben sich in den gräflich lupfischen Gemeinden Stülingen, Bet= maringen, Bonndorf und Ewatingen, wo S. Blasien viele Güter und Rechte besaß, die ersten Empörer des großen Bauernkrieges von 1525, sondern es gesellte sich denselben auch das stistische Wald= volk bei, dessen Jahrhunderte alter Widerwille gegen seine geistliche Obrigkeit jetzt in einen blutigen Rachetaumel ausbrach.

Am ersten Maitage des verhängnißvollen Jahres überfielen die vereinigten Haufen aus dem Hauensteinischen, Stülingischen und Fürstenbergischen mit flatternder Fahne das Stift, verjagten dessen Be= wohner, welche nicht schon geflohen, schwelgten mit Essen und Trinken, nahmen vom Hausgeräthe, was Jedem gefiel, und zerschlugen das Uebrige, rissen in der Kirche die Grüfte auf und beraubten die Leich= name ihres Schmuckes, gossen Kugeln aus den bleiernen Pfeifen der · Orgel[1], zerstörten die Bibliothek und trieben selbst mit dem Aller= heiligsten ihren Uebermuth.

Der hauensteinische Anführer, Hebmann Uehlin von Niedermüle, hatte diese Ausschweifungen nicht gebilligt; er huldigte aber auch nicht, als die Waldleute nach dem jämmerlichen Ausgang ihrer Sache zur

---

[1] Diese Orgel war dasselbe treffliche Werk, welches 1488 (unter Abt Eberhart) der sanctblasische Laienbruder Konrat Sittinger geliefert, wie er auch der Ver= fertiger der Münster=Orgel von S. Trubbert gewesen.

Unterwerfung genöthigt wurden. Abt Johann redete noch für denselben bei dem Hauptmanne der österreichischen Executions-Mannschaft, jedoch vergeblich. Man wollte ein abschreckendes Beispiel statuiren und knüpfte den Armen, wie einen Strauchdieb, an eine Eiche auf. Drei Tage nachher aber fand man seine Rechte an das Thor von S. Blasien genagelt, mit der Beischrift: „Diese Hand wird sich rächen", und bald hierauf wurde das Kloster mit Pulver in die Luft gesprengt[1].

Abt Johann verstarb im Frühlinge 1532. Von seinen drei nächsten Nachfolgern Gallus Haas aus Möhringen, Johann Wagner aus Zurzach und Kaspar Müller aus Schönau, stellte ersterer, ein ernsthafter, ehrlicher, geschäftskundiger Herr, und letzterer, ein in jeder Beziehung ausgezeichneter Vorsteher, die verwüsteten Gebäulichkeiten des Stiftes wieder her. Es ist bewundernswerth, was besonders Abt Caspar hierin geleistet, nicht allein in S. Blasien, sondern auch auswärts in den stiftischen Orten.

Dabei lieferte dieser Prälat noch eine umfassende Geschichts-Beschreibung seines Stiftes und arbeitete auf's Rühmlichste, ganz im Sinne der alten Väter, welche ihm als Vorbilder galten, an der Wiederaufnahme desselben. Er legte die Mißhellungen mit dem Waldvolke bei, vertrug sich auf mehreren Tagsatzungen (1545, 1551, 1557, 1559 und 1569) mit dem österreichischen Waldvogte über streitige Puncte der landesfürstlichen Obrigkeit, der Landsaßerei, Schutz- und Schirmverwandtschaft; wie mit dem Markgrafen von Baden, dem Herzoge von Wirtenberg und dem Grafen von Lupfen über verschiedene Irrungen wegen stiftischen Gütern und Rechten in deren Gebieten.

Ferner traf er mancherlei Verordnungen für den Haushalt zu S. Blasien und stellte ein eingegangenes Spital für Arme und Kranke daselbst wieder her. Auch machte sich unter ihm der Pater Kretter besonders verdient durch die Wiederherstellung des Chorgesanges und die Unterweisung der Klosterjugend in der Musik. Als Caspar nach einer dreißigjährigen Stiftsverwaltung im Frühlinge 1571 den Seinigen durch den Tod entrissen ward, fühlten sich dieselben wie eine Familie von ihrem sorgenden Vater verlassen; er war seit Rusten und Ulrich unstreitig der größte, verdienteste Abt.

Zu Caspars Nachfolger erhob man dessen Freund und Namensbruder, aus dem Geschlechte der Thoma von Mülheim an der Donau, welcher sich eifrigst bemühte, wieder eine ansehnliche Bibliothek herzustellen, die Novizen und jüngeren Brüder zum Studium der Wissen-

---

[1] Die Begebnisse des Bauernkrieges in Bezug auf S. Blasien erzählt ausführlich der dortige Schulmeister Letsch in seinem liber actorum.

schaften anzufeuern und eine Reformation der Mönchszucht vorzunehmen. Auch that er Vieles für die Ausschmückung des Münsters, wo unter ihm die berühmte amerbachische Orgel aufgestellt wurde.

Dem Abte Caspar II folgte in diesen Bestrebungen seit 1596 Martin Meister aus Fützen, dessen besonderes Verdienst es nicht allein war, daß er die Reichsherrschaft Bonndorf käuflich an das Stift erwarb, sondern es gieng sein Bestreben hauptsächlich auch dahin, Mönche zu bilden, welche fromm, gelehrt und nützlich seien[1]. Und es gelang ihm, sowohl für S. Blasien, als selbst noch für andere Klöster, tüchtige Lehrer heranzubilden.

Abt Blasius II, welcher auf Martin folgte, war ein eifriger Förderer der klösterlichen Regelzucht und deshalb zu Rom ein sehr beliebter Prälat; aber seine Regierung fiel in die Zeiten des 30jährigen Krieges. Er mußte sich mit den Seinigen nach der Schweiz flüchten und starb daselbst im Jahre 1638, nachdem S. Blasien durch die Pest und die Schweden entvölkert und verwüstet worden.

Noch im schweizerischen Exile erwählten die Blasianer ihren Mitbruder Franz Chullot zum Abte, dessen Bestreben nach der Wiederherstellung des Friedens es war, die Wissenschaften unter seinen Mönchen möglichst zu fördern. Besonders führte er das Studium der hebräischen Sprache ein und die Pflege der einheimischen Geschichte, worin sich die Patres Tritt, Kofer, Gebel, Burghart, Eiselin, Schenk und Arnold hervorthaten[2].

Auch unter dem nächsten Abte Otto Kübler, zwischen 1664 und 1672, blühten die sanctblasischen Musen, worauf aber unter dessen Nachfolger Roman der französische Krieg sie wieder verscheuchte, da dieser Prälat nach der Einnahme von Freiburg durch die feindlichen Waffen im Jahre 1677 mit den Seinigen, wie sein Vorweser Blasius, nach der Schweiz entfliehen mußte.

Uebrigens waren damals aus S. Blasien eine schöne Anzahl von Brüdern als Lehrer und Vorsteher nach anderen Gotteshäusern verlangt. So hatten sich die Patres Rösch, Dieterich, Beckhart,

---

[1] Eius prima et ultima cura fuit, sagt Gerbert, ut in eius vita perhibet P. Placidus Rauber, abbas postea Schwarzacensis, *efficere et habere monachos, qui pii primum, deinde docti et sibi et aliis prodesse possint.*

[2] Dum anno 1643 respirare paululum per Suecos liculsset, ad instauranda studia literarum animum intendit, initiumque factum linguae hebraicae, compluresque tunc erant monachi San-Blasiani, qui praeter alia scientiarum genera, quae domi forisque in scholis publicis et monasteriis proftebantur, imprimis historiam patriam monasteriique S. Blasii illustrarunt. So Gerbert.

Rauber und Fabri nach Schwarzach begeben, wo ersterer zum Abte erkoren wurde, welchem seit 1638 die Blasianer Gebel, Hug und Salwei in dieser Würde nachgefolgt. Das alles war der mönchischen Ausdauer möglich, trotz den Wirren und Drangsalen des Schweden=krieges und der folgenden französischen Kriege.

Dem Abte Roman folgte 1695 Augustin Fink aus Wolfach, ein stiller, wohlwollender Herr, dessen Friedensliebe nicht allein durch das Waffengetümmel der Jahre 1703 und 1713, sondern auch durch die erneuerten Unruhen der Hauensteiner, schwer bedrängt wurde. Gleichwohl erwies er sich sehr besorgt für das Gedeihen seines Stiftes, für die Seelsorge der stiftischen Pfarreien, für die klösterliche Disciplin und die Pflege der Wissenschaften, weshalb man von seinen Mönchen mehrere nach auswärts als Lehrer verlangte, wie den Pater Elverenz zum Novizenmeister nach Fulda, die Patres Saal und Eck zu Pro=fessoren nach Schuttern, und den Pater Sebelmaier nach Salzburg, wo derselbe auch als Schriftsteller thätig war.

Abt Augustin schied aus dem Leben im Jahre 1720 und erhielt zum Nachfolger den Pater Blasius Benber aus Gengenbach, welcher schon seit längerer Zeit am Kaiserhofe zu Wien, im Besitze des einfluß=reichsten Vertrauens [1], die öffentlichen Angelegenheiten seines Stiftes

---

[1] Abt Augustin, welcher im Herbste 1720 sein Amtsgebiet im Zürichischen be=sucht hatte und bei dieser Gelegenheit vom Zürcher Magistrate bewillkommt worden, schrieb darüber nach Wien an seinen Großkeller, Pater Blasius Benber, unter Anderem: „Bey der Malzeit setzte sich Herr Bürgermeister Escher zue mir und gab mir einen Kuß mit vermelden, er hätte mir Etwas in auriculam zu sagen, nemblich, ich könnte dem Stande Zürich auch einen Gefallen erweisen. Auf mein Befragen sagte er, er wisse, daß ich bey ihrer kayserlichen Majestät sehr wohl angeschrieben sey und einen Pater zu Wien habe, der bey allen hohen Stellen ganz intrant und ästi=miert wäre, ja (sunt formalia) Alles erhalten könne, was er wolle. Ich möchte daher ihre Angelegenheit wegen des Zolles recommendieren. Ich replicierte: Wollte wünschen, so glücklich zu sein, solches Verlangen effectuieren zue können. Am andern Tag fuehrten mich einige Herren des Magistrats in der Stadt herumb, alles Sehenswürdige zue besichtigen, da dann nit genueg zue beschreiben, was für ein Concursus hominum sich hervor gethan, worbey Herr Stark zue mir gesagt, ich solle nur sehen, wie Groß und Klein mich ästimiere und einen so lieben und getreuen Mitbürger zue begrüeßen verlange."

Ein auf Benbers Wahl erschienenes Lobgedicht, welches ich vor mir habe, drückt die freudigsten Hoffnungen aus, denen man in Folge derselben sich hinzugeben berechtigt sei. Es heißt darin:

Es sollte Blasius das Stift Sanct Blasy zieren,
Der Himmel hatte ihn zu dieser Würd' erseh'n;
Wo Tugend und Verstand die freien Vota führen,
Da muß nach bestem Wunsch die beste Wahl ergeh'n.

beforgt und die Ehrenftelle eines kaiferlichen Hofcaplanes erlangt hatte. Nachdem der gewandte Diplomat zum Abte erwählt worden, ernannte ihn Karl VI zum Botfchafter des Erzhaufes bei der fchweize= rifchen Eidgenoffenfchaft, wo er 1727, mitten in den günftigften Ge= fchäften, einem frühen Tode erlag.

Diefer Abt Blafius III, ein befonderer Pfleger der klöfterlichen Regelzucht, hatte feinen weltlichen und Klofterbeamten die trefflichften Dienft=Inftructionen ertheilt und für die wiffenfchaftliche Blüthe des Stiftes die eifrigfte Sorge getragen. Er bereicherte die fchon anfehn= lichft erwachfene Bibliothek mit feltenen Werken und fchickte etliche von feinen jüngeren Mönchen, worunter fich der Pater Herrgott befand, in die Congregation des heiligen Maurus zu Paris, um die= felben nach der dortigen Methode in den Studien ausbilden zu laffen. Welch' ein glücklicher Schritt das war, zeigte fich in Bälde, denn mit der Rückkunft des Paters und feiner Genoffen begann für S. Blafien eine neue Periode wiffenfchaftlichen Ruhmes.

Der Nachfolger Benders, Abt Franz II, aus der freiburgifchen Familie Schächtelin, unternahm den Neubau feines Gotteshaufes und vollendete denfelben im Jahre 1747, ungeachtet des franzöfifchen Krieges und der neu ausgebrochenen Unruhen des hauenfteinifchen Waldvolkes, welches ihm entfchieden die Huldigung nach bisherigem Wortlaut verweigerte. Diefes Zerwürfniß führte endlich, unter Ver= mittelung der vorläubifchen Regierung, im Jänner 1738 zu einem Ab= kommen, wornach das Stift gegen die Loskauffumme von 58,000 Gulden auf feine Leibrechte in der ganzen Einung für immer verzichtete [1].

Aber nicht allein neu aufgebaut wurde damals S. Blafien, fondern für einen Theil feiner Befitzungen auch wieder unmittelbar unter das Reich geftellt, wie Gerbert in den kurzen Worten berichtet: Monasterium novum quod e fundamentis Franciscus abbas anno 1728 excitare coeperat, ante mortem perfecit, et anno 1746 axioma principis sacri romani imperii a Francisco I imperatore

---

Ganz Breisgau preist die Treu', die Klugheit und Verdienfte,
  Wodurch dieß edle Haupt in Freude es verfetzt.
Sein viel erprobter Rath gereicht ihm zum Gewinnfte,
  Wenn er der Stände Wohl fortan damit ergetzt.
Dem hohen Kaiferhof find feine Qualitäten
  Schon lange her bekannt; es freut fich Stadt und Land,
So zum Vertreter ihn erwählet und erbeten,
  Weil gut er Alles führt mit Kopf und Mund und Hand.
[1] Die Actenftücke über diefen wichtigen Receß find abgedruckt in meinen Mit=
theilungen über die ehemal. fanctblaf. Niedergerichte (oberrhein. Zeitfchr. VII, 338).

recepit, quo jam titulo passim antecessores superioribus saeculis in chartis caesareis honorati leguntur.

Schon im Jahre 1734 war Abt Franz von Kaiser Karl VI, dessen besondere Gunst er zu erwerben gewußt, zum kaiserlichen Geheimrathe mit Sitz und Stimme ernannt worden, eine Ehrenstellung, deren sich bisher im ganzen Breisgau noch Niemand erfreut hatte. Ferner verlieh ihm derselbe das Prädicat „ehrwürdig", welches nur die geistlichen Reichsfürsten zu erhalten pflegten, sodann das Amt eines „Erb- und Erzhofcaplans" und die Stelle des Präsidenten beim breisgauischen Prälatenstande [1], worauf endlich unter Kaiser Franz I, wie erwähnt, seine Erhebung in den reichsfürstlichen Rang erfolgte.

IV. Erwerbung der Grafschaft Bonndorf und der reichsfürstlichen Würde.

Das Stift S. Blasien erwarb seinen Land- und Güterbesitz zunächst durch die frommen Vergabungen der Kaiser und Könige, der Fürsten und des Adels; sodann durch eigene Beurbarung von Waldstrecken und Einöden, und endlich durch wohlberechnete Ankäufe und Umtausche. Es war eine lange Arbeit der Mühe, der Umsicht und Ausdauer, auf dem unwirtbaren Schwarzwalde, unter all' den Stürmen und Drangsalen der Jahrhunderte, ein so wohlgeordnetes und blühendes Stiftsgebiet zu schaffen, wie die letzten Fürstäbte es besaßen.

Den Grundstock des sanctblasischen Landbesitzes bildete das erste von den Ottonen verliehene Widemgut des s. g. Zwinges und Bannes; an dieses schlossen sich zunächst die vom herzoglichen Hause von Rheinfelden und Anderen vergabte Vogtei Schluchsee [2], wie die vom einheimischen und auswärtigen Adel vermachten Besitzungen in den Thälern Schönau und Todtnau, auf dem Berge Berau und bei Betmaringen im Alpgau, bei Bürgeln, Weitenau, Sitzenkirch und Gutnau, bei Eschbach, Krotzingen und Hügelheim, Efringen und Haltingen im Breisgau, wie ferner zu Wislig-

---

[1] Nach einem Schreiben des Paters Herrgott an den Pater Prior zu S. Blasien, d. d. Wien, den 30. Juni 1734.

[2] Die Königin Adelheid von Ungarn, eine Tochter des Herzogs Rudolf von Rheinfelden (nachmaligen Gegenkönigs), war eine besondere Freundin des Gotteshauses S. Blasien, welches sie exemplo parentum suorum mit reichen Gaben beschenkte; nam progenitores sui locum istum praediis suis aliisque inumeris beneficiis ditaverunt. Sie wollte daselbst begraben sein, und von ihren Brüdern Berchtold und Otto, welche das Stift gleichfalls reichlich begabten, beschloß der erstere, seinen Todestag bei den Blasianern zu erwarten.

Baber, St. Blasien.　　　　　　　　　　　　　　　　　　3

hofen, Selbenbüren und Birmensdorf im Zürichgau, zu Schweisingen im Aargau und endlich zu Rallingen und Ochsenhausen in Schwaben.

Weil aber die meisten dieser Besitzungen sehr zerstreut lagen und von verschiedenen anderen Gebieten unterbrochen waren, so gieng das Streben des Stiftes dahin, dieselben durch Ankäufe und Austausche möglichst zu vervollständigen und abzurunden, wozu sich während des 13ten und folgenden Jahrhunderts bei der zunehmenden Verschuldung der benachbarten Abelsfamilien reichliche Gelegenheit darbot. So erkaufte Abt Heinrich II etwa 45 größere und kleinere Güter für 765, Abt Berchtolb II gegen 30 Besitzungen für 1970, Abt Heinrich III über 13 Güterstücke für 66, Abt Ulrich I, deren 6 für 95 und Abt Heinrich IV deren gegen 70 für 500 Marken Silbers, die Mark zu etwa 24 Gulden.

Da S. Blasien in seinen besseren Zeiten eine musterhafte Haus- und Landwirtschaft führte, welche ihm ein schönes Einkommen abwarf (noch im Jahre 1383 belief sich dasselbe auf die Summe von 550 Marken Silbers), und da hiezu noch das Erträgniß der Bergwerke von Tobtnau und Schönau kam[1], so war das Stift schon in der Lage, bedeutende Gelder auf die Erwerbung von Gütern und Berechtigungen verwenden zu können. Und daneben dauerten auch die frommen Vergabungen fort, deren in den Jahren von 1288 bis 1388 wenigstens ein halbes Hundert geschahen.

Aber nicht allein durch Erweiterung seines Grundbesitzes wußte sich S. Blasien zu einem blühenden Wohlstand empor zu schwingen, sondern eben so sehr durch landwirtschaftliche Verbesserungen seiner Güter. Es besaß viele ausgedehnten Wildnisse und Einöden, welche nichts trugen, als Bau- und Brennholz, was damals von keinem Werthe war. Diese uncultivierten Landstrecken allmählig an-

---

[1] Während des 12. Jahrhunderts war das Wiesenthal vom Felbberge bis gegen Zell, welches man die „tobte und die schöne An" nannte (augia Todtnowe et Scoenowe cum sylva), an S. Blasien gekommen und damit auch das Eigentum der dortigen Silberberge. Das Stift verlieh von denselben einen Theil an s. g. Frouer oder Bergmeister (magistri argentifodinarum) um den 20. bis 40. Pfenning und gegen die Verbindlichkeit der Frouer, den ihm vorbehaltenen andern Theil auf ihre Kosten zu bebauen. Abt Caspar weist auf Urkunden von 1164, 1247 und 1374 zurück, wonach in diesen Jahren die stiftischen Bergwerke besonders ergiebig gewesen, und Abt Gerbert berichtet: Anno 1247 Arnoldus II abbas, accedente copioso ex fodinis Todtnariensibus proventu, egestatem ut plurimum a monasterio depulit. Vgl. Trenkle, Gesch. der schwarzwäld. Judustrie (Karlsruhe 1874), S. 20.

zubauen und ergiebig zu machen, mußte daher ein hauptsächliches Augenmerk der Stiftsverwaltung sein.

Durch bloße Verleihung öben oder bewaldeten Grundes und Bodens an stiftische Leibeigene und benachbarte Freileute zur Anlage von Neureuten (Schwänden) würde jedoch wenig erreicht worden sein, weil es mit zu vielen Schwierigkeiten verbunden war, indem solchen Unternehmern häufig das Nöthige entweder an Fähigkeit, oder an Satz, oder an Ausdauer mangelte. Denn wahrlich, es war keine geringe Aufgabe, in den rauhen, entlegenen und unwegsamen Gegenden des sanctblasischen Schwarzwaldes neue Maierhöfe zu errichten und zu bewirtschaften. Dazu gehörten Mittel, Verständniß, System, Fleiß und Geduld in nicht gewöhnlichem Grade.

Hier hatte also das Stift unmittelbar selber Hand anzulegen, was aber bei der eingetretenen großartigen Entwickelung des Benedictiner-Ordens nicht anders mehr möglich war, als durch die Conversen oder „Laienbrüder", deren Anzahl sich zum Vortheile der Haus= und Landwirtschaft schon frühe sehr vermehrt hatte. Denn verlangte auch die ursprüngliche Ordensregel von ihren Bekennern, sich den nothwendigen Lebensunterhalt mit eigener Hand zu verschaffen, so gerieth diese Vorschrift bei den veränderten Zeitforderungen mit der höhern Aufgabe und dem geistigen Streben des Ordens doch mehr und mehr in Widerspruch, da man die meistens durch Gelehrsamkeit oder Kunstfertigkeit ausgezeichneten und mit der Priesterweihe versehenen Väter und Brüder nicht auch zur Führung des Pfluges und der Schaufel verwenden konnte. Es mußte ein Auskunftsmittel gefunden werden, um in beiden Richtungen den Ordenszweck zu erreichen, und dermaßen hat die Anstalt der Laienbrüder ihre zeitgemäße, praktische Verwendung erhalten.

Die wachsende Anzahl der verschiedenen durch die Drangsale der Zeit in die Klöster gedrängten Leute lieferte dieser Anstalt auch immer die nöthigen Kräfte; denn wer daselbst nicht die Schulen durchlaufen hatte, konnte nicht völlig in den Orden treten, sondern mußte sich mit dem untergeordneten Range der äußeren oder Laienbrüder begnügen, welche neben dem Gelöbnisse, sich nicht eigenmächtig vom Kloster zu entfernen, die Gelübde der Enthaltsamkeit und des Gehorsams ablegten und einen Mönchshabit erhielten, aber vom innern Klosterleben getrennt blieben und (wenn sie nicht als Handwerker oder Künstler arbeiteten) mit den Geschäften der Haus= und Landwirtschaft beauftragt waren.

Diese Halbmönche nun, durch ihre drei Gelübde ganz in der Gewalt der Aebte, von allem Chor=, Schul= und Priesterdienste frei,

3*

und allein für die **Handarbeiten** bestimmt, diese Klosterknechte im grauen Habit, machten es den Klöstern möglich, ihre Haus= und Land= wirtschaft in jener **umfassenden** und **planmäßigen** Weise zu be= treiben, welche noch jetzt unsere Bewunderung verdient. Es wird daher wohl gerechtfertigt sein, die Einrichtung, den Erfolg und das Verdienst einer solchen Anstalt etwas näher zu besprechen.

In den Wildnissen, womit man Gotteshäuser, wie S. **Blasien,** zu bewidmen pflegte, erlasen verständige Aebte und Convente die zum Anbaue geeignetsten Plätze und schickten eine Anzahl von **Laien= brüdern** zur Beurbarung dahin, welche sofort eine Hütte aufrichteten und mit dem nöthigen Viehe und Geschirre versehen die Anlage eines **Hofes** begannen. Die zähe Natur und strenge Ordnungsmäßigkeit der laienbrüderischen Einrichtung, bei dem systematischen Betriebe ihrer Arbeit, führte dann zu Erfolgen, wie sie anders schwerlich zu erreichen waren. Denn die **Bruder=** oder **Mönchshöfe** erweiterten sich schnell an Gebäulichkeiten, an Viehstand und Baugelände, und in Gegenden, wo dieselben vom fremden Grundbesitze durchkreuzt lagen, suchte man sie ver= mittelst entsprechender Ankäufe oder Austausche zu vervollständigen und ab= zurunden. Das Institut der **Laienbrüder** entwickelte sich aber bezüglich des Landbanes um so nachhaltiger und praktischer, als die meisten sanct= blasischen Conversen aus schwarzwäldischen **Bauern=**Familien stamm= ten, also von Hause aus mit dem Betriebe der Viehzucht und mit der Herstellung von **Reutefeldern** (d. h. mit dem Schwänden, Reuten, Brauden, Umbrechen und Einsäen) vertraut waren. Dergestalt ver= besserten sich die Verhältnisse und steigerte sich die Ergiebigkeit der im **Selbstbau** des Klosters betriebenen Maierhöfe in einer Weise, daß sie als wahre **Musterwirtschaften** für die Hofbauern der Um= gegend gelten konnten [1].

Indessen dauerte diese Art des Anbauens und Bewirtschaftens nur so lange, bis dasselbe einen genugsamen Grad erreicht hatte und die Klöster so reich waren, daß sie mehr auf **Erhaltung,** als auf Erweiterung bedacht sein mußten. Daher gieng ihr **Selbstbau** all= mählig ein, indem sie die Bruderhöfe, entweder ganz oder in gewisse Theile zerschlagen, an ihre **Hörigen** zu Erblehen oder fröndhofsweise [2]

---

[1] Ueber die alten **Mönchshöfe** von S. Blasien habe ich in der oberrh. Zeit= schrift VI, 250 Eingehendes mitgetheilt.

[2] Die **Fröndhöfe** des Stiftes unterschieden sich von den **Mönchshöfen** da= durch, daß sie in Zeitpacht gegeben waren, während letztere von den Laienbrüdern bebaut wurden. Der Abt konnte einen seiner leibeigenen Bauern zwingen, einen Fröndhof zu übernehmen, und ihn ohne Weiteres wieder entsetzen, wenn er nicht entsprach. Die meisten sanctblasischen **Maierhöfe** auf dem Schwarzwalde befanden

verliehen, wodurch dann die Anstalt der Laienbrüder ihren umfassenden Zweck verlor und sich auf einen Ueberrest von Geschäften für die nächste Hauswirtschaft und die Handwerke beschränkte. Die Aebte und Convente von S. Blasien hielten auch sehr darauf, daß über die Besitzungen und Einkommenstheile des Stiftes genaue Beschriebe und Verzeichnisse angefertigt wurden, welche man von Zeit zu Zeit sorgfältig erneuerte. So ließ nach dem großen Klosterbrande Abt Ulrich im Jahre 1328 einen neuen Gränzbeschrieb des sanctblasischen Zwinges und Bannes fertigen, wie Abt Heinrich 1351 einen Rotel über alle stiftischen Zinse[1], welchen man, nach dem Ausbruche der schweizerischen und hauensteinischen Unruhen, zwischen 1373 und 74, in ein großes Urbar umschrieb; und wahrscheinlich in Folge dieser Wirren veranstaltete dieser Abt 1383 die s. g. Walbamts-Oeffnung, eine genaue Beschreibung der Pflichten und Rechte des sanctblasischen Waldvolkes. Pater Gündelwang aber, Propst zu Neuenzell, beschrieb 1430 die Besitzungen und Rechte seiner Kirche, und durch Abt Christoph wurde mit Waldvogt und Einungsmeistern im Jahre 1467 eine Renovation der Oeffnung von 1383 vereinbart[2].

Auf solche Art und Weise der Erwerbung und Verbesserung seines Landbesitzes gelangte S. Blasien allmählig zu einem namhaften Gebiete von Höfen, Weilern, Flecken, Schlössern, Vogteien und Herrschaftsrechten, welches nach herkömmlicher Eintheilung und Bezeichnung in zwei Herrschaften und acht Aemter zerfiel. Eine kurze Beschreibung derselben dürfte hier um so eher am Platze sein, als man sie kennen muß, um zu verstehen, wie sich die sanctblasischen Reichsherrschaften gebildet.

Die Herrschaft Blumeneck bestund in dem gleichnamigen Schlosse und Dörflein, den Flecken Lausheim, Grimelshofen, Aselfingen und Ewatingen mit mehreren benachbarten Höfen; die Herrschaft Gutenburg dagegen ebenfalls in dem gleichnamigen Schlosse und Oertlein, den Flecken Uehlingen, Krenkingen, Tetzelnheim und Breitenfelz mit benachbarten Höfen und Gerechtigkeiten. Diese beiden Herrschaften wurden nach dem Erwerbe der Grafschaft Bonndorf als Obervogteiamt

---

sich ursprünglich im Selbstbau des Klosters oder lagen im Frönderecht, weil man möglichst freie Hand über dieselben behalten wollte. Vgl. meine Abhandlung über „die alte Thalverfassung von Schönau und Todtnau", in der Zeitschrift für Gesch. des Oberrheins I, 197.

[1] Diese Pergamentrolle hat die Ueberschrift: Anno domini MCCCLI conscripti sunt Census monasterii S. Blasii secundum alphabeti ordinem.

[2] Diese Güter- und Einkommens-Beschriebe sind von mir besprochen in der oberrh. Zeitschr. VI, 99 und 107; sodann IX, 369.

„Blumeneck" zu Ewatingen und als Obervogteiamt „Gutenburg" zu Gurtweil derselben völlig einverleibt.

Das Basler Amt begriff verschiedene Grundstücke, Gefälle, Ze= henten und andere Berechtigungen in fast allen Dörfern und Gemar= kungen von der österreichischen Herrschaft Rheinfelden über das Wiesenthal bis hinab an die hochstift=basel'sche Landvogtei Schliengen. Was von deren Gränzen zwischen dem Rheine und Hochgebirge bis hinab an die Dreisam und den Kaiserstuhl in zahlreichen Ortschaften dem Stifte zugehörte, begriff man unter dem Amte Krotzingen.

Vom Feldberge über das Hauensteiner Ländlein mit den zugewandten Thälern Todtnau und Schönau, wie über alle sanctblasischen Güter und Rechte von der Schwarzach und Schlücht bis in den Kletgau hinaus erstreckte sich das große Waldamt. Die Besitzungen im klet= ganischen und stühlingischen Wutachthale hießen das Wutenamt.

Die Herrschaft Seldenbüren und die später dazu erworbenen Güter der Umgegend bildeten das Züricher, wie die verschiedenen am Aar= und Reußflusse meistens ehevor den Freiherren von Klingen und von Tiefenstein gehörigen Besitzungen das Klingenauer Amt. Die dem Stifte in der Baar und im angränzenden Hegau zustehenden Güter und Rechte hießen das Villinger, wie endlich jene im Neckarthale bei Cannstatt und Eßlingen das Nallinger Amt[1].

Die Schlösser Blumeneck und Gutenburg mit ihrem anhangenden Gebiete lagen im obern Alpgau, welcher sich von der Schlücht bis zur Wutach erstreckte und die Grafschaft Stühlingen genannt wurde, jenes an der nordöstlichen, dieses an der südwestlichen Spitze desselben. Die Erbschaft des um 1170 erloschenen stühlingischen Grafengeschlechtes war an die benachbarten Freiherren von Küssaberg und von diesen um 1250 an die schwäbischen Freiherren von Lupfen geerbt, welche bis zu ihrem Erlöschen im Jahre 1582 als Landgrafen die hochgericht= liche und hochforstliche Obrigkeit mit den übrigen Regalien im oberalp= ganischen Gebiete ausgeübt.

Der landgräflichen Hoheit dieses Dynastenhauses unterlagen also nicht allein die Herrschaften Blumeneck und Gutenburg, sondern auch die s. g. fünf Flecken (Bonndorf, Münchingen, Wellendingen, Gündel= wangen und Boll), welche den ursprünglichen Kern bildeten, woran sich die sanctblasischen Reichsherrschaften anschlossen. Und weiter unterlagen der lupfischen Landeshoheit die s. g. drei Gerichte (Birken=

---

[1] Von diesen Aemtern habe ich in der oberrh. Zeitschr. I, 452 das Klingenauer, II, 194 und 329 das Basler und Krotzinger, III, 355 das Gutenburger, V, 96 das Züricher und VI, 96 das Waldamt ausführlich beschrieben.

dorf, Grasenhausen und Betmaringen), deren Grundeigentum einestheils
gräflich und anderntheils stiftisch war.

Als Nachfolger des Hauses Lupfen in der Landgrafschaft Stüh=
lingen erschienen aber seit 1582 die oberelsäßischen Freiherren von
Mörsberg und die baierischen Grafen von Pappenheim, erstere
als Allobial=Erben, namentlich der Grundherrschaft Bonndorf, letztere
als Erwerber der reichslehenbaren landgrafschaftlichen Rechte oder der
Landesherrlichkeit im obern Alpgau. Aber die Grafen, wie die
Freiherren überbürdeten sich in Folge des Aufwandes für Behauptung
ihrer stühlingischen Besitzungen und Rechte mit einer solchen Schulden=
last, daß sie endlich genöthigt waren, mit S. Blasien bedeutende
Verkaufsverträge abzuschließen.

Der Freiherr von Mörsberg trat dem Stifte im Jahre 1609
für die Summe von 240,000 Gulden seine Grundherrschaft Bonndorf,
und der Graf von Pappenheim im Jahre 1612 um den Kaufschilling
von 116,500 Gulden seine Regalien über diejenigen Theile der Land=
grafschaft Stühlingen ab, wo dasselbe von früher her bereits Grund=
und Niedergerichtsherr war.

Das alte stühlingische Grafschaftsgebiet zerfiel also jetzt in zwei
Hälften, in die pappenheimische, welche den Namen der „Landgraf=
schaft Stühlingen" fortbehielt, und in die sanctblasische, welche „die
Grafschaft Bonndorf" genannt wurde. Jene vererbte 1639 an
die Grafen von Fürstenberg, diese aber theilte man in die vier Aemter
Blumeneck, Betmaringen, Gutenburg und Bonndorf ab, wovon letzteres
aus den fünf Flecken und drei Gerichten bestund.

Durch diese Erwerbungen, deren endliche Erzielung im Ganzen einen
Aufwand von mindestens 250,000 Gulden gekostet, gelangte S. Blasien
nun völlig in den grund= und landesherrlichen Besitz zweier Drittel der
alten Grafschaft des obern Alpgaues, was dem damaligen Abte Mar=
tin I die Grundlage darbot, worauf er den reichsfürstlichen Rang zu
erlangen suchte. Dieses Bestreben stieß jedoch auf mehrfache Schwierig=
keiten. Es wurde dem Prälaten im Jahre 1614 vorerst nur die kaiser=
liche Belehnung mit den landesherrlichen Befugnissen und Regalien über
die Grafschaft Bonndorf ertheilt und sofort von den Unterthanen
derselben die Huldigung geleistet [1].

Die Unterthanen der sanctblasischen Reichslande durften sich
über diese Veränderung füglichst erfreuen; denn unter ihren bisherigen
Herrschaften hatten sie in einer peinlichen Lage der Unsicherheit und

---

[1] Das Nähere hierüber findet sich in der Babenia (neuere) II, 290, 328, und
bei Kürzel, Beschreib. des Amtsbez. Bonndorf (Freib. 1861), S. 15.

Verwirrung gelebt. Der Freiherr Joachim von Mörsberg war ein tollköpfischer Verschwender und der tiefverschuldete Reichsmarschall Max von Pappenheim ein Landesherr, welchem es niemals möglich gewesen, für Land und Leute irgend Etwas zu thun. Dieselben gelangten daher in Zuständen an S. Blasien, deren Ordnung und Verbesserung ein erstes Augenmerk für die Stiftsverwaltung sein mußten.

Martins Nachfolger, Abt Blasius II, suchte 1638 auf jene kaiser= liche Belehnung hin, Sitz und Stimme am schwäbischen Kreistage und in der Reichsversammlung zu erhalten, die Wirren des 30jährigen Krieges jedoch vereitelten dieses Bestreben. Erst dem Abte Franz I gelang es, seine Aufnahme in das schwäbische Grafencollegium cum sessione et voto durchzusetzen, und erst Abt Franz II, wie bereits erwähnt, wurde 1746 für sich und seine Nachweser zum Reichsfürsten mit allen Prärogativen dieser Würde erhoben [1].

Von dem an lautete der Titel des Prälaten: „Wir, des heiligen römischen Reiches Fürst und Abt zu S. Blasien auf dem Schwarz= walde, Herr der Reichsgrafschaft Bonndorf und der vorderösterreichi= schen Herrschaften Stanfen und Kirchhofen, wie auch zu Gurtweil und Oberried, der kaiserlichen Majestät erblicher Erzhofcaplan in den vorderen Landen und des dortigen Prälatenstandes jeweiliger Präsident."

V. Rückblick auf die gelehrten und literarischen Leistungen von S. Blasien.

Das Gotteshaus S. Blasien besaß, wie wir gesehen, schon in sehr früher Zeit eine Schule, anfangs nur für die zum Klosterleben be= stimmten Knaben und Jünglinge, seit Errichtung der Abtei aber noch eine weitere für die Jugend der benachbarten Freileute und Adeligen. Erstere hieß die schola interior, letztere die schola exterior [2]. Diese Schulanstalten bildeten einen wesentlichen Bestandtheil des klöster=

---

[1] Das kaiserliche Decret über diese Standeserhöhung ist vom 10. December 1746, die Beurkundung über den Eintrag desselben in das Kanzlei=Titular= buch des Kammergerichts zu Wetzlar aber erst vom 13. Februar 1765.

[2] Sicherlich war mit der Einführung der benedictinischen Regelzucht in der Ab= zelle auch eine eigentliche Schule an die Stelle des frühern Einzelunterrichts daselbst eingerichtet worden; denn studia literarum excolebantur in ordine Benedictino a primis eius incunabulis. Und so geschah es, sagt der Liber constructionis, ut nobiles (regionum illarum) filios suos Patri (dem Prior nämlich) et con- ventui sub patrocinio S. Blasii commendarent, qui pueri adulti et in sacros ordines promoti, presbyterii gradum conscendentes, laudabiliter se tenuerunt, in tantum, quod in brevi scholam pro se tenuere in loco.

lichen Lebens und erlangten bald einen bedeutenden Ruf durch den Eifer und die Trefflichkeit ihrer Lehrer.

Es ist daher wohl erklärlich, wenn schon in der Albzelle einige Brüder vorhanden waren, welche es verstunden, Bücher abzuschreiben und geschichtliche Aufzeichnungen abzufassen, und wenn hierauf, unter den ersten Vorstehern der Abtei, die Gelehrsamkeit und Literatur zur erfreulichsten Blüthe gelangten. Wer würde es wohl ohne sichern Nach= weis glauben, daß tief in den Einöden des Schwarzwaldes, am Ab= hange des Feldberges, schon zu Zeiten der sächsischen und fränkischen Könige, nicht allein die griechische Bibel, sondern auch die Natur= geschichte des Plinius gelesen und abgeschrieben worden!

Aus der sanctblasischen Schule sind Männer hervorgegangen, welche im stillen Heimatkloster, oder anderwärts in Gotteshäusern, oder im öffentlichen Leben, wie später an Universitäten, als Lehrer, Ge= lehrte, Schriftsteller und Vorsteher ersprießlich und löblich gewirkt, deren Reihe in steigender Anzahl bis zur Aufhebung des Stiftes sich fort= gesetzt hat, wornach dasselbe schon vor seiner letzten Glanzperiode „gegen achtzig namhafte Scribenten" aufzuweisen hatte.

So soll bereits im 9ten Jahrhunderte der Prior Erenfrid eine Chronik der Albzelle begonnen haben, welche von ungenannten Aebten und Mönchen fortgesetzt worden. Unter dem ersten Abte Beruger aber bildete sich der ausgezeichnete Theologe Werner heran, der ein ge= lehrtes (jetzt verloren gegangenes) Werk über „die heilige Dreieinigkeit" verfaßte, und nachdem er zur Abtswürde gelangt, als venerabilis pater das Stift mit belobter Weisheit und Frömmigkeit verwaltete. Zu seiner Zeit leitete der Mönch Bernhart als Lehrer die Schule, worin ihn Meister Berchtold von Constanz ablöste, der princeps philoso-phorum jener Tage.

Berchtold soll in der Schule von S. Blasien erzogen und hierauf wegen seiner canonistischen Gelehrsamkeit an das Domstift zu Constanz berufen worden sein. In dem damaligen Kirchenstreite ver= öffentlichte er mehrere Streitschriften für die Sache Papst Gregors VII und seines Diöcesan=Bischofs Gebhard III, dessen vertrauter Freund und treuer Begleiter er war auf seiner Flucht im Jahre 1085, wie wir bereits oben gehört.

Während seines Aufenthaltes zu S. Blasien, wo er sich bescheidenst ultimum fratrum nannte, stund Berchtold der dortigen Schule vor und wahrscheinlich fiel in diese Zeit sein Handbuch für den Gebrauch der studierenden Jugend, welches unter dem Titel „Imago mundi" die Summe des damaligen Wissens nach der althergebrachten Einthei= lung des Trivium (Grammatik, Logik und Rhetorik) und Quadruvium (Arithmetik, Musik, Geometrie und Astronomie) enthielt und seinem Ruhme als Canonist auch den eines vorzüglichen pädagogischen und philosophischen Schriftstellers beigesellte.

Bedeutender aber und für die Nachwelt wichtiger trat Meister Berchtold als Geschichtschreiber auf durch seine Fortsetzung der berühmten Jahrbücher Hermanns des Lahmen von Reichenau, welche entschieden zu den besten historischen Werken des Mittelalters gehört [1]. Nach der Wiedereinsetzung Bischof Gebhards kehrte auch er wieder nach Constanz zurück — als sanctblasischer Mönch, und verstarb 1100 im Kloster Allerheiligen zu Schaffhausen.

Zu S. Blasien hatte Berchtold als Schullehrer zu Nachfolgern die gelehrten Mönche Maugold und Gerald, wovon die Chroniken den erstern einen „berühmten Doctor und Schulherrn" nennen, während sie dem andern ein Lehrbuch der Logik und eine Sprüchesammlung zuschreiben. Man ersieht hieraus, daß unser schwarzwäldisches Stift mit einem Flore seiner Schule und Gelehrten jugendlich begann, wie es ihn am Abende seines Daseins so rühmlich behauptet hat.

Damals, unter den Aebten Uto, Rusten und Berchtold, sollen zu S. Blasien auch die Mönche Frowin und Irmbrecht ihre Bildung erhalten haben, zwei Männer, welche durch Frömmigkeit und Gelehrsamkeit zu den Zierden jener Zeit gehörten. Frowin kam mit andern Sanctblasiern nach Einsiedeln und von da nach Engelberg, wo er 1145 zum Vorsteher erwählt wurde und sich ein besonderes Verdienst um die dortige Bibliothek erwarb, indem er viele Bücher zusammenkaufte oder abschreiben ließ oder selber abschrieb. Irmbrecht aber, ebenfalls durch gelehrte Schriften bekannt, gelangte nach dem Stifte Admont, dessen Abtsstab er von 1160 bis 1172 führte.

Gleich diesen beiden wurde damals noch ein dritter Sanctblasier nach Auswärts zum Abte berufen, der Bruder Konrat, welcher von 1145 bis 1166 das Gotteshaus Muri verwaltete, wo derselbe den „erlahmten Musen wieder neues Leben verlieh." Er beschrieb die dortige Gründungs-Geschichte [3], kehrte sodann in sein Heimatkloster zurück und verfaßte die Chronik der sanctblasischen Zelle zu Bürgeln [4]. Sein

---

[1] Von P. Ussermann in seinem Prodromus kritisch herausgegeben. Vgl. Zell, Bischof Gebhart, im Diöc.-Archive, I, S. 307.

[2] Ein größeres, noch ungedrucktes Werk Frowins, de gratia, befindet sich in der Klosterbibliothek zu Engelberg.

[3] Der bekannte Anonymus Murensis, welchen einerseits P. Herrgott und andererseits P. Kopp herausgegeben.

[4] Das Chronicon Bürglense, welches von P. Heer im Anhange zu seinem Anonymus Murensis denudatus veröffentlicht worden.

Grunbſatz war: „Man muß die Bücher allezeit vermehren, verviel=
fachen und verbeſſern, weil das Leben der Geiſtlichen sine libris
keinen Werth haben kann."

Nach dem Hingange des Lehrers Gerald hatte Herr Wernher
von Küſſaberg die Leitung der Schule zu S. Blaſien übernommen,
ein ebenſo gelehrter als frommer und beſcheidener Mann (nullum
laedens, nullum contristans, omnes amans et ab omnibus amatus),
welcher 1170 zum Nachfolger des Abtes Günther erwählt wurde. Da
unter ſeinen Mönchen die weltliche Lectüre ſchon ſehr überhand
genommen, ſo ſuchte er dieſelbe durch eine Blumenleſe aus den
Schriften der heiligen Väter möglichſt zu verdrängen. Er verarbeitete
dieſe Auszüge zu einer Reihe von Reden behufs der Tiſchleſungen
für's ganze Jahr [1], von denen die Kloſterchronik in naiver Weiſe ſagt,
daß ſie „faſt ſchön" wären.

Damals wurde der ſanctblaſiſche Schulmeiſter Berchtold als
Lehrer nach Donauwerd in's Kloſter verlangt, welchen Ruf er
annahm, worauf ihn der dortige Abt wegen ſeiner beſondern Kenntniß
der griechiſchen Sprache [2] in einer Angelegenheit des Gotteshauſes

---

[1] Wernerus S. Blasii in nigra sylva abbas et eximius theologus collegit
deflorationem ex s. patribus, quae Sermones postillares per annum con-
tinent, Basileae anno 1494 typis excusam, cuius exemplaria hodie rarissima
sunt. Ziegelbauer II, 45. Die Univerſitäts=Bibliothek zu Freiburg beſitzt ein
ſolches Exemplar.

Der Titel des Werkes lautet: Liber deflorationum sive excerptionum
ex melliflua diversorum patrum doctrina, und im Vorworte heißt es: „Quoniam
dies mali sunt et tempus instat, quo homines sanam doctrinam fastidiunt et se
potius ad fabulas convertunt, quam ad ea, quae suae saluti congruunt; pla-
cuit ista describere, ut hi, qui doctrinae verbi Dei inserviunt, in promptu ha-
beant, quid suis auditoribus proferant. Verum quia ex assiduitate audiendi
verbum Dei, melliflua doctrina patrum *multum fastiditur in auribus mo-
dernorum*, ac per hoc rectum iter, quo ad regnum coeleste pervenitur, jam a
pluribus nescitur; syntagma, id est compositionem sermonum conscripsimus
diversorum patrum, ex quibus refocillentur animae salvandorum. Consuetudi-
narium est enim inter mortales, ut cibi frequentius adpositi fastidio fiant his,
quibus adponuntur, quod ne proveniat in sermonibus repetitis saepius, copiam
eorum conscripsimus, ut cum ista pro sua frequenti pronunciatione refutatur,
saltem ex altero pro sui varietate Dei populus per doctorem animetur. Praeterea sciendum, quod hic liber Defloratio, id est: excerptio patrum perno-
tatur, quae ex authentica doctrina patrum Georgii, Hylarii, Augustini,
Ysidori, Hieronymi, Bedae, Remigii aliorumque, qui modernis temporibus catholici atque orthodoxi magistri fuere, syntagmatizatur.

[2] In den Benedictiner=Klöſtern wurde ſeit den älteſten Zeiten neben dem
Latein, welches die herrſchende Sprache war, auch immer Griechiſch und Hebräiſch

gen Constantinopel gesendet. Nach seiner Zurückkunft verfaßte derselbe die Geschichte der Verbringung einer Partikel des heiligen Kreuzes aus Palästina nach dem Donaustrande.

Die Schule zu S. Blasien hatte inzwischen der Mönch Arnold von Straßburg geleitet, einer der Alten des Stiftes, welcher an gründlicher Kenntniß der biblischen Schriften alle seine Mitbrüder übertraf und sich als Lehrer dem Unterrichte der Klosterjugend mit ebenso unermüdlichem Eifer widmete, wie den Pflichten des Chordienstes.

Der vierte Nachfolger des Werner von Kussaberg, Abt Otto, welcher das Stift S. Blasien leider kaum ein Jahr verwaltete, glich demselben an Gelehrsamkeit und machte sich, wie vordem Meister Berchtold von Constanz, durch die Fortsetzung der Jahrbücher Hermanns des Lahmen, so durch seinen Anhang zum Geschichtsbuche des Bischofs von Freisingen nicht wenig verdient. Das Werk athmet historiographischen Geist und ist in altklassischem Style geschrieben[1]. Dieser Otto de S. Blasio hat wahrscheinlich auch das Chronicon sacrae genealogiae und die Acta Güntheri abbatis (von 1141 bis 1170), seines fünftnächsten Vorwesers, verfaßt[2].

Ein anderer Sanctblasier beschrieb um's Jahr 1243 das Leben des seligen Heinrich von Zwifalten, welcher Prior der Zelle zu Ochsenhausen gewesen, und in der Zelle zu Berau verfaßte die Nonne Angela eine kurze Chronik[3] dieses Gotteshauses von dessen Gründung durch den Abt Rusten bis zum Jahre 1276 in lateinischer Sprache, woraus man ersieht, daß dieselbe, wie anderwärts, auch in den blasianischen Frauenklöstern gelehrt, gesprochen und geschrieben worden.

Diese Blüthezeit der Gelehrsamkeit und Literatur war für

---

zuweilen selbst Arabisch getrieben, und mehrere Päpste verordneten, ut in cujuscunque ordinis et instituti Regularium studiis lectiones linguarum hebraicae, graecae et chaldaicae instituantur.

[1] P. Ussermann hat es in seinem Prodromus mitgetheilt, wie auch Pertz in den monumentis Germaniae.

[2] Herold aus Basel in einem Schreiben an Abt Caspar I berichtet über ersteres: Ottonis a S. Blasio chronica prima. Libri series omnes sacrae historiae genealogias usque ad Timotheum Titumque, Pauli discipulos, figuris pulchre distinguit, opus sane et elegans et non contemnendum. Hiezu bemerkt Gerbert: Descripsi olim hoc chronicon ex manuscripto chartaceo bibliothecae caesareae Vindobonensis domique contuli cum autographo codice, qui incendio monasterii anno 1768 periit, ut tamen salvum sit dictum apographum, suo tempore edendum.

[3] Dieselbe liegt offenbar den Notizen zu Grunde, welche Herr Stiftspropst Huber von Zurzach im vorigen Bande dieses Archives, S. 345, mitgetheilt. Vgl. Gerbert, S. N. II, 57.

S. Blasien aber mit Abt Otto zu Ende gegangen und erst nach einem vollen Jahrhunderte rüttelte das Unglück des Klosterbrandes von 1322 die dortigen Mönche wieder zu gelehrter und literarischer Thätigkeit auf. „Denn nach dem Brande," schreibt Abt Caspar, „hat Einer des Convents den Anfang des Gotteshauses wollen beschreiben und ihn aus den Fragmenten zusammen gelesen bis auf Abt Rusten, welches Buch unsere Alten genannt Librum constructionis. Nach diesem ist ein Anderer des Convents gewesen Namens Otto, ein gelehrter, weiser Mann, der hat eine Chronik verfaßt von Christi Geburt bis auf das Jahr 1332, und darin die Historien und vorgefallenen Händel im Reich ordentlich und wohl beschrieben, von unserem Stifte aber nicht mehr berichtet, als den ersten Bau des Münsters, die Freiung durch Kaiser Otto I, die Weihung des neuen Münsters und die Prälaten von Abt Werher an."

Dieser sanctblasische Chronist war der Bruder Otto von Krozingen, welcher sein (leider verloren gegangenes) Werk als Fortsetzung der Geschichte des Abtes Otto verfaßte. Mehrere Ungenannte nach ihm schrieben eine Series abbatum monasterii S. Blasii mit verschiedenen eingeflochtenen Nachrichten, oder machten Zusätze zum Liber constructionis. Ein weiterer Ungenannter zeichnete die Gründungsgeschichte der Neuenzelle und der Kirche im Todtmoos auf, welche Arbeiten durch mancherlei Nachrichten über den Grafen Rudolf von Habsburg von besonderm Interesse sind und schon frühe auch in's Deutsche übersetzt wurden[1], und der Bruder Johann von Ochsenhausen lieferte eine Chronik der Aebte bis 1385.

Ferner besaß man von der Hand sanctblasischer Mönche ein Buch über die Tagesordnung des Klosters das Jahr hindurch (vielleicht von dem Cantor Volk, dessen Tod in den Anfang des 15ten Jahrhunderts fiel), eine Homilien-Sammlung für die Tischlesungen, und ein Copeibuch der stiftischen Urkunden bis zum Jahre 1395. Damals endlich hatte sich zu S. Blasien auch der Pater Friderich von Wartenberg herangebildet, welcher 1428 zum Abte des Stiftes Reichenau erwählt wurde und für dessen Wiederherstellung, wie namentlich die bortige Bibliothek so besonders thätig war[2].

Damit aber schloß sich die literarische Thätigkeit zu S. Blasien für einen Zeitraum von beinahe anderthalb hundert Jahren. Die Klosterschule zerfiel und wurde endlich als eine Nebensache der

---

[1] Die deutsche Aufzeichnung über die Kirchen zu Neuenzell und Todtmoos habe ich in der Herba (S. 89 und 93) mitgetheilt.
[2] Deßhalb „der ander Pirminius" genannt. S. Diöc.=Archiv IV, 282.

Pflege von Weltpriestern überlassen; die Bibliothek blieb verschlossen in ihrem Staube liegen, und die Liebe zu gelehrter Beschäftigung nahm mit jeglichem Geschlechte ab.

Erst nach den gefahr= und wirrevollen Zeiten der Schweizerkriege, der Glaubenstrennung und Bauernempörung fieng es zu S. Blasien wieder an, literarisch zu tagen. Die Hauensteiner Bauern hatten das Klostergebäude verwüstet und die Bibliothek zerstört, da stellte Abt Gallus das erstere und Abt Caspar I bie letztere mit der gelehr= ten Thätigkeit wieder her, nachdem schon 1514 ein sanctblasischer Pater eine „Chronik der Herzoge von Wirtenberg" und der Schulaufseher Andreas Letsch die Jahrbücher des Stiftes von 1519 bis 1530 verfaßt hatte, eine Schrift voll heller Blicke in den wahren Verhalt der damaligen Ereignisse und Begebenheiten[1].

Caspar selbst, ein Sohn der schwarzwälbischen Familie Müller zu Schönau im Wiesenthale, geboren 1504, seit 1528 Propst zu Weitenau, seit 1535 Großkeller zu S. Blasien und seit 1541 Abt des Stiftes, bearbeitete eine vollständige Beschreibung und Geschichte desselben, welche einen ansehnlichen Folianten füllt und die Ueber= schrift führt: Liber originum monasterii S. Blasii hercyniae silvae, abbate eiusdem 34to auctore, 1557.

Dieses treffliche in deutscher Sprache abgefaßte Werk behandelt die Geschichte der Aebte, die Kloster=Privilegien, das coenobium S. Blasii oder die innere Verfassung des Stiftes, die verschiedenen sanctblasischen Propsteien, Aemter und Herrschaften, wie schließlich die klösterlichen Statuten über die Abtswahl, den Gottes= dienst und dergleichen. Ferner verfaßte Abt Caspar drei Consti= tutionen im Betreffe der Kloster=Schulen und Novizen. Er ver= starb am 15ten Mai 1571 mit dem Lobe, coenobium S. Blasii eum in

---

[1] So sagt er über Luther: „Biel' Menschen in Deutschland vermeinten, derselb' hätte den heiligen Geist, wiewohl seine Lehr' wenig Nutzen und gute Frucht geboren. Als er den geistlichen Stand in seiner Condition geschmäht, hat ihn Herzog Fri= berich mit Schirmung erhalten, wie Andere verhoffend, die Geistlichen würden da= durch Abbruch erleiden. Wie nun von Luther, dem neuen Gesetzlehrer, allenthalben die Rede war und seine Schriften von den Neugierigen und Neuerungssüchtigen gekauft und gelesen wurden, warb man ihm günstig und anhängig, und die luthe= rische Lehr' hat viele Menschen vergiftet und in's Verberben gebracht. Denn die deutschen Reichsstädt' folgten ihr in solchem Grade, daß sie alle Priesterschaft heftig verfolgten, nicht aber um des Glaubens und der Gerechtigkeit, sondern um der Kir= chengüter willen. Sie sollten geplündert und verachtet werden, als ob die Welt= lichkeit allein berechtigt wäre. Kurz, die Geistlichen waren die Sünder und die Weltlichen die Seligen."

splendorem nominisque famam evexisse, ut pristinae inopiae incen-
diique ruinae amplius superessent nullae. Dieser für die Ehre und das Gedeihen seines Standes so eifrig eingenommene Prälat kannte aber das Grundübel recht wohl, wodurch die Klostergeistlichkeit seit dem 14ten Jahrhundert vor den Augen der Weltlichkeit in solche Mißachtung gefallen. Er schilderte es mit unparteiischer Offenheit in folgendem Herzensergusse.

„Sua propria et se ipsum relinquere Christumque sequi, das war vordem bei den edlen Geschlechtern eingewurzelt; zu unserer Zeit aber wird leider wenig darauf geachtet, wie man dieß hergebrachte Gut gebrauchen soll. Die frommen Stifter haben selbes sich, ihren Weibern und Kindern entzogen, damit es zur Meh=rung des Gottesdienstes, der Lehre und Zucht verwendet werde. Hätten sie gewußt, daß es mißbraucht werden würde, wie solches heut=zutage geschieht, so hätten sie's ohne Zweifel behalten."

„Denn die löblichen Gotteshäuser sind übel in Abgang gerathen. Ihre Vorsteher achten wenig mehr auf den Gottesdienst, die Lehre und Zucht. Keiner gedenkt mehr der edlen Stifter und warum das Gut gestiftet sei, sondern ein Jeglicher ist nur bedacht, sein Wohlleben, seine Lust und Pracht damit zu treiben, und es den weltlichen Fürsten und Herren gleich zu thun."

„Mancher pocht darauf, daß er zwei bis drei Stifte oder Klöster besitze, welche ihn zu verköstigen hätten, und richtet sein Wesen in weltlichem Sinne darnach ein, während sein Einkommen für geistliche Dinge sollte verwendet werden. Dergestalt ist jetzo aus den frommen Gottesgaben ein gemeiner Kauf und Ueberkauf ent=standen. Der Eine lauft nach Italien, der andere nach anderen Landen, um sich zwei bis drei Abteien zu erwerben, aber nicht etwa, damit er den Gottesdienst, die Andacht und Lehre, das Fasten, Beten und Al=mosen darin pflege und fördere, sondern sie wollen, wie man's augen=scheinlich ersieht, nur ihr Wohlleben, ihre Pracht, in Städten und auf dem Lande damit treiben."

„Also geht es heutzutage mit den Stifts= und Klostergütern, welche vergabt sind des Singens und Lesens, Fastens und Betens wegen, wie daß darmit die Jugend in Zucht und Lehre erzogen und der Arme berathen und gespeist werde. Man verfährt jetzt anders damit; es muß jetzt eine Sängerei mit vielen Stimmen, nebst Pfeifen= und Saitenspiel, bei den Tafeln sein; es müssen Bankete gehalten werden[1] — stehe es im Kirchenchor, wie es wolle."

---

[1] Sichtbar spielt hier Caspar, der Schwarzwälder Bauernsohn, auf die adeligen

Abt Caspar II verfolgte ganz den gleichen Weg seines Vor=
wesers in der Kloster=Verwaltung, namentlich setzte er die Vervollstän=
digung der Bibliothek emsig fort, worin sein Nachfolger Martin
ein wesentliches Mittel fand, die Klosterschulen und die wissenschaft=
lichen Studien wieder in den besten Stand zu setzen. Der höheren
Schule stund damals in der Eigenschaft eines „Präfectes" der Pater
Bühler vor, während der Pater Flaberer den Zöglingen zuerst
die scholastische Philosophie, hernach die Moralphilosophie vortrug und
für ein Orakel galt, dessen Aussprüche in Schule und Capitel von
großem Gewichte waren. Er hatte den theologischen Lehrstuhl des
Pater Rösch erhalten, welcher zum ersten Rector der 1622 neu er=
richteten Hochschule zu Salzburg ersehen gewesen und im Jahre 1638
als Abt von Schuttern gestorben.

Abt Martin I schickte von seinen Mönchen den Pater Franz
Chulot mit drei Genossen zur Einrichtung der Studien nach Salz=
burg, wovon Pater Steineck zum ersten „Regens" des dortigen
Convictes erlesen ward. Alsdann folgte 1624 Pater Placibus
Rauber als Lehrer der Beredsamkeit, ein fruchtbarer Schriftsteller,
nicht allein in philosophicis und historicis, sondern auch als Dichter
im Komischen. Derselbe beschrieb das Leben des Abtes Blasius II,
sodann die Wallfahrtskirche zu Todtmoos, und verfaßte außer eini=
gen Schulprogrammen, eine Geschichte der Anfänge des Studiums zu
Salzburg, wie für das Studenten=Theater daselbst die Stücke
Boleslaus audax Poloniae rex (1624), Doctor Sabinus (1625)
und Saul rex Israel (1626). Er verstarb als Abt von Schwarzach[1]
im Jahre 1660, nach einer löblichen Verwaltung.

Für ihn waren inzwischen nach Salzburg gekommen (1626) Pater
Friderich Koler, Professor der Poesie, und (1631) Pater Anastas
Scheiter, Professor der Ethik, Mathematik und Philosophie. Mit
dem Ausbruche des 30jährigen Krieges aber verstummen die
Nachrichten über die gelehrte und schriftstellerische Thätigkeit der sanct=
blasischen Conventherren zu Salzburg, wie in ihrem Heimatstifte selber.
Nach dem Friedensschlusse von 1648 jedoch thaten sich wieder mehrere
Blasianer als Lehrer und Schriftsteller löblich hervor.

So schrieb Pater Keller (geboren 1603, gestorben 1666) über

Stifts= und Klosteräbte an, welche ihre Stellen meistens nur als Pfründen be=
trachteten, wodurch sie in den Stand gesetzt seien, ein standesmäßiges Leben
führen zu können! Was sie dabei durch Ausschreitungen aller Art in den Augen
der Laienwelt verschuldeten, das hatte dann die übrige Klostergeistlichkeit zu büßen.

[1] Seine Schriften sind aufgeführt bei Ziegelbauer und Wülberz.

ben Ursprung und Fortgang von S. Blasien, Pater Tritt (geboren 1606, gestorben 1663) eine kurze Chronik des Stiftes, Pater Burg= hart, Propst zu Berau (geboren 1608, gestorben 1683), ein ähnliches Werk nebst einem Verzeichnisse der sanctblasischen Aebte und eine Ge= schichte seiner Propstei von 1118 bis 1662; Pater Schenk (geboren 1609, gestorben 1696) eine Erläuterung des liber constructionis und eine kleine Aebte=Chronik; Pater Gebel (geb. 1624, gest. 1676) zwei Dissertationen über die Freiheit S. Blasiens von der bischöflichen Ge= richtsbarkeit und Visitation, eine Aera San-Blasiana und Einiges über die Zelle zu Berau; Pater Einselein (geb. 1636, gest. 1693) ein Werk über den sanctblasischen Schwarzwald, eine Abhandlung über die sanctblasischen Kirchen und einen Auszug aus Abt Caspars liber ori- ginum; auch die Conventualen Arnold (gest. 1702) und Wer (gest. 1710) hinterließen Einiges über die Geschichte ihres Gotteshauses [1].

Bedeutender waren die Leistungen der sanctblasischen Gelehrten und Schriftsteller, welche vom Beginne des 18ten Jahrhunderts die wissenschaftliche und literarische Ehre ihres Stiftes vertraten, bis mit Herrgott, Wülberz und Heer jene Glanzperiode des Stiftes S. Blasien begann, deren Schilderung der Verfasser gegenwärtiger Arbeit sich zur hauptsächlichsten Aufgabe gemacht.

Der Pater Columban Reble (geb. 1664, gest. 1738) gab die Stifts=Geschichte des Abtes Caspar in einer (freilich etwas geschmack= losen) Umarbeitung mit einer Fortsetzung bis auf seine Zeit heraus [2]; Pater Roman Sebelmaier (geb. 1677, gest. 1722) wurde nach Salzburg gesendet, wo derselbe, seit 1714 zum akademischen Secretär ernannt, das Material zu einer Geschichte der dortigen Hochschule sammelte, nachdem er schon 1711 in der Schrift „der Philosoph Por= phyrius" eine Genealogie der Familie des damaligen Erzbischofs Franz Anton von Harrach herausgegeben. Die Conventualen Saal (geb. 1679, gest. 1740) und Grüninger (geb. 1680, gest. 1738) schrieben „Betrachtungen zur Vorrede der herrgottischen Disciplina vetus", und ihre Genossen Forster (geb. 1690, gest. 1733) und Seitz (geb. 1694, gest. 1758) jener einen Auszug aus Abt Caspars Werk und

---

[1] Das Verzeichniß über diese Schriften findet man bei Mone, bad. Quellen= samml. I, 66 (Einleit.), wo die wülberzischen Manuscripte aufgeführt sind.

[2] Der Titel dieses höchst selten gewordenen Druckes lautet: „Liber originum monasterii S. Blasii in sylva Hercynia. Das ist: Ein altgeschriebenes Buch vom Ursprung des Gottes=Hauses S. Blasien auf dem Schwarzwald, widerumb reno= viert, augiert und continuiert biß auf jetzige Zeiten des Löblichist=Regierenden Hoch= Würdigen Gnädigen Prälaten und ein= und vierzigsten Abbaten Herrn Augustini. Gebruckt zu Waldshut, bei Johann=Baptista Walpart, anno 1716."

Aehnliches, dieſer dagegen „kritiſche Noten zum Leben des heiligen Blaſius" und eine Abhandlung über das Weſen des Mönchs nach ſeinen verſchiedenen Seiten betrachtet."

Der fruchtbarſte ſanctblaſiſche Schriftſteller dieſer Periode aber war Pater Ignatz Gump (geb. 1691 zu Bräunlingen, ſeit 1715 Prieſter), indem er kritiſche Betrachtungen zu Pater Gebels Abhandlung über die Exemtionen der Abtei S. Blaſien, ſodann eine Reihe von acht Diſſertationen über das Verhältniß derſelben zum Diöceſan-Biſchof von Conſtanz und zum Erzhauſe Oeſterreich, ferner über die Freiheiten, den Gottesdienſt und die Reformation des Stiftes, wie auch eine Ge= ſchichts-Beſchreibung des Frauenkloſters Berau und der Propſtei Bür= geln hinterließ[1]. Pater Ignatz verſtarb im Jahre 1763, etliche Monate nach dem Hingange ſeines berühmten Mitconventualen Herr= gott, deſſen Namen an der Spitze der ſanctblaſiſchen Gelehrten= Academie des 18ten Jahrhunderts ſteht.

Dieſe glänzendſte Periode in der Geſchichte S. Blaſiens wurde herbeigeführt durch die Verpflanzung des Geiſtes der Congregation von S. Maurus in Paris nach unſerem ſchwarzwälbiſchen Stifte. Ein ebenſo redliches als emſiges Streben nach Förderung der Wiſſenſchaften und Künſte hatte daſelbſt, wie wir geſehen, ſchon längſt geherrſcht; aber die ſanctblaſiſche Gelehrſamkeit der früheren Zeiten war mit wenigen Aus= nahmen eine ſchwerfällige, wenig kritiſche und öfters in ihrer pedantiſchen Form gegen den beſſern Geſchmack verſtoßende — eine feinere und geſchmackvollere, gründlichere und kritiſchere Bildung ſollten die gelehrten Blaſianer erſt aus der franzöſiſchen Schule erhalten.

VI. Die ſanctblaſiſche Gelehrten=Academie unter den drei letzten Fürſtäbten.

Die Benedictiner in Frankreich hatten ſich Anfangs des 17ten Jahrhunderts zu einer gründlichen Reform ihres Ordens vereinigt, zu der „Congregation des heiligen Maurus", in welcher ſofort eine Gelehrſamkeit heranwuchs, deren Studien und Arbeiten alle Rich=

---

[1] Alles nach Ziegelbauer und Wülberz. Der Zweck dieſer Ueberſicht der ſanctblaſiſchen Gelehrten und Literatur vom Beginne des Stiftes bis auf P. Herrgott (als einer bloßen Einleitung zur Darſtellung der Periode von 1734 bis 1807) muß es entſchuldigen, wenn dieſelbe weniger vollſtändig und kritiſch erſcheint. So leſe ich im ziegelbauer'ſchen Werke aufgeführt: Adamus Waffenschmid, San-Blasianus in nigra sylva, de hoc, ejus aevo scriptisque notitiam dabit Monasticon San-Blasianum prelo paratum, ohne gegenwärtig in der Lage zu ſein, dieſem Schriftſteller an den geeigneten Orten nachſpüren zu können.

tungen der Wissenschaft verfolgten, zumal aber die Kirchengeschichte behandelten. Und es thaten sich darin Männer hervor, wie Chantelon, d'Achery, Germain, Mabillon und Montfaucon, gelehrte Forscher und Sammler von bewundernswerther Ausdauer, Umsicht und Gründlichkeit.

Von dem großartigen Style dieser wissenschaftlichen Anstalt, von ihrem unermüdlichen Fleiße, ihren weitreichenden Verbindungen und ihrer — Bescheidenheit, davon haben unsere zeitströmlichen Federhelden freilich keine Ahnung, sonst würden sie über die mönchische Gelehrsamkeit nicht so frivol aburtheilen. Die Briefe, welche die Mauriner mit gelehrtesten und höchstgestellten Männern der halben Welt gewechselt, könnten sie eines andern belehren, wenn es ihnen darum zu thun wäre.

Aus dieser trefflichen Schule brachte der junge Blasianer den Geist und das Streben für umfassende Sammlung und gründliche Forschung in sein schwarzwälbisches Heimatstift zurück, wo der thätige Abt Franz mit glücklichem Blicke den begabten Pater Marquart zum Kloster-Bibliothekare und seinen fleißigen Genossen Stanislaus zum Kloster-Archivare erlas.

Hiermit begannen diese Beiden, unter Mitwirkung der Patres Maier, Troger und Gump, ihre gelehrte Thätigkeit auf dem Felde der vaterländischen Geschichte, und bald reihte sich eine Anzahl jüngerer Männer, wie Neble, Schmidfeld, Heer, Mader, Kleesattel, Winterhalber und Gerbert an dieselben an. Dergestalt bildete sich mitten im rauhesten Schwarzwalde eine Gelehrten-Academie, deren Bestrebungen theils auf das heimatliche Stift beschränkt waren, theils weit über den Kreis der Heimat hinausgiengen.

So beschäftigten sich Herrgott und Wülberg zunächst mit dem Plane und den Vorarbeiten zu einer ausführlichen Geschichte der Abtei S. Blasien und des Bisthums Constanz[1]. Nachdem jedoch ersterer im Jahre 1728 an den Kaiserhof nach Wien gesendet worden, gab er diese Arbeiten auf und unternahm das große Werk „der habsburgischen Stammesgeschichte und Denkmäler", was ihm die Ernennung zum kaiserlichen Rath und Historiographen mit einer schönen Besoldung eintrug. Es erschienen davon aber nur vier Bände durch den gelehrten Pater allein, vier weitere gab derselbe mit seinem Genossen Heer heraus, und die zwei letzten wurden nach dem Hingange der beiden

---

[1] Den herrgottischen Plan dazu hat Pat. Neugart im Vorworte zum tom. I episcop. Const. mitgetheilt. Darnach wäre das Werk in 10 Bücher mit einer Einleitung von 7 Capiteln zerfallen.

4*

Historiker durch den inzwischen zum Abte erhobenen Martin Gerbert ergänzt, fortgesetzt und veröffentlicht.

Während Herrgott in Wien sich aufhielt, veranlaßte er den Abt Franz, die Patres Stanislaus und Laurenz mit einem kaiserlichen Empfehlungsschreiben nach der Schweiz zu schicken, um durch sie die dortigen Archive und Bibliotheken für seinen Zweck ausbeuten zu lassen. Bei dieser Gelegenheit sammelten die Beiden auch Vieles für die sanctblasische Klostergeschichte, welche Wülberz nunmehr ernstlich in Angriff nahm. Mit unermüdlichem Fleiße schrieb er, nach einem ausführlichen Entwurfe, alle auffindbaren Nachrichten, älteren Urkunden, Chroniken und Abhandlungen über sein Stift zusammen und füllte damit gegen 25 Bände an!

Dieser reichhaltige Apparat hätte den emsigen Mann hinreichend in den Stand gesetzt, eine eingehende Geschichte oder ausführliche Jahrbücher von S. Blasien zu verfassen; aber einmal war er zu bescheiden, um sich eine solche historiographische Arbeit zuzutrauen, und alsdann hinderten ihn die ihm anvertrauten Aemter daran.

Pater Wülberz hat weitaus das Meiste und Gründlichste über sein Stift geschrieben, ohne daß eine Sylbe davon im Drucke erschienen wäre. Seine Werke, deren Reichhaltigkeit in Verwunderung setzt, blieben die Fundgruben für alle folgenden Bearbeiter der Geschichte S. Blasiens und des umliegenden Schwarzwaldes[1]. Mit vollstem Rechte daher wurde er von den Blasianern per excellentiam einfach Annalista noster genannt.

Pater Schmidfeld hatte sich sehr frühe schon (1747) mit historischen Arbeiten beschäftigt, namentlich mit einer kritischen Untersuchung über Reginbert und Bernger, die Gründer seines Gotteshauses, und dadurch den Wetteifer des 18 Jahre ältern Paters Stanislaus herausgefordert. Pater Kettenacker dagegen schrieb eine Abhandlung über „die Wohlthäter von S. Blasien" erst in späterer Zeit.

Neben diesen historischen Studien und Arbeiten beschäftigten sich die sanctblasischen Gelehrten besonders auch mit Philosophie, Theologie und alten Sprachen. So bearbeitete Pater Linder eine hebräische Grammatik, welche 1755 in Ulm erschien und in seltener Weise schon Alles leistete, was man damals von einem solchen Buche fordern konnte. Pater Gerbert aber veröffentlichte von 1756 bis 1764, wo er zum Fürstabt erwählt wurde, eine Reihe von acht Bänden über die Principien der theologischen Wissenschaft nach ihren verschiedenen Seiten,

---

[1] Mone hat ihm daher mit Recht in der Einleitung zur bad. Quellensamml. eine ausführliche Besprechung gewidmet.

was mindestens ebenso viel Schule und Belesenheit auf diesem weit=
schichtigen Felde, als großen Fleiß und Eifer voraussetzt [1].

Pater Herrgott hatte seinem Urkundenbuche zur habsburgischen
Geschichte auch die Acta fundationis des Stiftes Muri beigefügt und
die Glaubwürdigkeit dieser immerhin wichtigen Quelle sehr verdächtigt,
worauf dann der dortige Pater Kopp eine ausführliche Widerlegung
der herrgottischen Ansicht veröffentlichte [2]. Hierdurch wurde der so be=
scheidene und friedliebende Pater Heer auf das Feld gelehrter Polemik
geführt; derselbe schrieb 1755 den „enthüllten Ungenannten von
Muri", welchen er in dem Mönche Konrat von S. Blasien erkannte,
dessen Chronik von Bürgeln den Anhang seiner eingehenden und des=
halb etwas breit ausgefallenen Arbeit bildet.

Pater Rusten blieb der treue Genosse und Mitarbeiter Herr=
gotts bis an dessen Tod im October 1762. Er selbst, obwohl um
19 Jahre jünger, folgte seinem verehrten Vorbilde, nachdem die Monumenta in zwei Bänden durch ihn fortgesetzt worden, schon 1769 in's
andere Leben, wohin ihnen Wülberz und Gump bereits voran ge=
gangen. Hiermit schloß sich die erste Periode der sanctblasischen Ge=
lehrten=Akademie, welche nun unter Abt Gerbert ihre schönste Blüthe=
zeit erreichen sollte — ungeachtet des erschütternden Schlages, wodurch
das Stift S. Blasien im Jahre 1768 bis auf wenige Nebengebäude
ein Raub der Flammen ward [3].

---

[1] Ueber M. Gerberts und anderer S. Blasianer Verdienste um die theolo=
gischen Wissenschaften vergleiche man Werner, Geschichte der kath. Theologie.
München 1866, S. 179.

[2] Fridolinus Kopp, Vindiciae Actorum Murensium pro et contra P. Mar-
quardum Herrgott San-Blasianum. Muri 1750. P. Kopp war (nach Ziegel=
tauer) monachus literis clarus.

[3] Das Diarium von S. Peter hat beim 23. und 26. Juli 1768 folgende Ein=
träge, welche ein sprechendes Bild dieses Brandunglückes geben.

Die 23. Hac et sequenti die incendio consumitur monasterium S. Blasii
in silva nigra (hier eine ausgestrichene Stelle). Hoc incendium non in pistrina,
sed in ipso ortum est monasterio et (ut putant) in camino culinae, et in
tecto grassatum est tanta velocitate, ut restingui nulla arte potuerit.

Ceterum, ut in infortuniis religiosorum fieri amat, plures saeculares
irreparabili damno monasterii S. Blasii non solum non compatiuntur, sed etiam
de eo gaudent; alii dicunt, monachos ipsos cenobium incendisse, ut e ditione
Austriaca illud transferre possent (wieder eine ausgestrichene Stelle). Tertium
hoc esse dicitur monasterii S. Blasiani incendium.

Die 26. Heri post horam 9. e S. Blasio venit, equo conducto rustici usus,
Ben. Steigmüller, rhetorices ibidem studiosus, confirmatque triste fatum
hujus monasterii, totum nimirum unacum ecclesia flammis absumptum esse,
ereptis incendio paucis libris mscr. ex instructissima et pretiosissima Biblio-

„Erhaben (fagt eine Nachricht aus jener Zeit) ſtund Gerbert zwiſchen den Ruinen und mit einem Blicke der Ergebenheit gen Himmel zeichnete er in den Aſchenſchutt die Grundlinien eines neuen Gottes=hauſes. Und unter ſeiner leitenden Hand erhoben ſich ſofort ein Tempel voll Majeſtät und ein Bücherſaal voll der ausgezeichnetſten Werke, daß es beinahe ſchien, als ob die Flamme der vernichtenden Brunſt nur zur Verherrlichung des Stiftes habe beitragen ſollen."

Die wichtige Stelle, worauf ſeine Tugenden, ſeine Gelehrſamkeit und Bildung ihn erhoben, mußte Gerbert vollkommen zu würdigen, im ganzen Umfange der Pflichten, welche ihm dieſelbe auferlegte; aber er erfüllte ſie nicht allein mit ſtrengſter Gewiſſenhaftigkeit, ſondern that noch mehr, als man in jeder Hinſicht von ihm hätte fordern können. Er war von jeher unermüdlich thätig, umſichtigſt beſorgt, gegen alle Redlichen wohlwollend — und verblieb es bis zum Grabe.

Seine gelehrte Thätigkeit ſchien durch das Unglück des Brandes einen neuen Sporn erhalten zu haben; denn es erſchienen jetzt in ſchneller Folge nach einander die Fortſetzungen des herrgottiſchen Pracht=werkes der habsburg=öſterreichiſchen Denkmäler, die Sammlung der Briefe König Rudolfs I, das große Werk über die Kirchenmuſik und jenes über die alt=alemanniſche Liturgie, ſodann die Schrift über den Grafen Rudolf von Rheinfelden und endlich die dreibän=dige Geſchichte des Schwarzwaldes „als einer Benedictiner=Colonie", welche im Jahre 1788 vollendet wurde.

Inzwiſchen aber, bei all' dieſer ſchriftſtelleriſchen Thätigkeit, hatte

theca, toto numophylacio, maxima parte supellectilis sacrae et typographeo (Archivum mansit salvum).

Praeter alia pretiosa mscta incendio cheu! consumptus est codex, qui olim pertinuit ad monast. S. Georgii Villingae, scriptus saeculo IX, qui parem forte magnitudine, varietate materiarum et elegantia in Europa non habuit. Con-flagrarunt etiam plures codices mscti de liturgia Alemanniae et musica eccle-siastica, quos Princeps ad opera, quae componebat, ex variis monasteriis acce-pit, cum omnibus suis scriptis.

Remansere intacta aliqua aedificia remota officialium. Celss. Princeps pernoctavit apud cancellarium suum de Lempenbach. Religiosi vix non omnes ad parochias et praepositurae monasterii confugerunt, praeter vestitum nil secum auferre valentes. Plurima preciosa per fenestras ejecta furto ablata sunt. Unicus homo laesus est. Quidam operarii in cella vinaria ita se inebriarunt, ut exportari eos oportuit. Damnum hoc incendio causatum aliquot milliones excedere dicitur.

* Wenige Tage vor dem Drucke obiger Mittheilung über den Brand von 1768 iſt (am 7. Februar 1874) auch der Prachtbau Martin Gerberts, die Kirche und der größere Theil des ehemaligen Kloſters, ein Raub der Flammen geworden!

Gerbert unablässig seinen Lieblingsgedanken verfolgt, die Bewerk=
stelligung einer Germania sacra oder Kirchengeschichte von Deutsch=
land in den Rahmen sämmtlicher deutschen Bischofssprengel. Ein so
großartig aufgefaßtes Werk konnte nur durch das Zusammenwirken
vieler Gelehrten ausgeführt werden. Der Fürstabt ließ daher eine
Einladung mit ausführlichem Programme an die gelehrte Welt er=
gehen, um die nöthigen Materialien und Mitarbeiter zu gewinnen.
Und siehe, seine Bestrebungen wurden da und dorten auch mit dem
erfreulichsten Erfolge belohnt.

Von den damals berühmtesten Historikern Süddeutschlands und
der Schweiz sagten der Weihbischof Würdtwein zu Worms, der
Pater Vandermeer zu Rheinau, der Stadtpfarrer Meichelbeck zu
Kaufbeuren, der General Zurlauben in Zug und der Patrizier
Haller in Bern ihre Unterstützung und Förderung des Unternehmens
bereitwilligst zu, und in S. Blasien selber wurden die Capitulare
Ussermann, Neugart, Eichhorn, Buß und Keller von ihrem
Abte zu Mitarbeitern ersehen.

Nach dem festgesetzten Plane[1] des weit aussehenden Werkes sollte
dasselbe enthalten 1) eine Geschichte des alten Deutschlandes,
seiner Religionen, Sitten und Gebräuche, 2) eine Geschichte der deutschen
Gelehrsamkeit, 3) eine Beschreibung der geistlichen Provinzen
und ihrer untergeordneten Bischoftümer in chronologischer Ordnung,
4) eine historische Beschreibung der Collegiatstifte, Klöster und
Ritterhäuser jeglichen Bischofssprengels, 5) eine Aufzählung und
Schilderung der Heiligen, wie der durch Gelehrsamkeit und geistliche
Verdienste ausgezeichneten Männer eines jeden Sprengels, und
endlich 6) als Einleitung zu den Provinzen und Bischtümern je eine
Abhandlung über deren Ursprung, Gränzen und Schicksale.

Die Sanctblasier legten nun rüstig ihre Hand an das Werk,
aber die Zeitereignisse unterbrachen dasselbe wiederholt. Weniger erlitt
es eine Unterbrechung durch das Ableben seines Schöpfers im
Jahre 1793, als durch den eben damals ausbrechenden französischen
Krieg und dessen Folge, die Aufhebung der geistlichen Stifte und
Klöster. Denn die beiden Nachfolger Gerberts förderten es nach Kräf=
ten, bis das Unglücksjahr 1806 mit dem Gebäude des alten deutschen
Reiches auch alle darauf beruhenden Einrichtungen und Bestrebungen
zu Grunde gehen ließ!

Von den zahlreichen Bischtümern Deutschlands erhielten nur vier

---

[1] Denselben hat auch die Freiburger Zeitung von 1784 mit vielem Lobe
des Unternehmens ihren Lesern mitgetheilt.

ober fünf ihre Beschreibung und Geschichte in der so freudig begonnenen Germania sacra. Pater Ussermann lieferte den Probomus zu derselben und die Bischtümer Würzburg und Bamberg, zwischen den Jahren 1790 und 1801, Pater Eichhorn, das rhätische Bischtum Kur im Jahre 1797, und Pater Neugart ben Codex diplomaticus Alemanniae, wie den ersten Band des Bischtums Constanz, von 1791 bis 1803. Unter den auswärtigen Gelehrten bearbeitete Vandermeer[1] das schweizerische Bischtum Sitten, und über das Bischtum Augsburg wurden aus verschiedenen Archiven durch Meichelbeck zu einer solchen Geschichte die einschlagenden Materialien sorgfältigst gesammelt und hernach an die Blasianer abgetreten.

Eine historische Arbeit anderer Art unternahm Pater Kreuter. Er sammelte sich aus den Werken Herrgotts und Gerberts, wie aus dem Regierungs-Archive zu Freiburg und von anderwärts her die Materialien zu einer allgemeinen geschichtlichen Darstellung seines näheren Vaterlandes und führte dieselbe noch vor dem französischen Kriege auch glücklich aus. Dieß zweibändige Werk erschien 1790 unter bem Titel: „Geschichte der vorderösterreichischen Staaten" in deutscher Sprache, weil es für die Beamten, für die Bürger und die Schulen dieser Lande bestimmt war.

Hatten nun aber die meisten bisher aufgeführten sanctblasischen Gelehrten neben ihren historischen auch verschiedene Schriften über Gegenstände aus anderen Fächern veröffentlicht, so verlegten sich im Stifte immer Einige ausschließlich auf solche Fächer. Ich nenne nur die Patres Jlger, Boppert, Weiß und Umber, welche mehrere Arbeiten philosophischen, theologischen, pädagogischen und mathematischen Inhalts verfaßten, von denen indessen, wie es scheint, nur wenige unter die Presse gelangten.

Dergestalt entwickelte sich unter den sechs letzten Aebten die sanctblasische Gelehrten-Academie. Die Arbeiten derselben giengen vom theologischen Felde immer mehr auf das geschichtliche über, wodurch sich zu S. Blasien eine historische Schule bildete, welche auch nach der Aufhebung des Stiftes noch erfreulichst fortgewirkt hat.

Die nach S. Paul übergesiedelten Blasianer suchten für die Ge-

---

[1] Dieser stift-rheinauische Gelehrte (geb. 1718, zum Priester geweiht 1741, gest. 1795) wetteiferte an Sammlerfleiß mit seinem sanctblasischen Zeitgenossen Wülberg; benn er hinterließ nicht weniger als 90 historische Arbeiten, wovon manche aus mehreren Bänden besteht. Nur ganz wenige sind im Drucke erschienen, darunter die Geschichte des S. Fridolinsstiftes zu Säckingen erst 1852, leider in verballhornter Umarbeitung.

schichte von Kärnthen zu leisten, was zu S. Blasien für Border-
Oesterreich und den Schwarzwald geleistet worden[1], während von den
im Heimatlande verbliebenen Klostergeistlichen der als Pfarrer nach
Gurtweil versetzte Pater Maier seine vaterländisch geschichtlichen Arbeiten emsigst fortsetzte.

Die von den Blasianern seit 1737 ausgegangenen Druckschriften bilden eine eigene kleine Bibliothek von wenigstens 100 Bänden
und Bändchen, und wie Vieles von dem, was diese Klostergeistlichen
geschrieben, blieb ungedruckt! Der Werth ihrer Arbeiten ist natürlich
ein sehr verschiedener; jedenfalls aber machen die diplomatischen
und historischen den schätzbarsten Theil davon aus.

Betrachtet man dieselben nach dem Gehalte ihres Materials, so
liefern sie eine Menge der wichtigsten Quellen-Schriften, Urkunden,
Jahrbücher, Chroniken und Nachrichten aller Art, mit einem solchen
Apparate von diplomatischen, sphragistischen, heraldischen und genea-
logischen Beigaben, Nachweisungen und Erläuterungen, daß ihre Benützung sowohl für den Diplomatiker im Allgemeinen, als für den
vaterländischen Geschichtsforscher insbesondere ganz unentbehrlich
ist. In Beziehung aber auf historische Kritik dürften als hervor-
ragendes Muster die Arbeiten des Paters Neugart gelten, wie denn
dieser treffliche Gelehrte unter den sanctblasischen Historikern auch
formell das Beste geleistet.

Mit solchem Bienenfleiße haben unter den Fürstäbten Franz II,
Cölestin, Meinrat, Martin II, Moritz und Berthold die sanctblasischen
Gelehrten gesammelt, mit solcher Ausdauer und Gründlichkeit haben
sie gearbeitet! Es herrschte zu S. Blasien ein zweckmäßig geord-
netes, thätiges, aufgeklärtes Klosterleben, nach dem Grundsatze, „daß
die Klöster neben ihrer religiösen Bestimmung auch Werkstätten gelehrten Fleißes sein und den Vorwurf eines unnützen Daseins
durch wissenschaftliche Leistungen widerlegen sollten." Aus der dortigen,
trefflich eingerichteten Schule giengen wohl erzogene und richtig gebildete
Zöglinge hervor, wovon man manche zu Lehrern an Universitäten erlas.

Und welch' ein Geist christlich-humaner Liberalität wehte in
der sanctblasischen Gelehrten-Akademie! Weit entfernt von mönchischer
Einseitigkeit, huldigten diese Männer dem Genius der Wissenschaft
und Kunst, wie im Umgange mit der Welt den Regeln des gesell-
schaftlichen Anstandes und Wohlwollens in löblichster Weise[2].

---

[1] Man vgl. die Heidelb. Jahrbücher von 1855, Nro. 34, S. 536.
[2] Ich kann mich hier auf die Zeugnisse protestantischer Schriftsteller berufen,
wie Sander, Zapf, Nicolai.

Fürstabt Gerbert konnte ihnen hierin zum besten Vorbilde dienen. Seine vielseitige Gelehrsamkeit und ächtliberale Bildung waren allgemein anerkannt und trugen ihm die seltene Ehre ein, daß nicht allein protestantische Schriftsteller sein Lob verkündeten, sondern auch Academieen protestantischer Länder ihn zum Mitgliede er= nannten. Es war bewundernswerth, wie der so streng katholische Prälat sich gegen Andersgläubige auf's Rücksichtsvollste und Wohl= wollendste benahm. Stund er ja mit protestantischen Gelehrten in freundschaftlichstem, vertrautesten Briefwechsel! So namentlich mit den Historikern Schöpflin und Lamey, wie auch mit Müller, dem jungen Geschichtsschreiber der Schweiz, dessen aufstrebendes Genie in S. Blasien alle Anerkennung fand.

Welcher Geist der Bildung, Ordnung und Thätigkeit in religiöser, päda= gogischer, gelehrter, literarischer und gesellschaftlicher Beziehung damals zu S. Blasien geherrscht, das berichtet Nicolai als vollgiltiger Zeuge in fol= genden (auszugsweise gegebenen) Stellen seiner Reisebeschreibung.

„Wie viel Merkwürdiges auch das Stift S. Blasien enthält, und obgleich allein schon die Kirche daselbst einen Besuch von weiter her verdiente, so war gleichwohl die größte Merkwürdigkeit für mich der Fürstabt Gerbert, ein Mann von weitläufiger Gelehrsamkeit, dessen berühmtes Werk über Kirchenmusik mich zuerst auf ihn aufmerksam gemacht. Er hatte etwas Wahres und Herzliches, etwas Bescheidenes und Zuvor= kommendes und doch sehr Würdiges, etwas Heiteres, Joviales und doch sehr Anstandsvolles in seinem Gesichte, wie in seinem ganzen Wesen."

„Nach dem Beispiele dieses edeln Abtes haben sich auch seine Stiftsherren gebildet. Alle sind gelehrte Leute, an allen bemerkten wir das heitere, gefällige, unbefangene und herzliche Wesen ihres Oberhauptes, mit eben dem strengen Sinne für Anstand und Schick= lichkeit, welcher ihr Oberhaupt auszeichnete. Unter ihnen bin ich dem damaligen Stiftsarchivare Pater Ribbele, jetzigem Nachfolger Gerberts, zumeist verbunden. Derselbe zeigte uns, neben anderen Merkwürdig= keiten, das Archiv mit seiner vortrefflichen Einrichtung. Er selbst be= sitzt, neben einer sehr gründlichen historischen und diplomatischen Gelehr= samkeit, noch mancherlei andere Kenntnisse."

„Alsdann lernte ich noch weiter kennen den Pater Oberrechner Kreuter, einen guten Mathematiker und Historiker, wie überhaupt sehr geschickten und thätigen Mann; den Hofcaplan Kuen und den Pater Weiß, welche uns die Bibliothek, das Münz= und Naturalien= Cabinet zeigten. Daß der gelehrte Bibliothekar Ussermann selber, wie der Stiftskanzler von Lempenbach, nicht anwesend war, mußte ich sehr bedauern."

„Die Bibliothek befindet sich in einem großen Saale, an welchen verschiedene Cabinete stoßen. In der Feuersbrunst von 1768 ist zwar, obgleich der damalige Bibliothekar Meichelbeck sehr viele Bücher und beinahe das ganze Münzcabinet mit Gefahr seines Lebens gerettet, das Meiste dieser kostbaren Sammlung zu Grunde gegangen; aber das Verlorene wurde sehr bald wieder ersetzt; man sammelt hauptsächlich auf Theologie, Geschichte und Diplomatik. Von der neuern deutschen Literatur fand ich außer Gellerts Schriften beinahe nichts."

„Die Kupferstich-Sammlung, sowohl von alten historischen Blättern, als von neueren Bildnissen, ist nicht unbeträchtlich und ebenso die Münzen-Sammlung, wogegen das Mineralien-Cabinet durch den Brand viel verloren hat. Indessen scheint es, daß die Naturwissenschaften in den Klöstern leider nicht mit dem Eifer betrieben werden, wie Diplomatik und Geschichtskunde des Mittelalters, wie Theologie und Patristik, worauf sich die Kloster-Gelehrsamkeit gewöhnlich zu beschränken pflegt."

„Das Stift S. Blasien ist aber noch weiter zu betrachten als eine Pflanzschule aller Geistlichen des stiftischen Gebietes; denn alle Pfarreien desselben werden mit sanctblasischen Klostergeistlichen besetzt. Von den hundert Religiosen sind immer etwa vierzig auf Pfarrstellen oder sonst in Geschäften auswärts, und der Fürstabt macht sich's zu einer hauptsächlichen Aufgabe, junge Priester zu dieser Bestimmung zweckmäßig erziehen zu lassen."

„Was nun die innere Verfassung des Stiftes [1] betrifft, so besteht dasselbe 1) aus jungen Leuten, welche darin erzogen und zu ihrer künftigen Bestimmung herangebildet werden; 2) aus den Lehrern in den verschiedenen wissenschaftlichen Fächern ihres Berufes; 3) aus Priestern, welche die benachbarten Tochterkirchen versehen; 4) aus Personen, denen die Besorgung der zeitlichen Geschäfte obliegt; 5) aus Alten und Kranken, welche durch Jahre und Arbeit ermüdet, die verdiente Ruhe und Pflege genießen, und endlich 6) aus Laienbrüdern, welche die nöthigen Handwerke treiben und die verschiedenen Hausdienste besorgen. Alle übrigen Religiosen wohnen außerhalb des Klosters und bringen ihre meisten und besten Jahre mit den ihnen besonders zugewiesenen Arbeiten und Verrichtungen zu."

„Das Stift S. Blasien ist daher in vollem Sinne ein Seminarium, worin die geistlichen Zöglinge für ihre Berufsgeschäfte, für die Seelsorge und für die Wissenschaften gründlich unterrichtet werden;

---

[1] Nach einer ausführlichen Nachricht, welche Nicolai im Jahre 1782 aus S. Blasien erhalten.

ein Priesterhaus, aus welchem die stiftischen Pfarreien und Capla= neien besetzt werden; eine Deficienten=Anstalt für standesgemäße Pflege und Versorgung schwacher und veralteter Klostergeistlichen."

„Niemand von den Gesunden und Rüstigen im Stifte kann also müßig gehen, denn ein Jeglicher hat seine ihm angewiesene Beschäf= tigung und Aufgabe, sei es in der Hauswirtschaft, Schule, Chorver= richtung und Seelsorge, oder in den Wissenschaften, wo die um= sichtigen Oberen ihre Patres nach deren Fähigkeit und Neigung zu ge= lehrten Arbeiten ermuntern, welche der Welt nicht unbekannt sind."

Gerberts nächster Nachfolger, der Fürstabt Mauriz, welcher von ihm erzogen worden und gleichsam seine rechte Hand gewesen, stammte aus dem brabantischen Geschlechte der Ribbele und war am 30ften Juni 1740 zu Wolfert bei Luxemburg geboren, am 13ten November 1759 zu S. Blasien in den Orden getreten und hatte am 24ften September 1764 die Priesterweihe erhalten. Derselbe trat ganz in die Fuß= stapfen seines verehrten Lehrers und führte die Stiftsverwaltung mit großem Lobe, wenn auch seine Wahl einige Conventualen empfindlich vor den Kopf gestoßen.

Wie sehr Abt Mauriz den bisherigen liberalen und aufgeklärten Geist im sanctblasischen Klosterleben zu erhalten bestrebt war, mag sich aus dem Urtheile des baden=durlachischen Beamten Groos [1] ergeben, welcher im Jahre 1796 auf einer Reise in's Oberland nach S. Blasien kam und von dort nach Hause schrieb: „Ich bin dahier liebreichst auf= genommen. Der Fürst, ein liebenswürdiger Herr erster Klasse, zieht mich immer an seine Seite und die Klostergeistlichen erweisen sich mir ungemein gefällig; ich mache unter ihnen die angenehmsten Be= kanntschaften. Dieß und die interessante Lage des Stiftes, besonders aber der Anblick der prächtigen Kirche, bewegen mich, meine Rück= reise von Schaffhausen wieder über hier zu nehmen."

Leider aber war Ribbele in seiner Stiftsverwaltung und Pflege der Gelehrsamkeit [2] nicht allein durch die französischen Revolutions=

---

[1] Der spätere Legationsrath, dessen Sohn mir das Schreiben mitgetheilt.

[2] Wenn Jttner behauptet, „die von Gerbert gestiftete historische Schule sei nach dessen Tode augenblicklich wieder gesunken und der aufgehäufte diplomatisch= historische Stoff habe nicht einmal mehr ausgearbeitet werden können," so hat er vergessen, daß trotz der Sorgen, Geschäfte und Opfer, welche die schwere Kriegs= zeit den Blasianern verursachte, während der Stiftsverwaltung des Fürstabts Mau= riz nicht nur die größeren Werke Eichhorns, Ussermanns und Neugarts fortgesetzt, sondern auch noch andere Schriften von sanctblasischen Conventualen vol= lendet und herausgegeben worden.

Reflorescit demum, sagt Ussermann schon 1794 in einer Vorrede, quam

kriege schwer bedrängt, sondern auch durch die landesherrlichen Verord=
nungen von 1791 und 1793 sehr bitter berührt, da nach denselben in
vorderösterreichischen Klöstern weder Philosophie noch Theologie
ferner gelehrt werden und ihre Candidaten diese Wissenschaften nur auf
erbländischen Universitäten studieren durften[1]. Für S. Blasien, wo
die mönchisch=scholastische Lehrart längst einer zeitgemäßeren gewichen
war, mußte diese Maßregel doppelt empfindlich sein.

Noch peinlicher aber traf den Fürstabt die Ungewißheit des Ge=
schickes, welche jahrelang über das österreichische Breisgau verhängt
war. Denn nachdem die Franzosen 1796 dessen Hauptstadt besetzt,
wurde es durch den Artikel 18 des Friedens von Campo Formio dem
Herzoge von Modena zugetheilt, ohne daß derselbe sich entschließen
konnte, diese Entschädigung anzunehmen. Sobann bestätigte der Frieden
von Lüneville diesen Artikel nicht allein, sondern erschwerte ihn noch
durch die Ausscheidung der breisgauischen Stifte für den Orden von
Malta. Indessen gelangten auch die Malteser nicht zum Besitze
der stiftischen Gebiete, und so verblieb das arme Breisgau, da die
Schritte desselben zu Wien und Paris vergeblich waren, gleichsam als
herrenloses Land, von den Franzosen besetzt und gequält, bis
zum Frühlinge 1803.

Unter dem Druck dieser peinvollen Lage schrieb der Fürstabt
im September 1800 von Wien aus an den Abt von S. Peter: „Die
Trauergeschichte unseres lieben Vaterlandes schneidet mir um so tiefer
in's Herz, je weniger ich im Stande bin, seine Leiden vermindern zu
helfen. Herr Präsident von Summerau und ich bringen viele
Stunden über diese Leiden zu; wir denken, sprechen und berathschlagen,
wie zu helfen sei. Wir haben bereits Alles gethan, was unsere Ver=

---

ex inopino maximi sui promotoris Martini Gerberti obitu emarcituram
timebamus, Germania sacra nostra, dum novum vigorem haurit ex dignis-
simi illius in dignitate aeque ac *hereditario quasi in bonas literas amore et
studio* successoris Mauritii vigilantia, qua tempore licet periculis pleno, ac
barbaro hoste vicino, nulla aut curis parcit aut sumtibus, ut commune consilium eo maturius exequatur.

[1] Später wurde diese Verordnung dahin abgeändert, daß man Candidaten
nach vollendeten Humanioren aufnehmen könne, welche im Kloster die Philosophie
und Theologie studieren durften, aber unter dem Bedinge, daß für das philosophische
Studium drei und für das theologische vier an einer Universität geprüfte Pro=
fessoren aufgestellt werden müßten. Aber auch diese Bestimmung lag den Stiften
schwer auf, sie wendeten sich daher 1798 an den Coadjutor von Dalberg, damit
er sich beim Kaiser um eine Abänderung derselben verwende, indem sie ja „nicht mehr
ultramontanistischen Grundsätzen anhiengen." Was hierauf erfolgte, ist mir
unbekannt.

hältniſſe nur immer geſtatten; ob es aber von Wirkung ſei, muß dahin geſtellt bleiben. Ich weiß, daß der kaiſerliche Hof mit uns Be=bauern habe und für uns arbeite; allein die Umſtände ſind dermalen ſo beſchaffen, daß ich nicht zu ahnen vermag, was endlich unſer und des Landes Schickſal ſein werde."

Und nach ſeiner Zurückkunft von Wien, wo er mit Summerau und den ſtändiſchen Syndicis Frei und Engelberger für das Breisgau und deſſen Stifte alle möglichen Schritte gethan, äußerte ſich der Fürſtabt gegen denſelben Prälaten: „Wo ich immer hinſehe, finde ich nichts als Schwankendes, Ungewiſſes und Verworrenes. Unſer armes Vaterland ſchmachtet unter fremdem Joche und geht zu Grunde, während man den Wiener Hof mit Vorſtellungen überhäuft. Wenn die Franzoſen bei uns noch überwintern ſollten, ſo vermag ich mir gar nicht vorzuſtellen, wie wir es aushalten werden."

Dieſe Jammerbriefe ſchrieb Fürſtabt Mauriz kurze Zeit vor ſeinem Tode, von welchem er nach einer kaum achtjährigen Regierung, während eines freundnachbarlichen Beſuches im Stifte zu S. Peter, am 16ten November 1801 plötzlich betroffen wurde.

Der dortige Abt Speckle trug über ihn Folgendes in ſein Tage=buch ein: „Ich bin nicht im Stande, meine Empfindungen über dieſen erſchütternden Vorfall auszubrücken. Der Selige hatte mich ſeines freundſchaftlichen Zutrauens gewürdigt, was die große Anzahl von Briefen beweist, welche wir gewechſelt. Deſto empfindlicher fiel es mir, daß ihn der Tod gerade in meinem Kloſter treffen mußte. Der Verluſt des wahrhaft großen Mannes iſt in jeder Hinſicht ein ſehr ſchwerer; ich verlor einen erhabenen Gönner und vertrauten Freund, das Vater=land ſein erſtes und eifrigſtes Standesglied, der Prälatenſtand ſeinen würdigſten und thätigſten Präſes, die Kirche einen freimüthigen Verteibiger, welcher auch vor den Großen, ſelbſt vor dem Monarchen, die Sache der Religion mit Mund und Feder verfocht, und das Stift S. Blaſien endlich verlor im allerbedenklichſten Zeitpuncte einen trefflichen, allgemein geachteten Vorſteher."

An die Stelle des Heimgegangenen wurde Pater Berchtold Rottler erwählt, damals Propſt zu Klingenau und vorbem Profeſſor der Diplomatik, Numismatik, Heralbik und Altertumskunde an der Hochſchule zu Freiburg. Derſelbe war zu Obereſchach bei Villingen am 16ten October 1748 geboren, am 8ten November 1772 zu S. Bla=ſien in den Orden aufgenommen und am 24ſten September 1774 zu Con-ſtanz zum Prieſter geweiht.

Hatte ſein Vorweſer viel Schweres und Bitteres erdulbet — die ſchwerſte und bitterſte Erdulbung blieb dieſem Prälaten vorbehalten, nachdem das Rad der Ereignisse in zermalmendem Rollen das b e u t s ch e Reich und mit demselben die geistlichen Stifte vernichtet hatte.

In Folge des Preßburger Friedens wurde das ö ste r r e i ch i s ch e B r e i s g a u, nachdem es durch den Hingang des Herzogs von Modena an dessen Schwiegersohn, den Erzherzog F e r d i n a n d übergegangen, dem Hause B a b e n zugetheilt, welches die breisgauischen Stifte im Jahre 1806 provisorisch und im folgenden definitiv aufhob [1].

Während dieser peinlichen Frist versuchten der Fürstabt von S. B l a s i e n und der Abt von S. P e t e r noch einen letzten Schritt der Rettung — sie reisten nach K a r l s r u h e, um dem dortigen Hofe alle Gründe für die Erhaltung ihrer Gotteshäuser vorzutragen. Beide Prälaten wurden daselbst höflichst aufgenommen, in einer Audienz vom Kurfürsten huldreichst angehört, gnädigst zur Tafel gezogen und freundlichst wieder verabschiedet.

Ein leichter Hoffnungsschein begleitete sie nach Hause und es folgte ihnen die Zusicherung nach, daß ihre beiden Stifte vorderhand auf eine zeitgemäße Weise fortbestehen könnten. Fürstabt B e r ch t o l d erblickte hierin aber eine „allzu precäre Existenz; man solle sein Gotteshaus lieber geradezu auflösen und der Sache ein Ende machen."

Dieß geschah denn auch. Es erfolgte am 1ten November 1806 die Entschließung [2] K a r l F r i d e r i ch s, „er habe für gut befunden, bei den allzuvielen Schwierigkeiten in Ausführung der Modificationen, worunter man die beiden Abteien S. B l a s i e n und S. P e t e r habe fortbestehen lassen wollen, solche Willensmeinung dahin abzuändern, daß nunmehr diese Stifte ebenfalls, wie alle übrigen im Breisgau, als mit den Einrichtungen des s o u v e r ä n e n G r o ß h e r z o g t u m s unvereinbarlich, definitiv aufzulösen seien."

Sofort erschien schon am dritten Tage nach dieser Entschließung Herr v o n J t t n e r, der ehemalige Kanzler zu Heitersheim, ein abgesagter Feind des Mönchtums, welcher sich vordem alle Mühe gegeben, die breisgauischen Stifte dem Malteser Orden zu verschaffen, als babischer Auflösungs-Commissär zu S. B l a s i e n! Sein strenges, rücksichtsloses und geringschätziges Benehmen gegen die Klostergeistlichen [3] ent-

---

[1] Über die Lage des B r e i s g a u e s seit 1796 findet man Ausführliches in meinen „breisgauischen Landständen", wie in den Speckle'schen Memoiren.

[2] Auszug aus dem geh. Finanzraths-Protokoll vom 1. November 1806. Das 1803 noch beibehaltene Stift G e n g e n b a ch wurde vom gleichen Schlage betroffen.

[3] „Der Commissär J t t n e r, welcher die breisgauischen Klöster dem Malteser-orden einverleiben wollte und nicht reussierte, besonders feindselig gegen den Fürsten von S. Blasien und gegen mich, scheint nun diese Gelegenheit zur Rache zu benützen, indem er gesagt haben soll, den F ü r s t e n wolle er geißeln und den

sprach ganz der Art und Weise, wie damals und von jeher mit kirch=
lichen Anstalten verfahren wurde, aus deren Vermögen man die
eigenen zerrütteten Finanzen zu verbessern genöthigt war.

Noch erschien aus der sanctblasischen Druckerei ein Catalogus
patrum et fratrum principalis et imperialis monasterii ac congregationis ad S. Blasium für 1807, wie zur Ironie auf das Schick=
sal des Stiftes; denn in demselben Jahre wanderte der Abt mit etwa
40 Conventualen nach Kärnthen aus!

Zu S. Blasien schwelgte hierauf der säcularisierende Vandalis=
mus in den Überbleibseln des Stiftes; die herrliche Bibliothek, die
reichen Kirchenzierden, die Orgel, die große Glocke, wurden abge=
führt und der prachtvolle Tempel selber sollte abgebrochen [1], ja so=
gar das Sanct vor dem Ortsnamen für immer getilgt werden! So
wüthete damals politische Verblendung gegen die katholische Kirche;
sie sättigte sich in vollständiger Profanierung der klösterlichen Gebäude
— das tausendjährige ehrwürdige Gotteshaus an der Alb verwandelte
sich in eine Spinnfabrik!

Leider war seit den 90er Jahren auch der innere Frieden des
Stiftes sehr erschüttert gewesen. Der revolutionäre Geist, welcher sich
damals durch die Welt ergoß, hatte auch Eingang in die sanctblasischen
Klosterzellen gefunden [2], und ließ diesem und jenem jüngern Pater
gar Manches in einem der belobten Zeitrichtung widersprechenden
Lichte erscheinen, während die älteren Conventualen meistens nur um
so zäher am Bisherigen festhielten und das Treiben des aufwachsenden
Geschlechtes um so strenger verurtheilten.

VII. Die sanctblasischen Gelehrten des 18ten Jahrhunderts.

Um nun auf die Lebensverhältnisse und Leistungen der gelehrten
Sanct=Blasier des vorigen Jahrhunderts näher einzugehen, seien

---

Prälaten kreuzigen." So berichtet Abt Speckle; welch' ein frivoler Verspotter der
Klostergeistlichen aber der „classisch gebildete Kanzler von Heitersheim" gewesen,
beweist seine Schrift: Specimen Monachologiae, methodo Linnaeana tabulis aeneis illustratum. Augustae Vind. 1783. Ich habe diesen Mann früher
viel zu günstig beurtheilt.

[1] „Manche Klosterkirchen wurden lediglich niedergerissen, weil man sie nicht
unterhalten wollte. Der Verwendung des lutherischen Baudirectors Arnold ist die
Erhaltung der prachtvollen Kirche zu S. Blasien, welche man gleichfalls abzubrechen
vorhatte, zu verdanken. Man begnügte sich, das Kupferdach derselben abzunehmen,
und das majestätische Gotteshaus mit Schindeln zu decken." Speckle.

[2] Auch anderwärts in den Klöstern wurden jüngere Patres von diesem
Geiste ergriffen.

deren kurzgefaßte Biographieen mit Angabe ihrer Schriften in den fol=
genden Blättern mitgetheilt. Es ist eine Reihe von mehr als z w a n z i g
M ä n n e r n, welche innerhalb eines einzigen Menschenalters so Vieles
gesammelt, verarbeitet und geschaffen! Ich führe dieselben nach ihren
Geburtsjahren in c h r o n o l o g i s c h e r O r d n u n g auf, den Leser um
billige Nachsicht bittend, wenn Eines oder das Andere dabei vergessen
worden sein sollte.

Es hatte seine Schwierigkeit, diese N o t i z e n zu sammeln, indem
sie sehr bruchstückweise in den verschiedensten Schriften zerstreut stehen.
Was mir indessen an Gedrucktem abgieng, dafür konnte ich m a n c h e s
H a n d s c h r i f t l i c h e geben, dessen Werth für meinen Gegenstand man
nicht verkennen wird.

Marquart Herrgott.

Dieser erste sanctblasische Gelehrte der neuen Periode war der
Sohn eines Chirurgen zu F r e i b u r g und am 9ten October 1694 dort
geboren. Nachdem der aufgeweckte, wohlgewachsene Knabe die Schule
seiner Vaterstadt durchgemacht, trat derselbe schon in die Reife des Jüng=
lingsalters und wurde von einem Handlungshause zu S t r a ß b u r g
als Lehrer zweier Söhne angekommen. Von da begleitete er seine Zög=
linge gen P a r i s und nach zwei Jahren wieder zurück in die Heimat.
Von hier aber begab sich H e r r g o t t, welchen die Welt nicht besonders
mochte angesprochen haben, nach S. B l a s i e n in's Kloster, wo er am
17ten November 1715 seine Profeß ablegte und am 17ten December
1718 die Priesterweihe erhielt [1].

Der damalige Abt B l a s i u s erkannte in dem jungen Pater, wel=
cher sich schon als Novize durch fleißige Studien hervorgethan, ein be=
sonderes Talent für die Wissenschaft und schickte ihn daher mit etlichen
Genossen zur weitern Ausbildung nach P a r i s in die gelehrte Anstalt
der Benedictiner von Saint=Germain, deren Ruhm durch Männer wie
M a b i l l o n begründet worden.

Hier empfieng H e r r g o t t seine Richtung für's ganze Leben — er
bildete sich zum H i s t o r i k e r heran. Er lernte kennen, wie man durch
umsichtiges Sammeln und kritisches Bearbeiten des Quellenmaterials
einen sichern Boden für die Geschichtschreibung legt. Dabei wirkten
der liberalere Geist und die feinere Bildung, welche die Congregation
des heiligen Maurus belebten, sehr veredelnd auf sein Wesen, was

---

[1] Vgl. meine kurze Biographie des Paters in den F a h r t e n und W a n =
d e r u n g e n I. 109.

ihn, bei seinen geistigen und körperlichen Vorzügen, zu einer unter den Seinigen seltenen Erscheinung stempelte.

Herrgott begann seine schriftstellerische Laufbahn schon zu Paris mit einer trefflichen Arbeit über die ältere Regelzucht der Benedictiner. Dieß erste Periculum des jungen Blasianers zeigte schon den gründlichen Forscher; er lieferte mehrere noch nicht gedruckten Schriften über die klösterliche Disciplin seit dem 12ten Jahrhunderte. Aus der Widmung des Werkes an den Fürstabt Blasius spricht die dankbare Verehrung für einen Prälaten, welcher sich durch Heranbildung der sanctblasischen Klosterjugend, durch die liberale Förderung junger Talente und die Erweiterung der wissenschaftlichen Mittel seines Stiftes ein so großes Verdienst erworben [1].

Nach seiner Heimkehr wurde Herrgott von dem neu erwählten Abte Franz II zu dessen Hofkaplane ernannt, wie später mit den Aemtern eines Bibliothekars und Großkellers betraut. Er hatte eine Geschichte von S. Blasien ausgearbeitet, deren Veröffentlichung jedoch auf Schwierigkeiten stieß [2], und sofort den Plan zu einem ausführlichen Werke über die vaterländische Kirchengeschichte entworfen und sammelte jetzt emsig den Stoff dazu. Mitten in dieser Arbeit aber traf ihn im Jahre 1728 die Wahl zu einem Abgesand-

---

[1] Eine Stelle dieser Dedication sei hier mitgetheilt, da sie den damals in S. Blasien herrschenden wissenschaftlichen Geist sprechend wiederspiegelt. Atque, lautet dieselbe, ex hoc disciplinae amore tua illa efflorescit in studia litterasque propensa voluntas, ut qui adprime nosti, uti scientia sine pietate inflat, sic pietatem a scientia sejunctam brevi deficere et utramque alterius auxilio vigere. Ut vero studia promoveres, quid Tibi non suggessit studiorum amor? Quosdam e tuis in Italiam Galliamque mittere, qui ad elegantiorem literaturam erudientur; Hebraicam Graecamque linguas tuam in Abbatiam invehere; Bibliothecam magna pecuniarum vi optimis quibusque auctoribus locupletare, ut qui deinceps indocti essent, nihil quidquam sibi praeter se ipsos defuisse faterentur. Quantum tibi debet Philosophia, quam auctoritatis jugo solutam, solis rationis et experientiae legibus vis esse subjectam. Quantum Theologia, quae tum demum sana tutaque Tibi videtur, cum e puris sanctae scripturae, conciliorum, summorum pontificum sanctorumque patrum fontibus hausta est. Friburgum Brisgojae Tibi in acceptis refert, quod in Universitate *juris publici, historiarum et linguarum ac politioris literaturae* magistros habeat.

[2] Die älteren Herren zu S. Blasien nahmen wohl Anstoß an der freien Kritik, womit er die Entstehungs-Geschichte des Stiftes behandelte; man hegte zu vorsichtiges Bedenken gegen die offene Besprechung des stiftischen Güterstandes und der Reichsunmittelbarkeit, und fand es zu kostspielig, das Werk mit Kupferstichen zu illustrieren, wie Herrgott sie verlangte.

ten an den Wiener Hof in Angelegenheiten des Stiftes S. Blasien und der breisgauischen Landstände.

Wie nun der Aufenthalt zu Paris maßgebend für seine gelehrte Thätigkeit gewesen, so war es auch diese Sendung nach Wien. Denn nicht allein erlangte der gewandte und gewinnende junge Pater das Vertrauen der Minister und des Kaisers, auch die breisgauischen Stände schenkten ihm das ihrige, indem sie ihn zum bleibenden Vertreter ihrer Interessen bei Hofe ernannten.

Hieburch wurde Herrgott von der Ausführung seines früheren Planes abgebracht und zu einem großartigern Unternehmen ermuthigt. Er machte sich an ein weit aussehendes Prachtwerk über die Stammesgeschichte und die historischen Denkmäler des habsburg-österreichischen Hauses.

Den eingehenden Plan dazu hatte der Pater den Grafen von Sinzendorf und von Kufstein, wie dem Freiherrn von Bartenstein vorgelegt, welche für das Unternehmen sehr eingenommen wurden und ihrem Günstlinge sofort eine Audienz bei Karl VI verschafften, damit er demselben sein Vorhaben des Nähern auseinandersetze. Durch den Beifall und die Zusagen des Kaisers fand sich Herrgott höchst ermuntert und in den Stand gesetzt, das Werk zur Ausführung zu bringen. Weil er aber seiner Amtsgeschäfte wegen Wien nicht verlassen konnte, so wurden die Patres Wülberz und Gump dazu bestimmt, die Bibliotheken und Archive für ihn auszubeuten.

Im Jahre 1738 erschien die erste Abtheilung des Werkes, die Genealogie; dieselbe erregte großes Aufsehen und ärntete vieles Lob, aber auch mancherlei scharfen Tadel. Jedenfalls war sie eine imponierende Erscheinung, schon durch die prächtige typographische Ausstattung und die Zierde zalreicher Vignetten und Kupfertafeln, welche ihr zur bildlichen Erklärung beigegeben worden. Denn Herrgott hatte von Freiburg den Kupferstecher Maier zu sich nach Wien genommen, um sein Werk mit dessen Arbeiten zu schmücken.

Kaiser Karl war über die drei stattlichen Folianten so erfreut, daß er den Verfasser nicht allein mit einer kostbaren Medaille beschenkte, sondern ihn auch zu seinem Rathe und Historiographen ernannte, während ihm der Papst für die Uebersendung des Werkes in einem höchst schmeichelhaften Breve seine dankbare Anerkennung erstattete [1].

---

[1] Qua de re, heißt es darin, non exiguam retulisti a Nobis laudem nostraeque benignitatis erga te propensionem, cum Nobis dubitare non subeat, quin quicquid ibi literis consignasti, congruat omnino clarissimae Benedictinae familiae alumno. Das Breve ist vom 28. Juni 1738.

Während seines Aufenthaltes zu Wien galt Pater Marquart im Heimatlande für einen Mann von großem Einflusse [1]. Zu vielen Angelegenheiten wendeten sich seine Landsleute vornehmlich an ihn, und seinem Gotteshause hat er sehr ersprießliche Dienste geleistet. Der schwarzwälbische Mönch wurde auch ganz zum Höflinge und ver= lernte in Umgang und Wirtschaft jenes genügsame, einfache und stille Leben seines großen Vorbildes Mabillon, welchen die Gunst eines Colbert und die Verehrung der größten Gelehrten vieler Länder nicht verführt hatten, anders als der geringste seiner Mitbrüder zu leben. Mabillon aber ersparte sich dadurch eine Demüthigung, wie sie nun Herrgott erfahren mußte. Wegen der in Vorderösterreich während der 40er Jahre begonnenen Steuerausgleichung hatte sich der breisgauische Prälatenstand mit ben beiden anderen Ständen überworfen, weßhalb unser Pater nur noch ben ersteren vertrat, bessen Interessen so eifrig und standhaft verfechtend, daß er sich entschieden weigerte, einen einseitig abgefaßten Rezeß zum Nachtheile bessselben zu unterzeichnen, was ihm die Ungnade des Hofes zuzog [2].

Somit war ein weiteres Verbleiben Herrgotts in der Kaiser= stadt zur Unmöglichkeit geworden, und der einst so gefeierte Pater ent= gieng einer bitter bemüthigenden Entlassung nur dadurch, daß in Folge der besondern Verwendung eines der Minister die Kaiserin Maria Theresia dem Abte von S. Blasien unter der Hand be= beuten ließ, daß es ihr „sehr angenehm sein würde, wenn er seinen Großkeller unter ehrenhaftem Vorwanbe zurück berufen wollte."

Demnach beschied Abt Meinrat ben in Ungnabe gefallenen Pa= ter, nach einem 20jährigen Aufenthalte besselben zu Wien, „im In= teresse seines Großkelleramtes" nach Hause, entschäbigte ihn aber für die erlittene Kränkung burch Ernennung zum lebenslänglichen Statt= halter ber sanctblasischen Herrschaft Staufen und Kirchhofen, wobei ihm zugleich die Propstei zu Krotzingen überlassen wurde, damit er in der Nähe von Freiburg sein gelehrtes Werk besto behaglicher fortsetzen unb vollenden könne.

Nachdem nun Herrgott im Sommer 1750 sein breisgauisches Tusculum bezogen, wibmete er, unter Mitwirkung bes gelehrten Pa= ters Heer, ben größten Theil seiner Muße ben Monumentis, von

---

[1] Ganz, wie früher ber Pater Benber.

[2] Das Tagebuch bes Abtes Philipp Jacob von S. Peter sagt über ben Pater Herrgott: Vir doctissimus et pluribus editis libris clarissimus, qui jura et libertatem Statuum praesertim ecclesiastici semper acerrime defendit et ob id Viennā discedere coactus est.

welchen der zweite Band, deſſen Vorrede mit einem Dabam in museo nostro Crozingae ſchließt, ſchon 1753 die Preſſe verließ, der dritte jedoch erſt 1760 erſcheinen konnte, weil der Verfaſſer in dieſer Arbeit durch anderweite Geſchäfte vielfach unterbrochen war.

Denn bis in ſeine letzten Tage blieb Herrgott der thätigſte Förderer aller Angelegenheiten des breisgauiſchen Prälatenſtandes, in deſſen Verſammlungen er meiſtens die Stelle des Präſidenten, ſei= nes Fürſtabtes, zu vertreten hatte. Dabei leiteten ihn die Grundſätze der Gerechtigkeit und Billigkeit. Mit Vergnügen liest man, wie er, der ſtrenge Verteidiger der prälatiſchen Standesrechte gegen die Ein= griffe der Regierung, das Intereſſe der Unterthanen gegen die Härte der Prälaten einſt ſo lebhaft in Schutz genommen, daß dieſelben für gut fanden, ſein Votum aus dem Protokolle zu entfernen.

Eine Erholung von ſeinen gelehrten Arbeiten fand Herrgott in der Ökonomie, namentlich in der Bienenzucht und Maulbeerpflanzung, welche damals, wie anderwärts, auch im Breisgaue zur Mode gewor= den. Sonſt lebte er nach altgewohnter Weiſe höchſt liberal und gaſt= freundlich, wobei es ihm beſonders gefiel, mit Freunden und Bekannten, bald zu Krotzingen im wohleingerichteten Propſteihofe, bald zu Frei= burg im älterlichen Hauſe oder auf kleinen Ausflügen in die Nachbar= ſchaft, etliche Stunden gemeinſchaftlicher Freude zu verbringen.

Seine Wiener Beſoldung von 4000 Gulden wurde ihm nach ſechs= jährigem Stillſtande in einer Summe nachträglich ausbezahlt; aber ſowohl dieſes ſchöne Geld, als noch 7000 Gulden vom eigenen Ver= mögen giengen in wenig Jahren darauf. Freilich verſchlangen die Monumenta das meiſte davon; wie indeſſen bei Herrgotts liberaler Lebensweiſe auch das Übrige bald aufgezehrt ſein mußte, erklärt ſich aus einer Rechnung des Dreikönigwirtes zu Baſel, bei welchem er mit ſeiner Bedienung etliche Tage gezehrt [1].

Damals handelte es ſich um die Gründung einer Gelehrten= Geſellſchaft unter den Benedictinern im deutſchen Reiche, wozu die erſte Anregung von dem Pater Ziegelbauer zu Zwiefalten ausge= gangen. Unter den Mitgliedern eines ſolchen Vereines durfte Herr= gott nicht fehlen, und keiner der Eingeladenen zeigte auch ein wärmeres

---

[1] Da dieſe Rechnung nicht weniger als 500 Gulden betrug, ſtutzte unſer Pater darüber und verlangte eine Specification. Der Wirt brachte nun eine ſpecifi= cierte Rechnung, welche ganz beſcheiden war. „Ja, wo ſtecken denn da die 500 Gul= den?" Der Wirt: „Herr Pater, es ſind, ſeit ich auf dieſem Gaſthofe bin, ſchon ſo viele geiſtliche Herren aller Orden bei mir geweſen und haben mich auf den lieben Herrgott vertröſtet, daß ich Euere Gnaden jetzt als den Verheißenen feſthalte." Herrgott ſoll hierüber lächelnd die Summe haben nachbezalen laſſen.

Interesse an der Verwirklichung des schönen Planes. Er gab seine Rathschläge über die Mittel und Wege zur Ausführung desselben und sagte bereitwilligst seine Unterstützung zu [1]. Leider jedoch gerieth die Sache in's Stocken und erlosch wieder, ohne ein anderes Ergebniß, als die Förderung des ziegelbauerischen Werkes.

Über Herrgotts letzte Tage und seinen tödtlichen Hintritt schrieb Pater Heer, sein treuer Genosse, unterm 16ten October 1762 von Krozingen aus an einen Freund: „Unser Pater Marquart verschied am 9ten dieses Monats, an seinem Geburtstage, im 68sten Jahre seines ruhmvollen Lebens, an einer langwährigen Wassersucht. Er hatte den Tod standhaft und christlich, mit vollkommener Ergebenheit in den Willen Gottes erwartet. Sein Hinscheiden war sanft, fast unmerklich, und er blieb auch bei vollem Verstande bis auf eine kurze Agonie. Sein Leichnam ist in der hiesigen Kapelle beigesetzt worden."

Was Herrgott als Diplomatiker und Historiker geleistet, muß anerkannt bleiben, wenn seine Werke auch an mancherlei Mängeln leiden. Dieselben wurden von der einen Seite über das richtige Maß lobend erhoben, wie andererseits in unbilliger Weise herabgesetzt [2]. Seien wir dankbar dafür, sie zu besitzen! Es bedurfte keiner geringen Arbeit, ein so massenhaftes Material zu bewältigen, zumal ohne namhafte Vorgänger. Denn unser Pater war der Erste, welcher es nach den Lehren der historischen Schule von Saint-Germain umsichtig gesammelt, kritisch gesichtet und zu einem Ganzen verarbeitet hat.

Was sein berühmter Zeitgenosse und Landsmann Schöpflin für die historische Beschreibung des Elsaßes und des markgräflich badischen Hauses gethan, das that unser Pater Herrgott für die Geschichte des

---

[1] In dem Schreiben Herrgotts an Ziegelbauer (I, 162) wegen dieser Societas literaria heißt es: Ego sane, multis licet negotiis impeditus et viribus fractus, illud tamen grata mente profiteor, *me ultimum in inclyta ejusmodi societate locum libenter occupaturum*, ac unacum meis sodalibus san-blasianis donec vixero viribus omnibus et consiliis collaboraturum, ut in nostra praesertim congregatione san-blasiana literarum studia floreant et Deo bene fortunante nova capiant incrementa.

[2] P. Heer in der Vorrede zum Anonymus Murensis sagt über das herrgottische Werk: Opus istud, ut primum lucem aspexit publicam, *illustre, cedro dignum, sine pari* adpellatum, non potuit non multorum in se convertere oculos atque animos excitare aemulorum. Inde factum, ut alii sub personati cuiusdam epistolographi Helvetii ad doctum quendam Saxonem, alii sub ementito Calmeti nomine, alii alio modo famam tentare conarentur Herrgotti. Über die habsburgische Genealogie, welche von protestantischer Seite so heftig angegriffen wurde, waren doch nicht allein die Freunde des Paters, Schöpflin und Lamey, sondern auch Gerken, Ludewig und Köhler, besserer Meinung.

Hauses Habsburg und der vorberösterreichischen Lande. Aber der pro=
testantische Professor und königlich französische Historiograph erhielt durch
Göthe's Meisterhand eine biographische Schilderung [1], welche ihm eine
Stelle im deutschen Pantheon sichert, während der katholische Kloster=
geistliche und kaiserlich österreichische Historiograph kaum einer Er=
wähnung in der deutschen Gelehrtengeschichte gewürdigt worden.

Die Ähnlichkeit dieser Männer mit einander muß überraschen.
Sie glichen sich durch ihre körperlichen und geistigen Vorzüge, durch
ihre feinere Bildung, ihre diplomatisch=historische Gelehrsam=
keit, ihre Gunst und Stellung an den zwei ersten Monarchenhöfen
Europa's, wie endlich selbst darin, daß beide ein gleich gutes Latein
und gleich schlechtes Deutsch geschrieben.

Der Einfluß Herrgotts zu S. Blasien war ein bedeutender und
nachhaltiger, nicht allein auf das wissenschaftliche Leben daselbst,
sondern auch in manch' anderer Beziehung. Der von ihm angebahnte
Weg wurde eifrig weiter verfolgt und die Art der herrgottischen Ge=
lehrsamkeit erhielt in Gerberts historischen Arbeiten die würdigste
und glänzendste Fortsetzung.

* Schriften.

Vetus disciplina monastica seu collectio auctorum ordinis S. Benedicti maximam partem Ineditorum, qui ante 600 fere annos per Italiam,
Galliam atque Germaniam de monastica disciplina tractarunt. Continet
res non modo monasticas, sed etiam ecclesiasticas ad historiam sacram per-
tinentes. Cum triplici indice, librorum et capitum, vocum exoticarum, rerum
et verborum. Prodit nunc primum opera et studio presbyteri et monachi
Benedictini e congregatione S. Blasii in sylva nigra. Parisiis, 1726.

Instructio pro iis, qui annales S. Blasii scribere intendunt.

Origines San-Blasianae seu Annales Inclyti et principalis ad S. Blasium in nigra sylva monasterii.

Conceptus reformandi literarum studia in monasterio S. Blasii.

Conspectus monastici Blasiani und Hercynia vetus.

Genealogia diplomatica augustae gentis Habsburgicae. Tomus I et II
(pars I et II). Cum tabulis aeri incisis XXV. Viennae 1737 (3 Folianten).

Monumenta augustae domus Austriacae. Tomus I (pars I et II), quo
Sigilla et Insignia Marchionum, Ducum et Archiducum Austriae exhiben-
tur. Cum tabulis aere expressis XXV. Viennae 1750. Tomus II (pars I et
II), Nummothecam principum Austriae complectens. Cum tabulis XCIII.
Friburgi Brisgoviae, 1752 et 1753. Tomus III (pars I et II), Pinaco-
thecam continens. Cum tabulis CXIV. Friburgi Brisg. 1760 (im Ganzen
acht stattliche, mit sorgfältigen Registern versehene Folianten).

---

[1] In „Wahrheit und Dichtung."

Stanislaus Wülberz.

Im Gegensatze zu der glänzenden Erscheinung Herrgotts zeigte sich die seines Mitbruders Stanislaus als eine höchst bescheidene. Derselbe war am 5ten November 1695 zu Eßlingen in Schwaben geboren, hatte den 17ten December 1713 zu S. Blasien die Profeß abgelegt und im Mai 1720 die Priesterweihe erhalten. Im Jahre 1725 wurde er zum Registrator des Klosterarchives und im November 1732 zum Propste von Gurtweil ernannt, und hier in dem freundlich gelegenen, stattlichen Schlosse verliefen ihm seine schönsten Tage.

Frühe schon versuchte sich Wülberz in kleineren historischen Abhandlungen, aber äußerst schüchtern, bis eine Arbeit seines viel jüngern Mitbruders Schmidfeld ihn anspornte, wenn auch keine exactam monasterii Blasiani historiam, doch eine möglichst vollständige Sammlung der Quellen und Hülfsmittel, wie die nöthigen erläuternden Vorarbeiten für eine solche Geschichte zu unternehmen. Zur Ausführung dieses weitschichtigen Unternehmens trugen sein Amt am Archive, seine Muße zu Gurtweil und besonders auch der Umstand sehr fördernd bei, daß der Pater mit seinem Genossen Gump während der Jahre 1733 und 1734 nach der Schweiz und nach Schwaben geschickt wurde, um aus den dortigen Archiven und Bibliotheken neue Materialien für das herrgottische Werk zu erheben, was ihm die beste Gelegenheit bot, solche auch für seinen eigenen Zweck zu sammeln.

Es ist erstaunlich, wie viel dieser Mann gearbeitet hat und wie bescheiden derselbe bei all' seiner Gelehrsamkeit, bei all' seinem Fleiße gewesen. Er wollte nur sammeln und vorarbeiten, damit ein talentvollerer Jünger von S. Blasien den Weg bereitet fände, in würdiger Weise die Geschichte des Stiftes zu schreiben. Doch hören wir, was der gelehrte Pater in der Vorrede zu seinem Hauptwerke von sich selber erzält[1].

„Ich habe es endlich unternommen, die älteren Zeiten unserer Geschichte zu beleuchten, durch sorgfältige Sammlung und Auslegung des Materials, was mir das Kloster-Archiv, verschiedene Manuscripte

---

[1] Mone (bad. Quellensamml. I, 65 der Einleitung) theilt den lateinischen Text mit. Bei der Aufzälung seiner Arbeiten heißt es da: „Im 7. Bande ist die Gelehrten-Geschichte des Klosters von Wülberz eine schätzbare Arbeit, welche man bei dem Verluste seiner Quellen häufig selbst als Quelle betrachten muß. Es sind darin 86 Schriftsteller von S. Blasien nach ihrem Leben und ihren Werken ziemlich ausführlich behandelt und sehr viele Nachweisungen über ihre Handschriften gegeben. Interessant ist auch seine Abhandlung über das alte Schulwesen des Stiftes, welche ebenfalls viele Auszüge aus Handschriften enthält."

und Druckschriften an die Hand gegeben, und lebe der Hoffnung, daß sich im Stifte künftig noch Männer von befähigterem Geiste finden werden, um aus den Steinen meiner Arbeit eine vollständige Ge=schichtsdarstellung dieses ausgezeichneten Gotteshauses (wie S. Bla=sien ohne Prahlerei genannt werden darf) zu beschaffen."

„Mein Vorsatz war, die kirchliche Geschichte unseres Alpgaues möglichst aufzuklären; aus Urkunden und Schriftstellern das Betreffende zu erheben und daraus die richtige Reihenfolge der Äbte, den wahren Ursprung, die Disciplin und die Geschicke des Stiftes in einfacher, nackter Erzälung darzustellen. Aber ich zauderte immer noch, aus Mißtrauen gegen meine Befähigung, bis mir die Propstei Gurtweil übergeben und der ehrenvolle Auftrag zu Theil wurde, mit unserem Hofcaplane, dem wohlunterrichteten und rüstigen Pater Gump, in der Schweiz und im benachbarten Schwaben für den Pater Herrgott in Wien das noch mangelnde Material zu sammeln."

„Mit einem Begleitschreiben unseres Prälaten Franz und einem kaiserlichen Empfehlungsbriefe versehen, machten wir während der Jahre 1733 und 1734 die nöthigen Reisen, wobei mir Vieles auch für die sanctblasische Geschichte in die Hand fiel, was ich unter Mit=wirkung meines Begleiters auf's Genaueste in Abschrift nahm. Der=gestalt wuchs mein eigenes Material so erfreulich heran, und endlich kam dazu noch eine so reichliche Ausbeute aus den Documenten des Gotteshauses Rheinau, daß ich nach unserer Heimkunft mit neuem Eifer an die Arbeit gieng."

„Während mich aber meine Mitbrüder lebhaftest darin ermunterten, diesen Schatz von Gesammeltem noch bei guten Jahren zu verarbeiten, traten gar mancherlei Abhaltungen ein durch die nöthigen Haus=geschäfte, die vielen Gäste und ein Brustübel, welches ich mir auf jener langen mühe= und arbeitsvollen Reise zugezogen. Indessen, das Übel verschwand nach Jahresfrist beinahe gänzlich, und ich konnte mich wieder an meine Arbeit machen."

„Es füllten sich allmählig eine Reihe von Bänden mit meinen Analecten, copierten Documenten und ausgearbeiteten Disser=tationen. So kam das Jahr 1749 heran, wo ich endlich glaubte, durch diesen Apparat hinlänglich zur Abfassung einer ausführlichen Geschichte unseres Stiftes ausgerüstet zu sein. Wie wir Menschen aber allezeit dem treulosen Glücke anheimgegeben sind, so wurde ich da=mals plötzlich aus meiner Arbeit herausgerissen, indem unser Fürstabt Meinrat mich nach S. Blasien zurück berief und mit dem Amte eines stiftischen Lehenpropstes betraute."

„Ich gehorchte dem Rufe mit Gleichmuth und vertauschte ohne

Murren das heitere, sommerliche Gurtweil mit dem rauhen, winter=
lichen Klima von S. Blasien. Auch hier, im Stifte, wurden von
mir alle geschäftsfreien Stunden zur Vollendung meiner sanctblasischen
Geschichtsbeschreibung benützt. Somit brachte ich denn, im 60sten Le=
bensjahre, ein Werk zu Stande, welches meinen Mitbrüdern alle Mit=
tel an die Hand gibt, eine pragmatische Geschichte unseres
Gotteshauses zu verfassen, was ich selber nicht mehr vermag, nach=
dem man meinen schwachen Schultern die Amtslast eines Oberpflegers
und Kirchenverwalters der Grafschaft Bonndorf aufgebürdet."

So weit Pater Wülberz über sich selbst. Noch hatte derselbe
kein volles Jahr in Bonndorf zugebracht, als ihn am Morgen des
2ten Juli 1755, da er eben im Begriffe war, die Messe zu lesen, ein
tödtlicher Schlag traf. Sein Leichnam wurde in der dortigen Marien=
Kapelle zur Erde bestattet.

Von den Arbeiten dieses fleißigsten aller sanctblasischen Gelehrten
ist auffallender Weise gar nichts zum Drucke gelangt; benützt aber
hat man dieselben desto häufiger. So bekennt Abt Gerbert: In coad-
cervandis monumentis pro historia San-Blasiana diligentissimus
erat P. Stanislaus Wülberz; *unde mihi in rebus domesticis
nulla pene difficultas fuit ad hanc, quae prae manibus est, historiam
Nigrae Sylvae.* Sicher auch hätte er dieses Werk nicht so zu Stande
gebracht ohne die wülberzische Vorarbeit.

Schriften.

Nova incrementa congregationis san-blasianae seu tria monasteria
S. Wilhelmi in Oberried, in Sion et in Mengen, monasterio S. Blasii
incorporata, von 1725.

Res domi forisque gestae sub abbatibus Francisco I, Ottone, Romano
et Augustino, ab anno 1638 usque ad annum 1720, von 1726.

Brevis indiculus rerum pie et feliciter gestarum sub Blasio III abbate, ab anno 1720 usque ad annum 1727, von 1728.

Analecta genealogica nobilium familiarum, mit mehr als 1800 Siegel=
und Wappenzeichnungen, von 1736 (vier Foliobände).

Breves notitiae monasterii S. Blasii, von 1737.

Copiarium documentorum, continens bullas Pontificum, privilegia
Caesarum, chartas episcoporum et benefactorum, visitationum, reformationum,
statutorum abbatialium et conventus, ab anno 982 usque ad annum 1742 (gegen
1000 Abschriften in 5 Folianten), von 1743.

Analecta ad historiam san-blasianam (7 Bände), ohne Jahresangabe.

Incrementa monasterii s. Blasii (mit einer Reihe von Dissertationen,
in 6 Foliobänden), von 1737.

Epitome omnium rerum, quae ad notitiam domesticam monasterii
s. Blasii facere possunt (2 Theile), von 1753.

De scriptoribus et literarum promotoribus, de veteribus scholis, scho-

laribus et scholasticis, et de fratribus illiteratis seu de conversis monasterii Blasiani epistolae III.

Meinrat Troger.

Neben seinen zwei Mitbrüdern Günterus Maier (1695 zu
Füeßen geboren und seit 1720 Priester), welcher sich durch Abschriften
für die sanctblasischen Historiker verdient gemacht, und Laurentius
Gump (1698 zu Betmaringen geboren und seit 1722 Priester), den
wir als Begleiter des Propstes Wülberz kennen gelernt, verdient
hier der Pater Troger eine besondere Erwähnung. Derselbe war
1696 in Rheinfelben zur Welt gekommen, hatte 1717 Profeß gethan und 1722 die Priesterweihe erhalten. Er bekleidete hierauf mit
Auszeichnung die Stelle eines Professors, wurde als solcher nach
Gengenbach erbeten und erhielt sofort die philosophische Lehrkanzel
an der Hochschule zu Salzburg. Wichtiger Dienste wegen rief man
ihn aber bald in sein Kloster zurück. Hier schrieb er die Verteidigung
der habsburgischen Genealogie von Herrgott gegen einen Nürnberger
Gelehrten, welcher dieses Werk böswillig beurtheilt hatte.

Nach dem frühen Tode des Fürstabts Cölestin im Jahre 1749
wurde Pater Meinrat an dessen Stelle erwählt. Sein hauptsächliches Verdienst in dieser Würde waren die Förderung der Wissenschaften, sein glücklicher Blick für junge Talente des Stiftes und seine
liberale Unterstützung derselben, wie solches namentlich Pater Gerbert
erfuhr, welchem er die Kloster-Bibliothek anvertraute und die Erlaubniß zu gelehrten Reisen ertheilte [1]. So wurde dieser hoffnungsvolle
junge Blasianer gleichsam seine rechte Hand und dadurch praktisch zu
seinem Nachfolger herangebildet. Troger verstarb als der dritte ge-
fürstete Abt von S. Blasien im Jahre 1764.

Schriften.

Von solchen ist mir nichts bekannt, als die Aculeata refutatio scabiosae
cujusdam bibliopolae Norimbergensis epistolae contra P. Marquardi Herrgott genealogiam Habsburgicam.

Roman Endel.

Dieser sanctblasische Schriftsteller war am 8ten November 1705 zu
Rotweil geboren, hatte 1722 seine Profeß abgelegt und 1725 die

---

[1] Literarische Reisen waren bei den Benedictinern von jeher üblich, weil
man ihren Nutzen erkannte. Im 17. Jahrhundert empfahl der berühmte Abt
Calmet dieselben angelegentlichst und später schrieb Pater Legipont ein eigenes
Werk über die beste Art, sie einzurichten.

Priesterweihe erhalten. Er bildete sich in seinem Heimatstifte zum Leh=
rer der Theologie auö und erhielt nach der Rückberufung Trogers
die Lehrkanzel deöselben zu Salzburg, wo ihm die sebelmaierischen
Sammluugen baß Material zu einer Geschichte der dortigen (1617 ge=
gründeten) Hochschule darboten, welche Pater Wülberz im Jahre 1728
durch den Druck veröffentlichte [1].

Enbel erwarb sich die Doctorwürde in der Theologie, wurde vom
Erzbischofe zum geistlichen Rathe ernannt und war 1749 Decan der
theologischen Facultät. Auf die 1000jährige Jubelfeier deß Klosterß
Moubsee verfaßte er eine Ehrenrede, welche in der Mantissa chronici
Lunae-Lacensis 1749 mit anderen dergleichen Vorträgen gedruckt er=
schien. Dieselbe ist im gewöhnlichen Mönchßstyle geschrieben, enthält
aber eine sehr gelungene populäre Darstellung der Klostergeschichte.
Unser Pater starb alß ein Fünfziger im Jahre 1755, welcheß auch
seinen Stiftßgenossen und Herausgeber Wülberz hinwegrafffte.

Schriften.

Historia almae et archiepiscopalis *Vniersitatis Salisburgensis* sub cura
patrum Benedictinorum. Dondorfii 1728.

Taufendfältig gesegnete Rebecca, daß ist Ehr= und Lobrede in dem 1000jährigen
Jubiläo beß uralt= und hochlöblichen Stiftes und Klosterß Monsee, ordinis S. Benedicti, den 1. Tag Octobris vorgetragen von plurimum reverendo, religiosissimo
ac clarissimo domino P. Romano Endel, principalis monasterii ad S. Blasium professo, s. theologiae doctore et ejusdem in alma universitate Salisbur-
gensi scholastico-dogmatices professore ordinario, reverendissimi principis et
archiepiscopi Salisburgensis consiliario ecclesiastico.

Hugo Schmidfeld.

Am 18ten December 1713 zu S. Blasien geboren, trat derselbe
während deß Winterß 1731 dort in den Orden uud erhielt am
22ten December 1736 die priesterliche Weihe. Der talentvolle junge
Mönch, schon 1742 zum Kloster=Bibliothekar ernannt, machte sich
frühe durch einige Schriften pädagogischen, philosophischen und histori=
schen Inhalteß bemerklich. Er beschäftigte sich damalß mit dem Plane,
eine bibliothecam Benedictino - Vitono - Hidulfianam herauszu=
geben, nach Art der Maurianischen von Pater Pez; eß mangelten ihm
jedoch die Mittel dazu.

Am meisten beachtete man in S. Blasien seine Abhandlung „über
die beiden Reginberte", von welcher Pater Vandermeer meinte,

---

[1] Bei Kolb (I, 130) wird die oben mitgetheilte Stelle Gerbertß über die
Schriften deß P. Wülberz mißverständlich auf den P. Enbel bezogen.

daß sie „viel Curiofes und Geiftreiches enthalte." Die Aufftellung eines zweiten Reginbert wurde zwar von Gerbert als unftichhaltig nachgewiefen [1], aber die kleine Schrift hatte doch das Gute, daß sie den allzu schüchternen Wülberz ermuthigte, den Weg der einheimischen Hiftoriographie zu betreten.

Eine fpätere Arbeit Schmidfelds über die mit Reichenau in Mitbruderfchaft ftehenden Klöfter wurde von Vandermeer als ein opus magni laboris et omnimoda eruditione refertum bezeichnet und ift ein ausführlicher Commentar über das berühmte Reichenauer Ne= crologium. Derfelbe geht bis zum Klofter S. Antimo, worauf es heißt, daß der Verfaffer, bevor er zur Befprechung der fraglichen Stifte und Klöfter übergehe, die in einem gleichzeitigen S. Gallener Coder aufgeführten Gotteshäufer erklären wolle. Von diefer Arbeit ift aber nur der Anfang vorhanden. Pater Hugo ftarb als ein angehen= der Siebziger im Jahre 1785.

Schriften.

Systema generale de recte formando studio universo monasterii ad S. Blasium, von 1743.

Sciagraphia duarum philosophiae eclecticae partium, logicae et ethicae.

Diatriba de duobus Reginbertis et Beringero monasterii S. Blasii fundatoribus, von 1747.

Explanatio monasteriorum cum coenobio Augiae divitis confoederatorum et in vetustissimo codice Augiensi conscriptorum, von 1771.

Additamenta varia in explicationem s. regulae tyronibus novitiis explananda. ! C.

Ruflenus Heer.

Eine ebenfo emfige und befcheidene Natur, wie fein Genoffe Wül= berz, war auch Pater Heer, der Sohn einer alten Bürgerfamilie zu Klingenau, geboren dafelbft am 19ten April 1715, in S. Blafien erzogen, 1733 zur Profeß zugelaffen, 1738 zum Priefter geweiht und 1740 zum Bibliothekare ernannt. Seine Neigung für diplomatifch= hiftorifche Studien zog den ftrebfamen jungen Mann bald zu Pater Herrgott hin, welcher in ihm für's ganze Leben einen getreuen Freund, Gehilfen und Verteidiger erhielt.

Diefes bewies Pater Ruften zunächft durch feine fleißige Mit= arbeit an den habsburg=öfterreichifchen Denkmälern, fodann durch feine Schrift über den Anonymus Murensis, und endlich durch feine bereitwillige Unterftützung des alternden Statthalters zu Krotzingen.

---

[1] Er fchließt diefen Nachweis (S. N. I, 231) mit: Nec uspiam apud nos ulla unquam fuit memoria alterius Reginberti ab eremita distincti.

Durch ben wachsenben Ruf beßfelben gelaugte er zu sehr ersprießlichen
Verbinbungen, welche ihm Trost uub Aufmunterung gewährten, wenn
seine Lage unb Stimmung sich getrübt hatten.

So wurbe im Herbste 1755 baß freundschaftliche Verhältniß ber
beiben Blasianer zu bem bereits weithin berühmten Professor Schöpf=
lin besiegelt burch einen persönlichen Besuch beßselben im Krozinger
Propsteihofe, wo er einige Tage heiter unb gemüthlich verbrachte, nur
leiber mit bem Bebauern, baß Pater Herrgott selber nicht anwesenb
war, ba er sich gerabe bamals in S. Blasien befanb [1].

Von bem an aber stunben Herrgott unb Heer mit bem Ver=
fasser ber Alsatia illustrata, wie mit bessen gelehrtem Freunbe Lamey,
in einem Briefwechsel, ber biesen Männern baß schönste Zeugniß ihrer
gegenseitigen Achtung unb aufgeflärten Gesinnung ausstellt [2].

Zu Krozingen war Schöpflin burch Pater Heer mit ben zärin=
gischen Stiftungsbriefen von S. Peter befannt gemacht worben,
welche ihm ber gelehrte Abt bieses Klosters sofort in liberalster Weise
zur Benützung mittheilen ließ. Der babische Geschichtschreiber fanb sich
babnrch in ben Stanb gesetzt, bie im Chronicon beß Berchtolb von
S. Blasien schon angebeutete Abstammung beß markgräflichen Hauses
von ben Zäringern urkunblich nachzuweisen, was seinem Werfe einen
wesentlichen Werth verlieh.

Neben bieser erfreulichen Seite seiner biplomatisch=historischen Thä=
tigfeit aber verursachte unserm sonst so friebfertigen Pater seine Polemif
gegen bie Gelehrten von Muri sehr empfinbliche Verbrießlichfeiten.
Dieselben griffen vielleicht mehr, als eß scheinen mochte, seine Gesunb=
heit an, ba sie sich ein ganzes Jahrzehent fortgesponnen.

---

[1] Mr. Salzer (baben=burlachischer Beamter im Oberlanbe) nous a conduit et
accompagné jusqu' à Grozingen, où nous avons dîné avec P. Heer, sans
voir le P. Herrgott, qui étoit à S. Blaise. Il nous montra entre autres
un passage important pour la généalogie du Marggraves, qu'il a tiré d'un
ancien manuscrit de l'abbaye de S. Pierre. C'est une chose décidée, qu'en
1110 Hermanus marchio étoit *fratruelis* de Bertold duc de Zeringen.
Mr. Schöpflin s'est engagé d'y revenir vers l'arrière saison. Lamey in
einem Schreiben vom 17. Juni 1755 (aus Kolmar) an ben markgräflichen Archivar
Herbster zu Basel.

[2] An Lamey schrieb unser Pater am 8. März 1762 unter Anberem: Eadem
occasione intellexi, quam anxius tam Tu, quam venerabilis patronus tuus,
immo et meus, dominus Schöpflinus, mea de valetudine fuerit. Quam ob
rem, quemadmodum mihi multum gratulor, ita et Vobis plurima debeo. *Nam
tuis literis, nec non et operis Schöpfliniani aspectu, optime recreatum me sentio.*
Memoriam denique Schöpflinianam apud Blasianos iugiter vigere omnes
testantur.

Wie früher erwähnt, hatte Herrgott 1737 die Zuverläßigkeit der Acta Murensia oder des Anonymus Murensis so stark verdächtigt, daß der bortige Pater Kopp 1750 eine Verteidigung berselben heraus= gab, wogegen bann Heer 1755 mit bem Anonymus Murensis de= nudatus auftrat. Soweit hatte bieser gelehrte Feberkrieg einen privaten Charakter, als berselbe aber weiter gieng, inbem ber Pater Wielanb von Muri 1760 seine Vindiciae vindiciarum Koppianarum gegen Heer veröffentlichte, führte bieß zu Schritten zwischen bem Wiener Hofe unb bem römischen Stule, in beren Folge bas wielanbische Werk unterbrückt wurbe. Denn es enthielt Stellen, welche ber französischen Behauptung günstig lauteten, wonach bas Haus Österreich gar nicht von ben Habsburgern, sonbern aus bem Geblüte ber oberelsäßischen Grafen von Tierstein abstammte, was ber Pariser Hof bei bem ba= maligen spanischen Erbfolgestreit nicht unwirksam in seinem Interesse auszubeuten wußte.

Nach bem Tobe Herrgotts hatte unser Pater Rusten gehofft, bas Werk besselben in Krozingen fortsetzen zu bürfen, er wurbe aber, ba man bie bortige Statthalterei aufhob, nach S. Blasien zurück gerufen, eine Veränberung, welche ihn so schmerzlich berührte, baß sie seinem Herzen ben bittern Ausruf entlockte: Hic literis honos, praefertur utile honesto! Auch in Freiburg, zumal unter ben Professoren, ver= lauteten mißbilligenbe Stimmen hierüber [1].

Jeboch erhielt Heer noch im December 1762 bie Pfarrei Rötgers= weil auf bem hauensteinischen Walbe, wo bie gesunbe Luft seine ange= griffene Gesunbheit wieber herstellte unb bie allein auf bas Dorf be= schränkte Seelsorge ihm Muße genug zur Fortsetzung ber Monumenta übrig ließ. Er hatte einen eigenen Schreiber, einen Kupfer= stecher unb eine Kupferpresse im Pfarrhof'; sobann gieng zur Her= beischaffung ber nöthigen Bücher unb zur Versenbung bes Manuscriptes nach ber Druckerei in S. Blasien, ein täglicher Bote hin unb her, was bie Arbeiten sehr erleichterte.

Unterm 15ten März 1764 schrieb unser Pater an Lamey, nachbem er ihm zu bessen Anstellung als Bibliothekar ber pfälzischen Akabemie seinen Glückwunsch bargebracht: „Was mich betrifft, so habe bisher mit ber Taphographia austriaca aus vielen Ursachen noch nicht können unter bie Presse kommen. Doch hoffe, bis gen künftige Pfingsten ben Anfang mit bem Drucke zu machen. Indessen lebe ich noch im= mer auf meinem Schwarzwalbe vergnügt unb zufrieben. Ansonst ligen mir auch Hauswirtschaftsgeschäfte ob. Es werben nun

---

[1] Nach einem Schreiben Heers an Lamey vom 18. November 1762.

die in der Pfalz angebauten s. g. Dickrüben sehr angepriesen. Da der hiesige Boden geeignet dafür scheint, so wünschte ich einen halben Morgen damit bestellen zu können und ersuche Euer Hochedelgeboren deßhalb um die Gefälligkeit, mir ein Päcklein Saamen davon hieher überschicken zu wollen."

Als zu S. Blasien auf den Hingang des Fürstabts Meinrat der Conventuale Martin Gerbert an dessen Stelle erhoben wurde, fühlte sich mit allen Freunden freierer Bewegung auf dem Felde der Gelehr=samkeit auch Pater Rusten sehr erfreut und ermuntert.

„Meine geringen Bemühungen", schreibt er unterm 30ften Jänner 1765 an Lamey, „habe nun wieder etwas ernstlicher vor die Hand genommen, da die Musae San-Blasianae auf's Neue anzuleben an=fangen. Ich erhalte darzu allen Vorschub vom neuen Herrn, meinem vormaligen wahren Freund und nunmehrigen großen Patron. Die Election habe sogleich Herrn Schöpflin überschrieben. Es ligt mir nun die Oconomie um so mehr an, als ich verwichenen Sommer zu einem Mitgliede der in Aarau errichteten Societät der öconomi=schen Wissenschaften einhellig aufgenommen worden. Der hiesigen Ge= meinde habe dießfalls schon große Dienste erwiesen und ihren Feld= bau [1] namhaft in bessere Ordnung gebracht."

Unterm 19ten Juli deßselben Jahres berichtete er seinem gelehrten Freunde: „Mit den Monumentis sepulchralibus seu Taphographia werde nächster Tage unter die Presse gehen und hoffe, daß sie in zwei Jahren werde ausgedruckt sein. Man hat derweil seiner fürstlichen Gnaden Iter alemannicum, sammt dem gallico et italico gedruckt; als ein Appendix dazu erscheinen verschiedene Glossaria theodisca. Wann von Alberti prodigi Gemahl Mathildis in Heidelberg ein Grabmahl vorhanden, so bitte auf meinen Conto eine accurate Ab= zeichnung davon nehmen zu lassen. Mein Kupferstecher, welchen ich bereits ein Jahr dahier unterhalte, wird ohnehin nicht mehr lang zu arbeiten haben."

Billig war es, dem gelehrten und unermüdlichen Fortsetzer der Monumenta austriaca auch den Charakter zu verleihen, welchen Pater Herrgott erhalten hatte. Dieses geschah nun wirklich, worüber sich Heer in einem Schreiben vom 25sten October des gleichen Jahres dahin äußerte: „Der Druck der Taphographia geht ziemlich gut fort, und ich werde nun Fleiß und Mühe verdoppeln müssen, da mich vor 14 Tagen ihre kaiserlich=königliche Majestät zu Höchstderselben Rath

---

[1] Also auch hier wieder, wie vor 12 Jahrhunderten nach der Regula S. Bene-dicti, die gelehrte Arbeit neben der Pflege des Landbaues.

unb Historiographo allergnäbigst ernannt. Es haben mir zwar seine fürstliche Gnaden baraufhin sogleich, wie schon mehrmalen vorher, einen Ehrenposten auf bas Freundlichste angetragen; ba mich aber bie Erfahrung gelehrt, was für große Unorbnung bie Transportierung ber Bibliothek, ber Hanbschriften unb anberer bergleichen Dinge anrichte, unb wie viele Mühe unb Zeit es erforbere, Alles wieberum in ge= hörige Orbnung zu bringen, so habe ich mir selbiges für bießmal noch gehorsamst abgebeten."

Um's Jahr 1766 erhielt Pater Rusten bas wichtige Amt eines Oberpflegers zu Bonnborf, wie es vorbem Pater Wülberz be= sessen, verwaltete es aber ebenfalls nur kurze Zeit. Während berselben knüpfte ber gelehrte Registrator (Archivar) Straßer zu Donöschingen einen Briefwechsel mit ihm an, welcher uns einen weitern Beweis von Heers liberaler unb wohlwollenber Gesinnung, wie von seiner freunb= lichen Bereitwilligkeit liefert.

Straßer hatte am 4ten Juni 1767 bei unserm Pater angefragt, ob er auf Pfingsten in Angelegenheiten ber fürstenbergischen Geschichte „als ein homo ignotus" nach Bonnborf kommen könne, unb von Schöpflin, welcher auf seiner Reise an ben Bobensee auch zu Don= öschingen angekehrt, eine Empfehlung ausgerichtet. Hierauf antwortete ihm Heer schon am folgenben Tage: Non mihi ita ignotus es, ut putas, vir clarissime, quando fama tui nominis ut ad alios, ita et ad me quoque pertransiit. Nunc autem ex literis propius te cognovisse mihi gratulor, gratulaturus haud paullo magis, si ultro, nec opinatus, ut in animo fuit, huc te contulisses.

Nachbem Straßer im Herbste barauf seinen Besuch zu Bonnborf gemacht, schrieb er unterm 3ten September borthin zurück: Attentus audiit Serenissimus meus, quae de insigni tua in me urbanitate, de tuo res nostras promovendi studio deque summis tum ad D. Blasii, tum Bondorfii in me collatis gratiis ac beneficiis. Obstrictum tibi animum meum contestor. · Certum te esse volo atque persuasissimum, si qua in re tibi inserviendi copia sit, tam id mihi fore gratum, quam quod gratissimum.

Hierauf, unterm 16ten September, beantwortete Heer mehrere ortshistorische Fragen bes fürstenbergischen Archivars unb schloß bann: Jam Serenissimum tuum, cui me submissa voluntate commen- datum cupio, conatum meum (bie Taphographie) gratiose probare, id me magna incedere facit laetitia. *Utinam vero non omni ex parte pressus majorem iis adhibere possem curam;* spero tamen, me intra anni spacium longissimum juxta ac difficillimum opus, quod sub prelo sudat, ad umbilicum deducturum, tumque maius

Baber, St. Blasien.   6

nactum otium mea studia huc etiam (auf bie heimatliche, schwarz=
wälbische Geschichte) conversurum [1].

Pater Heer mußte noch bas große Branbunglück von 1768 er=
leben und babei ben besonbern Schmerz, baß auch seine so mühesam
aus ber Presse gefötberten zwei Theile ber habsburgischen Tapho=
graphie im Feuer zu Grunbe gegangen.

Inbessen erhielt er am 17ten Jänner bes folgenben Jahres bie
freubige Zustellung [2], „Augustissima hätten per decretum ex
camera aulica zu bewilligen geruht, baß nicht allein bem Stifte
S. Blasien zur Wiederaufleguug ber burch basigen Braub verun=
glückten zwei Theile bes kostbaren unb prächtigen Werks ber Monumenta augustae domus austriacae ber erbetene Beitrag von 4000
Gulben verabreicht, sonbern auch bem Verfasser berselben, P. Rusteno
Heer, bas allerhöchste Wohlgefallen noch besonbers zu erkennen gegeben werbe." Balb aber nach bieser ehrenben Zustellung wurbe Pater
Rusten vom Tobe ereilt, um bie Mitte von 1769, im besten Mannes=
alter von 54 Jahren.

Schriften.

Dissertatio de literarum studiis in monasterio S. Blasii magis magis-
que promovendis. Handschr. von unbekanntem Jahr.

Anonymus Murensis denudatus et ad locum suum restitutus, sive
Acta fundationis monasterii Murensis denuo examinata. Accessit chronicon
Bürglense. Friburgi Brisgoviae 1755.

Taphographia principum Austriae (monumentorum tom. IV et ultimus),
nach bem Tobe P. Heers burch ben Fürstabt Gerbert wieber hergestellt unb bis
auf seine Zeit fortgesetzt. Typis S. Blasianis 1772.

Martin Gerbert.

Alle überragenb stunb Gerbert im Kreise seiner sanctblasischen
Altersgenossen, von benen bie Patres Maber, Kleesattel, Ket=
tenacker unb Winterhalber sich burch gelehrte Arbeiten hervor=
thaten. Es herrschte unter biesen jungen Männern ein reger Wetteifer,
welcher erfreuliche Früchte trug, wenn sich in benselben öfters auch bie
Schwächen ber Eifersucht ober bes Neibes mischten.

Pater Aloys Maber, 1717 zu Rotweil geboren unb seit 1741
Orbenspriester zu S. Blasien, schrieb de methodo in institutioni-
bus philosophiae sibi amplectenda; Pater Remigius Kleesattel,

---

[1] Der ganze Briefwechsel steht bei Mone, Quellens. I, Einl. S. 43.

[2] Nomine excellentissimi domini Praesidis an ben Herrn Fürsten zu
S. Blasien. Die Anweisung ber Summe an bas Zalamt erfolgte unterm
8. März 1769.

im gleichen Jahre zu Böhmenkirch geboren und seit 1742 Priester, ver=
faßte einen Conspectus polyantheae musicae; Pater Raimund
Winterhalber, 1720 zu Furtwangen geboren und seit 1746 Prie=
ster, schrieb eine Exercitatio de stylo philosophico, und Pater
Paulus Kettenacker, 1722 zu Villingen geboren und 1746 zum
Priester geweiht, hinterließ die gelehrte Schrift Tabulae fundatorum
atque benefactorum monasterii S. Blasii [1]. Dieser Conventherr lebte
noch 1807, ein Fünfundachtziger, als Senior jubilaeus.

Fürstabt Martin II gehörte der Patricierfamilie „Gerbert von
Hornau" zu Horb auf dem Schwarzwalde an und war den 12ten Au=
gust 1720 daselbst geboren. Als Knabe und Jüngling besuchte der=
selbe die Schulen zu Ehingen, Freiburg, Klingenau und
S. Blasien, in welchem Kloster er am 28ten October 1737 die Or=
densgelübbe ablegte und 1744 zum Priester geweiht wurde.

Der damalige Prälat Meinrat hatte die trefflichen Anlagen des
jungen Paters frühe erkannt und väterlich gepflegt, was denselben in
seinem Studium, namentlich in der lateinischen, griechischen und he=
bräischen Sprache, in der Musik, Philosophie und Theologie, sehr er=
munterte und förderte. Deßhalb ernannte er ihn gleich nach der Prie=
sterweihe zum Professor, wie hernach zum Bibliothekar, ließ ihn reisen
(in Frankreich, Italien und Deutschland) und in mancherlei Geschäfte
einweihen, wodurch der eifrige, strebsame, rein= und edelgesinnte Jünger
S. Blasiens eigentlich zu seinem Nachfolger herangebildet ward.

Während Gerbert als Lehrer und Bibliothekar wirkte, also in
einem Zeitraume von kaum neun Jahren, giengen 20 theologische
Schriften aus seiner Feder hervor, welche darauf abzielten, den Studien
der Gottesgelehrtheit zu S. Blasien eine wissenschaftlichere und freiere
Richtung zu geben. Vix est, sagt Klüpfel, theologiae universae
pars aliqua, cuius institutiones non publicaverit, unde constat
luculentius, quantum abhorruerit a scholasticorum gerris et
nugis, quae in spem futurae oblivionis perdiscuntur.

Über die theologische Richtung Gerberts lassen wir noch ein
ebenso competentes Urtheil aus der neuesten Zeit folgen [2].

„Wenn die Theologie im Thomismus als speculative Doctrin, bei
den Scholastikern überhaupt als systematische Doctrin gefaßt wird, so

---

[1] Die Abhandlungen dieser Blasianer stehen in dem Verzeichnisse der wür=
bergischen Schriften bei Mone, Quellensamml. I, Einleit. S. 68, mit aufgeführt.
Von P. Kettenacker besitzt das Stiftungsarchiv zu Bonndorf auch eine Relation
über die Kirchen der bonndorfischen Union.
[2] K. Werner, Geschichte der kath. Theologie, S. 181 f.

faßt sie Gerbert, von dem speculativen und systematischen Charakter der Theologie vorläufig abstrahirend, als Gottesgelehrtheit auf, und fragt vor Allem einmal nach den Quellen und Hülfsmitteln der theologischen Gelehrsamkeit [1]. Als die Quellen der theologischen Erubition bezeichnet er die heilige Schrift, die Concilien, päpstlichen Decretalen, die Werke der Kirchenväter; die Ausbeutung dieser Quellen hängt auf's engste mit genauen und sorgfältigen kirchengeschichtlichen Studien zusammen. Als Hülfsmittel der theologischen Erubition hebt Gerbert hervor schönwissenschaftliche und philologische Studien, besonders im Griechischen und Hebräischen, Chronologie und Geographie, Philosophie, Mathematik, Jurisprudenz, Kritik und Altertumskunde."

„Die Theologie ist ihm, wie er in den Prolegomenis seiner Schrift über die katholische Methode der Schriftforschung ausführt [2], die Erkenntniß und Wissenschaft der göttlichen Dinge, sofern uns dieselben durch die Offenbarung verbürgt sind; sie ist ihm näher beweisende oder erklärende Darlegung der in Schrift und Überlieferung enthaltenen Lehre, durch welche Gott sich selbst, seine Werke und seinen Willen an uns Menschen kund gethan und uns geoffenbart hat, was wir zu seiner Ehre und zu unserem Heile zu glauben und zu wirken haben. Die theologische Wissenschaft hat zu ihren Coefficienten den Glauben und die Vernunft; der Inhalt des gläubigen Bewußtseins oder die materia fidei wird durch Geist, Fleiß und Kunst (ingenium, ars, industria) zum theologischen Wissen gestaltet."

„Zufolge des Antheils, welchen menschliches Geschick und menschliche Fertigkeit an deren Gestaltung und Ausbildung haben, hat dieselbe nicht jenen Grad von Gewißheit, wie der Glauben, obschon sie durch die ihr eigentümliche Art der Gewißheit und Beweiskraft alle natürlichen Wissenschaften weit hinter sich zurückläßt. Die Theologie würde dann vollkommene Wissenschaft sein, wenn sie in allen ihren Theilen bis in's Einzelnste demonstrativ durchgebildet wäre; da sie es aber nie dazu bringen wird, so soll sie wenigstens in ihren Haupt- und Grundpartien, durch welche der Complex der theologischen Erkenntnisse gestützt wird, den Charakter apobiktischer Durchbildung an sich tragen. Aus den hierauf verwendeten Mühen sind die theologischen Lehrsysteme hervorgegangen; die Systemisierung der Theologie ist vornehmlich den Scholastikern zu verdanken."

„Aus dem Gesagten erhellt bereits, daß Gerbert gewillt ist, die

[1] Apparatus ad eruditionem theolog., institutioni tironum congreg. S. Blasii in silva nigr. destinatus. Frib. 1757.

[2] Principia theolog. exegeticae. S. Blas. 1757.

Verdienste der Scholastiker um die theologische Wissenschaft aufrichtig zu
würdigen; er warnt jedoch angelegentlich vor den Einseitigkeiten und
Auswüchsen des Scholasticismus, und will nicht, daß die Scholastik,
wie sie in ihrer geschichtlichen Entwickelung vorliege, sich ausschließlich
und absolut für die Theologie der Kirche ausgebe. Die scholastische
Theologie hat das Verdienst der methodischen Verarbeitung des theo=
logischen Lehrstoffes; vorerst aber handelt es sich um Gewinnung dieses
Stoffes, und diese Function fällt der exegetischen Theologie zu, welche,
sofern sie aus den Quellen der positiven Lehre, und zwar nicht bloß
aus der Schrift, wie bei den Protestanten, sondern aus Schrift und
Tradition schöpft, auch die positive Theologie genannt wird."

„Gerbert macht es den einseitigen Scholastikern zum Vorwurfe,
daß sie den Fortschritt der Theologie, statt zu fördern, nur aufhalten,
indem sie die Pflege der zur theologischen Ausbildung nöthigen Quellen=
und Hülfsstudien vernachlässigen. Ja, förmlicher Verfall und be=
dauerliche Entartung der Theologie wäre von der Alleinherrschaft des
Scholasticismus zu gewärtigen, da die einseitigen Scholastiker auf dem
Gebiete der Glaubenslehre ihre abstracten Spitzfindigkeiten für Wesen
und Hauptaufgabe zu nehmen geneigt sind, und die Moral durch
Trennung von der Mystik einer den christlichen Lebensernst verläug=
nenden Veräußerlichung anheim fallen lassen. Der einseitige Scho=
lasticismus ist geeignet, aufstrebenden jungen Kräften das Studium
der Theologie völlig zu verleiden, woraus sich erklären mag, warum
in manchen kirchlichen Ordensinstituten die Pflege der theologischen
Wissenschaft völlig erstorben; er nährt den Geist des Hochmuths, der
Streitsucht und einer selbstgenügsamen Zufriedenheit mit dem, was
den gesteigerten Bedürfnissen und Anforderungen der Zeit gegenüber
nun einmal schlechterdings nicht mehr genügt."

Als es 1764 in S. Blasien zur neuen Abtswahl kam, konnte
der Convent über den Würdigsten und Tauglichsten aus seiner Mitte
nicht im Zweifel sein. „Wollte man einen Vorsteher von ernster Got=
tesfurcht und Frömmigkeit, so mußte man Gerbert wählen; wollte
man den wissenschaftlichen Glanz des Stiftes erhalten und erhöht sehen,
so mußte man ihn im Auge haben, dessen gelehrter Ruf den Namen
S. Blasien auf dem Schwarzwalde [1] schon längst weit über die
Gränzen des heiligen römischen Reichs deutscher Nation getragen."

Nachdem Gerbert in die Würde seines verblichenen Gönners

---

[1] Kästle, Martin Gerbert, Fürstabt zu S. Blasien. Lahr 1868. Festgabe des
Verfassers zu der damaligen Feier des 100jährigen Bestehens der von G. gegründeten
Waisen= und Sparkasse zu Bonndorf.

gewählt worden, hatte er nicht allein die Pflichten eines Klostervor=
stehers zu übernehmen, sondern auch die eines Landesherrn, eines
Reichsfürsten und breisgauischen Landstandes. Und nach all'
diesen Seiten hin bewährte sich der neue Fürstabt als einen Mann von
höherer Begabung, von ernsterem Pflichtgefühle, von verständigerer
Ein= und Übersicht.

Betrachten wir ihn zunächst als Abt, als Vorsteher seines Gottes=
hauses, so bezeichnen uns die Worte, womit er beim Amtsantritte die
Conventualen des Stiftes begrüßte, wie ein treffendes Motto, sein
edles Wirken in diesem Kreise. „In Glück und Unglück," sprach
er zu ihnen, „soll zwischen mir und Euch das engste Verhältniß herr=
schen; denn mein Wohl ist ganz mit dem euerigen verknüpft und
über unsere beiderseitige Pflichterfüllung bin ich dem höchsten Richter
strenge Rechenschaft schuldig."

Über den Zweck und die Verdienste der Klöster dachte Gerbert
so aufgeklärt, als irgend ein Prälat seiner Zeit. Diese Anstalten soll=
ten ihm, neben ihrer religiösen Bestimmung, besonders auch „Werk=
stätten des gelehrten Fleißes" sein; ihre Bewohner sollten den schnö=
den Vorwurf eines unthätigen und nutzlosen Daseins durch wissenschaft=
liche Arbeiten widerlegen." Daher war ihm die Erziehung der
Klosterjugend eine erste und wichtigste Aufgabe. Es bestund von seinem
Vorweser her ein ausführlicher Lehrplan[1] für die humaniora (mit
dem Motto: In omni arte primum optime quaesiveris, quid dis-
cendum sit), welchen er möglichst zu verbessern bestrebt war.

Abt Martin, wie schon angedeutet, verbannte die Scholasterei
und den Mechanismus aus den Lehrfächern und suchte dafür den Geist
wahrer Wissenschaftlichkeit unter seinen Jüngern einzuführen.
Er hielt streng auf die Sittlichkeit und Thätigkeit derselben, und
sagte ihnen: „Unser Stand ist nicht allein der Stand des Gebets und
des Gehorsams, sondern auch ein Stand nützlicher. Arbeit."

Die damalige liberal angehauchte Freiburger Zeitung fand
sich veranlaßt, folgendes Zeugniß abzulegen: „Daß es in den Klö=
stern nicht so gar finster aussieht, wie man behauptet, das zeigen die
trefflichen Arbeiten, welche von Zeit zu Zeit aus ihnen hervorgehen.

---

[1] Humaniores S. Blasii scholae in epitomen capitum eo fine con-
tractae, ut Docens, quid recepta nobis methodo docere, Discens, quid per
annum discere, Examinans, quid in ultimo tentamine interrogare debeat,
ignorare non possit. Adjicitur Bibliotheca scholastica iisdem humanioribus
accommodata. Typis monasterii S. Blasii 1762. Dieser Plan umfaßt sechs
Folioblätter. Deutsche Sprache und Schreibart sind hier in der Grammatik und
Rhetorik vertreten.

Befonders aber gab von jeher folche Beweife das Gottešhauš S. Bla=
fien, welches feit neuerer Zeit ganz Vorzügliches leiftet, regis ad
exemplum. Denn Gerbertš Jünger ahmen ihrem Bater getreulich
nach, deffen Namen allein fchon das vollftändigfte Lob enthält."
Wie thatkräftig Abt Martin auch die öconomifchen Angelegen=
heiten feineš Stifteš mit Hülfe des Oberrechnerš Kreuter in die
Hand nahm, beweišt fchon allein die rafche und prachtvolle Wiederher=
ftellung des Kloftergebäudeš mit feiner vielbewunderten Rotunba
nach dem furchtbaren Brande von 1768. „Diefe Gebäude," fagt Ni=
colai, „find hoch, weitläufig und modern. Sie wurden während eines
Zeitraumes von 14 Jahren erbaut und feßen in Erftaunen. Man
möchte fich vorftellen, fie wären von Feenhand in die Einöde des engen
Thaleš verfeßt[1]. Der ganze Bau foll über 700,000 Gulden ge=
koftet haben."

___

[1] Während ich an diefem biographifchen Abriffe des Erbauerš der herrlichen
Kirche von S. Blafien arbeite, trifft mich die Nachricht von dem Brande, welcher
diefelbe am 7. Februar 1874 mit einem großen Theile der Fabrikgebäude in Schutt und
Afche gelegt. Man kann fich meine Empfindungen darüber denken. Der Tempel war
ein Prachtbau, nach dem Vorbilde der Kirche Maria della rotunda in Rom, und der
Dachftul der Kuppel, aus dem fchönften Eichenbalken zufammengefügt, galt wegen
feiner einfachen Conftruction für ein Meifterftück erfter Klaffe, deffen Verfertiger der
Zimmermann Jofeph Müller von S. Blafien war, von welchem man fagte, daß
er nie über das Weichbild feiner Gemeinde hinaus gekommen. Nicolai hat der
Befchreibung diefes Kuppelbaches eine ganze Abhandlung gewidmet.

Das neue Klofter= und Kirchengebäude wurde 1783 vollendet, fo daß
am 21. Herbftmonat diefeš Jahres durch den Bifchof Maximilian von Conftanz
die feierliche Einweihung desfelben ftattfinden konnte. Der Bau hatte fogleich nach
dem Brande begonnen. „Man legte ernftlichft Hand an die zerfallenen Mauern, und
fiehe, in Zeit breier Jahre war das Klofter wieder fo hergeftellt, daß im Herbfte
1771 die zerftreuten Brüder eš wieder beziehen konnten." Ein hölzernes Bethaus
biente bis 1781 zur Abhaltung des Gottešdienftes. Indeffen gieng der neue Tem=
pel, welchen Baumeifter D'jrnarb entworfen, feiner Vollendung entgegen. Sil=
bermann in Straßburg lieferte die herrliche Orgel, Hugeneft in Karlsruhe fer=
tigte das künftliche Chorgitter, der Bildhauer Giegel von Landsberg den prächtigen
Choraltar, der Maler Wenzinger aus Freiburg die fchönen Gemälde der Kuppel
und Meifter Grüninger aus Villingen das Geläute von 14 Glocken. Auf die Ein=
weihungsfeierlichkeiten vom 20. bis 28. September, während welcher täglich eine Feft=
rede gehalten wurde, erfchien auch Gerberts Sylva nigra mit der Abbildung des
neuen Gottešhaufes.

* Grundriß, Durchfchnitte, Profpectus, Façaden von Kirche und Abtei ließ
der Architekt durch Poulleau Dürocheur in Kupfer ftechen, nachdem der Bau
1779 zu Ende geführt war. Das Werk ift gewidmet à Son Altesse révérendissime
Monseigneur Martin Gerbert, prince du s. empire, Abbé de S. Blaise. Par
son très humble et très obéissant serviteur Michel D'jxnard, architecte.

Unter der Kirche hatte der Fürstabt einen schönen Gewölbebau anbringen lassen, um die in den Münstern zu Basel und Königs= felben begrabenen Glieder des Hauses Habsburg=Österreich in dieser neuen Gruft beizusetzen, nachdem er von der Kaiserin die Genehmi= gung dazu erhalten. Es geschah dieses theils aus Anhänglichkeit an das Erzhaus, theils aber auch, um dadurch den Glanz seines Stiftes zu erhöhen.

Überall im Kloster herrschten die schönste Ordnung und die größte Zweckmäßigkeit als Mittel und Zierden gewissenhafter Pflichterfüllung. Der klösterliche Gottesdienst wurde bei Tag und Nacht so genau erfüllt, als in irgend einem Gotteshause, und daneben gediehen die Schulen, wie die Studien und Arbeiten der Wissen= schaft und Kunst auf's Erfreulichste. Zwei Decennien nach dem ver= nichtenden Brande stund S. Blasien prächtiger, eingerichteter, georb= neter und blühender da, als je zuvor!

Aber je rühmlicher das Stift sich auszeichnete, desto giftiger ver= folgten es seine Feinde, und Gerbert wurde dadurch so niedergedrückt, daß er einmal abzudanken wünschte. Schon anfangs der 70er Jahre bereitete ihm der ehemalige stiftische Hofrath und Archivar von Gränicher eine höchst empfindliche Verlegenheit, indem er sich nach Wien begab und daselbst an geeigneter Stelle die sanctblasische Stif= tungs=Urkunde von Kaiser Otto II für falsch und den sanctbla= sischen Güterbesitz für usurpiert und erschlichen erklärte, was leider nur zu geneigte Ohren fand [1].

Die S. Blasier konnten freilich nicht begreifen, wie man „dem treulosen, maineidigen Menschen, welcher so Vieles angebracht und gar Nichts bewiesen habe, noch einigen Glauben schenken möge," und meinten, nur „das odium religionis erkläre die auffallende Erschei= nung." In dieser Angelegenheit und wegen der landesherrlichen Ver= ordnung über die klösterliche Profeßablegung reiste der Fürstabt zwei= mal nach Wien. Von der ersten Reise kehrte er befriedigt zurück; bei seiner zweiten Anwesenheit am Wiener Hofe veränderte sich aber die Huld und Gnade der Kaiserin=Wittwe in eine kalte Begegnung, und Kaiser Joseph II soll gegen seine Minister geäußert haben: „Der Fürst von S. Blasien ist nicht allein wegen der Profeßjahre nach Wien gekommen, sondern noch in einem andern Gedräng."

Doch wendete sich das Blatt bald wieder zu Gunsten Gerberts. Es gelang demselben, die elende Intrike bloß zu legen und die landes=

---

[1] In der Babenia (neuere, II, 336) habe ich aus den sanctbl. Acten einen kurzen Auszug über diese Affäre gegeben.

mütterliche Gnade wieder zu erwerben. Maria Theresia trug dem
Abte mehr an, als er wünschen mochte und entließ ihn mit den Wor=
ten: „Ich sehe nun, daß Ihnen Ihr Stift recht lieb ist, und Ihret=
wegen soll es auch mir lieb sein."

Die Kaiserin beschenkte den Fürstabt mit einem selbstgestickten
Meßgewande und schickte ihm nach seiner Heimkunft ein weiteres
Geschenk von Wiener Porcellan mit einem freundlichen Begleitschreiben
vom 24sten März 1773, worin es heißt: „Die schwarze Farbe dieses
Service trifft mit meiner Lage überein, da ich mich schon mehr unter
die Todten als Lebendigen zähle. Und nachdem Euere Andacht für die
Verstorbenen Meines Hauses so eifrig gesorgt, bin Ich versichert, daß
auch Ich jederzeit an Dero Andenken theilhaben werde."

Was Gerbert in der Reichsherrschaft Bonndorf als Landes=
fürst geleistet, war bisher weniger bekannt, weil man über seinen ge=
lehrten Schriften und prächtigen Bauten, welche ebenso viel Mißgunst
und Anfeindung, als Bewunderung erfuhren, die bescheidenen Ver=
ordnungen und Anstalten vergaß, wodurch er ganz im Stillen
der Wohlthäter seines Fürstentums geworden.

Die Gründung des Spitales und Arbeitshauses, des
Schulfonds, der Waisen= und Sparkasse [1] zu Bonndorf, die
Anlegung gebahnter Chausseen und die Verbesserung der Land=
schulen in der Reichsherrschaft, die Förderung der Industrie unter
seinen Gotteshausleuten und Unterthanen [2], wie noch viel' Anderes,
haben ihm schon damalige Reisebeschreiber zum nicht geringen Verdienste
angerechnet; er war aber gleich vom Beginne seiner Regierung an
wahrhaft landesväterlich besorgt, das Wohl des sanctblasischen Ge=
bietes nach allen Seiten hin zu fördern, und ließ daher nicht allein die
älteren Verordnungen, soweit sich dieselben als nützlich und brauch=
bar erwiesen, kräftigst handhaben, sondern auch eine Reihe neuer er=
gehen, wie die veränderten Zeitumstände es forderten [3].

Durch diese Verordnungen suchte der Fürstabt die öffentliche
Sicherheit seines Landes herzustellen, für die Gesundheit von
Menschen und Vieh zu sorgen, unter der Bevölkerung den Aberglau=
ben zu verbannen, die Thätigkeit, Sittlichkeit und Gottesfurcht zu

---

[1] Zwischen 1764 und 1772 ausgeführt. Die dankbare Stadt und Landschaft
Bonndorf errichtete dem Fürsten 1856 ein würdiges Denkmal (das Steinbild
desselben von Reich gefertigt) und feierte im October 1867 das 100jährige Be=
stehen der Waisen= und Sparkasse.

[2] Vgl. Trenkle, die Schwarzw. Industrie, S. 111 und 238.

[3] Inder über die sanctblas. Verordnungen von 1710 bis 1805. Darunter
sind gegen 30 aufgeführt, welche Gerbert erlassen.

heben, die Vermögensſachen und Hauswirtſchaften zu ordnen, die Felder
vor Wildſchaden und die Waldungen vor Holzfrevlern und Ver-
wüſtungen zu bewahren. Das Land zeigte ſich zufriedener mit ihm
(ſeine Amtleute erregten freilich öfters viel böſes Blut), als es je zuvor mit einem Abte geweſen.

Als Reichsfürſt und zugleich als öſterreichiſcher Unterthan
war unſer Prälat allezeit ein getreuer Anhänger des Reichshauptes,
wenn ihm auch die Perſon des Kaiſers Joſeph als Landesherrn durch
deſſen zu weit gehende, einreißende Reformen in den öſterreichiſchen
Erblanden mehrfach mißliebig geworden. Um ſo ſtandhafter glaubte
er daher, als Mitglied und Präſident des breisganiſchen Prälatenſtandes auf der Wahrung althertömmlicher Rechte beharren zu müſſen [1].
Doch ließen ihn Ehrenhaftigkeit und Klugheit niemals zu einer Ver-
letzung derjenigen Unterthanenpflicht verirren, welche er als Abt dem
Schirm- und Landesherrn ſeines Stiftes ſchuldig war.

Was der Fürſtabt als Gelehrter und Schriftſteller geleiſtet,
bleibt großentheils von entſchiedener Bedeutung, mag die Art und Weiſe
ſeiner Schriften auch Manches zu wünſchen übrig laſſen. Gerbert
war kein Schönſchreiber (ſein Latein dürfte viel einfacher, klarer und
geſchmackvoller ſein), denn es lag ihm immer mehr an der Sache, als
an den Worten. Wenn man aber ſeine hiſtoriſchen Werke bezüglich der Darſtellung auch ungeleſen laſſen könnte, ſo muß der Fach-
mann ſie leſen, wegen des reichen Materiales, wegen der gründlichen
Forſchungen, welche ſie enthalten.

Dieſes iſt namentlich der Fall bei den drei Hauptwerken über den
Schwarzwald, über die altalemanniſche Liturgie und über die
Kirchenmuſik. Erſtere beiden kann der Erforſcher ſüdweſt-deutſchen
Mittelalters nicht entbehren, und den Werth des letztern ſchildert Riehl
nach Verdienſt in Folgendem [2].

„Nicht bloß bei den Deutſchen, auch bei anderen Nationen, welche
damals in Kunſtſachen eine Stimme hatten, war gleichzeitig die muſikaliſche Literatur in breiter Entfaltung aufgeblüht. Darin nun
liegt gerade nichts Auffallendes; aber als etwas Einziges in der
ganzen Literaturgeſchichte ſteht wohl die ſchriftſtelleriſche Freundſchaft
da, worin die beiden größten antiquariſch-muſikaliſchen Forſcher Italiens
und Deutſchlands, der bologneſiſche Pater Martini und der ſchwarz-
wälbiſche Fürſtabt Gerbert brüderlich zuſammen wirkten.“

„Sie kamen mit einander überein, die erſte umfaſſende Geſchichte

---

[1] Hinc illac — irae!
[2] In ſeiner Schrift: Muſikaliſche Charakterköpfe. Stuttg. 1853, S. 53.

der Musik aus den Quellen gemeinsam zu bearbeiten. Martini übernahm die allgemeine Einleitung zu dieser Geschichte, Gerbert den besondern Theil der Kirchenmusik. Beide waren im Besitze so reicher und seltener Quellensammlungen, wie sie schwerlich jemals wieder zusammen kommen werden, und neidlos tauschten der Deutsche und der Italiener gegenseitig ihre Schätze und Ergebnisse aus."

„Gerbert war durch aller Herren Länder gereist und hatte von Kloster zu Kloster nach musikalischen Manuscripten gespürt. Die reiche Ausbeute sichtete und studierte er in seinem stillen Musensitze zu S. Blasien und begann die Herausgabe der mühevoll gesammelten Schätze — da brannte die Abtei nieder, wobei auch diese einzige, unersetzliche Originalsammlung ein Raub der Flammen ward."

„Ein Forscher, wie Gerbert, ist seither nicht wieder gekommen, und ebensowenig ein Lehrer der Tonkunst, wie sein Freund in Bologna. Niemals hat ein Musikmeister eine solche Schülerschaft gehabt, wie dieser Pater Martini, und fast unglaublich erscheint uns die allgemeine Verehrung, welche er bei seinen Zeitgenossen fand. Aber dennoch übertraf der deutsche Gerbert in dem gemeinsamen Geschichtswerke den italienischen Mitarbeiter weitaus an Gediegenheit. Denn das martini'sche Buch hat mehr einen mythischen Ruhm auf die Nachwelt gebracht, das gerbert'sche dagegen besitzt das ungleich wichtigere Verdienst, noch heute dem Forscher unentbehrlich zu sein, wo sich's um Aufschließung alter Quellen handelt."

Gerbert war, wie bereits angedeutet, ein ungemein fruchtbarer Schriftsteller; man besitzt nicht weniger als 40 größere und kleinere Werke von ihm, welche fast alle in S. Blasien selber gedruckt erschienen, da er schon unter seinem Vorweser die Errichtung einer eigenen Druckerei daselbst veranlaßt hatte.

Unter des Fürstabts kirchlichen Schriften nimmt das vielgetabelte Buch über die „streitende Kirche" eine Stelle ein, wie ich solche nur mit den Worten Klüpfels bezeichnen kann. Quae, sagt dieser ihm vertraute Gelehrte, ingravescente aetate elucubravit, ascetici potissimum argumenti sunt, veluti Ecclesia militans, quod opus non tulit omne punctum. Um dasselbe indessen billig zu beurtheilen, muß man den Standpunkt in Betrachtung ziehen, welchen der Verfasser als Prälat und Gottesgelehrter unter seinen Zeitgenossen eingenommen. Wir finden denselben in folgenden Stellen seiner Schilderung des 18ten Jahrhunderts angedeutet [1].

---

[1] Praesentis saeculi status, mit dem Motto: Nihil mortalibus arduum est; coelum ipsum petimus stultitia. In der hist. S. N. II, 457.

„Nachdem sich der heilige Stul lange Zeit ernstlichst bemüht hatte, die abgefallenen Secten wieder zur katholischen Mutterkirche zurück= zurufen, zeigte sich nicht allein die Vergeblichkeit dieses Bestrebens, son= dern auch innerhalb unserer Kirche bei vielen Hohen und Nie= beren eine traurige Verläugnung oder Anfeindung ihrer strengen Lehren und Gebote. Selbst mein Freund von Hontheim, welcher für jene Wiedervereinigung eifrigst arbeitete, verirrte sich dabei zu Sätzen, deren Geltenbmachung das Papsttum, als das centrum unitatis ecclesiae, völlig erschüttern und untergraben würde."

„In der That erzeugte kaum je eine Zeit zalreichere und heftigere Feinde des Katholicismus, wie überhaupt alles christlichen Glau= bens und religiösen Sinnes, als die unserige, welche man das aufge= klärte Jahrhundert zu nennen pflegt. Denn während große ge= heime Gesellschaften, wie die „Freimauerer" und die „Illuminaten", im Finstern ihr kirchenfeindliches Wesen treiben, mehren sich überall, inner= und außerhalb unserer Kirche, die giftigen Federn, welche dieselbe zu verdächtigen, zu trennen und zu stürzen suchen."

„Der Anführer all' dieser Kirchenfeinde aber war Voltaire, welcher 1778 mit verzweifelnder Seele aus dem Leben schied, was die Schaar seiner Nachbeter heilsam erschüttern sollte [1]. Er vornehmlich hat das Gift der Zweifels= und Verneinungssucht ausgestreut, dessen Wirkungen so verderblich um sich greifen, daß selbst die freisinnige preußische Regierung sich endlich genöthigt sah, dagegen einzu= schreiten. Der Minister von Herzberg erließ 1784 ein Decret, welches mit den Worten beginnt: „Die unbedachtsame Aufklärungssucht jetziger Zeiten artet in eine Frechheit aus, welche Alles, was heilig und ehrwürdig ist, mit Füßen tritt, die Begriffe des Volkes ver= wirrt und dasselbe zur Zügellosigkeit und Widersetzlichkeit verleitet, ohne es zu unterrichten und zu bessern [2]. Die Ausgelassenheit der Journalisten fördert dieß Unwesen tagtäglich und verursacht uns mancherlei Unannehmlichkeit mit anderen Höfen; es ist daher die höchste Zeit, ihnen einen Zügel anzulegen."

Nach diesen Aeußerungen Gerberts begreift es sich, daß ihm die damalige Preßfreiheit ein besonderer Dorn im Auge war. Er konnte den Gedanken nicht verwinden, daß es Jedermann erlaubt sein solle, seine Aushecfungen und Ansichten aufsichtslos in die Welt zu

---

[1] Voltairius, irreligiosorum nostri aevi antesignanus et irreligionis sator, denatus 1778 in summa desperatione, quae libertinos sequaces salutari horrore concutere debeat.

[2] Wahreres auch in Bezug auf heute kann einfacher nicht gesagt werden.

verbreiten, die Glaubenssätze der Kirche zu bekritteln, Alles in Frage, in Zweifel, in den Staub zu ziehen, und selbst die höchsten Würdenträger mit Tadel und Schmähungen zu überschütten! Gerbert erblickte in dem Mißbrauche der Lehr- und Druckfreiheit eine Hauptwurzel damaliger Zeitübel, eine Ursache der Abnahme alles religiösen Sinnes, welchen die Helden des „aufgeklärten Jahrhun= derts" auf's Frechste und Gewissenloseste zu untergraben suchten. Sein Abscheu vor Voltaire war ein tiefer, und Rousseau fand nur Gnade bei ihm durch seine beredte Darlegung der Unzureichlichkeit des Selbsturtheils in der Religion [1]. Um so schlimmer dagegen kam Les= sing weg, welchem er's nicht verzeihen konnte, die heiligen Bücher mit so scharfem Essig angefressen zu haben.

Man wird billig genug sein, es einem gewissenhaften katholischen Priester und Klosterabte nicht zu verargen, wenn er Leute ver= dammte, welche unter dem Aushängschilde „der Gewissensfreiheit, des Lichtes und Menschenrechtes" so vieles Unheil herbei geführt. Denn wirklich griff die neue Aufklärungs=Schule, deren Stifter der „Weise von Ferney" war, mit allen Waffen der Kritik, der Dialectik des Witzes und Hohnes die Lehren und Überlieferungen der katho= lischen Kirche an, erschütterte ihre Heiligachtung unter den Gläubigen und rüttelte an allem Bestehenden, ohne dafür etwas Besseres zu geben, als eine täuschende Aussicht in die Zukunft.

Denken wir uns in die Lage Gerberts; er überschaute die wach= sende Zal der Feinde seiner Kirche und sah aus ihrem Schooße immer neue Widersacher erstehen — eine Trennung in derselben war seine hauptsächlichste, drückendste Befürchtung. Dieses machte den sonst so humanen und liberalen Mann zum kämpfenden Eiferer, zum Verfasser der ecclesia militans!

Als Mensch endlich war unser Fürstabt, wie ihn die Zeitgenossen einstimmig schildern, eine durchaus redliche, wohlwollende und liebens= würdige Persönlichkeit. Der Geist eines wahren Charakters prägte sich in seiner angenehmen Gestalt, in seinen edlen Gesichtszügen aus. Ächte Herzlichkeit und Bescheidenheit vereinigten sich mit einer männ= lichen Würde in seinem einfachen Wesen. Seine Wohlthätigkeit fand alle Wege zu den Armen und Nothleidenden; aber seine Linke sollte nicht wissen, was die Rechte that. Er war verehrungswürdig im vollen Sinne und übte eine seltene Anziehungskraft auf Andere aus.

---

[1] Qui tamen id obsequium veritati praestitit, quod impossibilitatem examinis proprii in negotio religionis magna eloquentia et energia sermonis demonstravit.

Wer sich eine halbe Stunde mit Gerbert unterhalten, glaubte ihn schon längst gekannt zu haben; er fand in dem Fürsten nicht den Emporkömmling, sondern einen feingebildeten, leutseligen Mann, einen freundlichen Gelehrten, welcher multos hominum mores vidit et urbes, und sich mit seinen Gästen gerne und geistreich darüber unterhielt. Der so streng katholische Prälat zeigte sich im Umgange mit Andersgläubigen als der duldsamst gesinnte Mann; er schätzte an ihnen, was nur zu schätzen war, das bezeugen seine Briefe an Lamey, welche öfters mit einem Vale cum Schöpflino nostro schließen.

Schon als Pater hatte er sich, bezüglich einer tadelnden Beurtheilung seiner Theologie in den Leipziger Blättern, gegen beide geäußert: Queis parum moveor, dum interim doctissimorum virorum ex castris vestris pro me habeo, ac sapiens quisque intelligat, cavillandi ei novellistae studium eiusmodi esse, quale initio factae immutationis in religione animos adeo exacerbavit, *a qua re quam sim alienus*, scripta mea docent vestrorumque theologorum de illis judicium. Interim amici sumus usque ad aras.

Wie sehr Gerbert aber die Verdienste und die Freundschaft Schöpflins zu schätzen wußte, bezeugt folgende Stelle eines Briefes an Lamey vom 20ten April 1762: Schöpflino nostro, viro celeberrimo, plurimum debeo. Jam in disquisitionibus meis ad liturgiam alemannicam finem prospicio, quarum primam judicio ejus subjungavi, cui me commenda et commendatum habe.

Die gelehrten und literarischen Bestrebungen Gerberts giengen in's Großartige. Wie kurz vor ihm der Pater Ziegelbauer aus Zwiefalten den weitreichenden Gedanken einer Gesellschaft von benedictinischen Gelehrten zur Bearbeitung einer ausführlichen Literaturgeschichte seines Ordens angeregt und das Werk in Angriff genommen, so faßte der Fürstabt von S. Blasien den Plan nicht nur einer Kirchengeschichte aller deutschen Länder (nach dem Vorbilde der Gallia sacra), sondern auch einer Profangeschichte derselben, womit Pater Ussermanns Prodromus und Pater Kreuters Geschichte von Vorderösterreich den Anfang machten — 35 Jahre vor dem Erscheinen des ersten Bandes der Pertz'schen Monumenta Germaniae!

Ein solcher Prälat der katholischen Kirche konnte dem Oberhaupte derselben nur eine höchst erfreuliche Erscheinung sein. Pius VI, welchem der Fürstabt die bedeutendsten seiner Schriften zu übersenden pflegte, munterte ihn durch huldvolle Antwortschreiben im Verfolge seiner gelehrten Bestrebungen auf der betretenen dornenvollen Bahn immer väterlichst auf und tröstete ihn über die Anfeindungen seiner Widersacher.

So heißt es in dem päpstlichen Dankschreiben auf die Zusendung des Werkes über die Kirchen=Musik: Memores profecto sumus eius temporis, cum te, dilecto fili, Romae diversantem vidimus, atque idcirco non ignota nobis esse potest eruditio ac doctrina tua, sed cum jam inde plurimi utramque fecerimus, minime dubitare debes, quin opus tuum, quod jam tum te moliri, ex te ipso audivimus, de cantu nimirum et musica sacra, a te nunc nobis dono transmissum, perlibenter acceperimus. So ferner in dem Schreiben für die Geschichte des Schwarzwaldes: Jucundam nobis id opus renovavit tui memoriam; te enim recordamus, cum in Germania essemus et Vindobonae primum et deinceps Augustae Vindelicorum ad nos venisse nobisque praeclara coram dedisse indicia non solum tuae eruditionis, sed et curae pro monasterio tuo. Und in der Danksagung für das Buch über die streitende Kirche lesen wir: Facile ex eo percepimus consilium tuum, quo non solum catholicae ecclesiae super apostolorum hanc petram fundatae stabilitatem agnoscis, sed et horum temporum novitates, quae tam late per huius sanctae sedis hostes diffunduntur, adversaris. Minime igitur mirum videri debet, quod nonnulli hoc opus tuum exagitent ac deprimant, qui magis in specie, quam revera, cum beati Petri cathedra communicant [1].

Gerbert liebte und pflegte aber nicht allein die Wissenschaft, sondern auch die Kunst, namentlich die Musik, worin er vorzügliche Kenntnisse besaß. Seine freundschaftliche Verbindung mit Glud erhöhte noch eine Liebe, welche ihm schon von der Mutter angeerbt schien. Dieser edlen und warmen Neigung, deren Bezähmung ihn manchen Kampf gekostet, haben wir das klassische Werk de musica sacra zu verdanken. In seinem Stifte indessen, wo man bisher eine treffliche Instrumentalmusik gehabt, führte er den Choralgesang ein [2], dessen Majestät das Gemüth mächtig ergriff und zur Andacht erhob.

Und während der Fürstabt die Musik selber ausübte, leistete der=

---

[1] Außer diesen päpstlichen Schreiben von den Jahren 1775, 1784 und 1790 empfieng Gerbert noch zwei aus den Jahren 1777 und 1786, welche die gleiche Belobung und Aufmunterung enthalten.

[2] Als Gerbert zu Rom war, faßte er in der sirtinischen Kapelle genau den Choralgesang auf, schrieb's nieder und brachte es nach S. Blasien. Die alten Herren wollten nicht an den Choral; er strenge zu sehr an, und die Musik — die liebe Musik, gebe darüber zu Grunde! Denn sie waren allesammt treffliche Instrumental=Musiker. Endlich aber setzte der Fürstabt durch, und bald konnte man nichts Schöneres, Erhabeneres hören, als einen 4stimmigen Choral in der Kirche von S. Blasien. Nach mündlicher Erzählung Speibels.

selbe auch ben mechanischen unb bilbenben Künsten womöglichen
Vorschub, sowohl burch Förberung hanbwerk= unb kunstfertiger Mönche
unb Laienbrüber [1] seines Stiftes, als burch Unterstützung armer
Jünglinge ber Umgegenb, welche Neigung zur Erlernung irgenb
einer Kunst, eines Hanbwerks ober sonst einer nützlichen Fertigkeit
zeigten. Er konnte baher einst scherzweise in aller Wahrheit sagen:
„Ich bin selber ein Artist, ber schon gar vieles Lehrgelb gegeben." ·

Gerberts letzte Tage fielen in eine verhängnißvolle Zeit, welche
sein Gemüth mit ben trübsten Befürchtungen für Kirche unb Vater=
lanb erfüllte. Der Fürstabt beschloß sein tugenbhaftes, thätiges unb
nützliches Dasein am 13ten Mai 1793, wenige Jahre vor bem Erschei=
nen bes „präbestinierten Helben", burch bessen gewaltiges Auftreten
bie halbe Welt erschüttert unb bas 1000jährige Reich ber Deutschen
zertrümmert warb!

Die bamalige „aufgeklärte Gesellschaft" hatte in ben Werken Ger=
berts bis zur Veröffentlichung ber ecclesia militans ben berühmten
Fürstabt beinahe nur von ber Lichtseite erblickt; eine gewaltige Schat=
tenseite entbeckte sie erst an ihm, nachbem jenes Buch erschienen unb
noch eines unb bas anbere ähnlichen Geistes barauf gefolgt war. Von
bem an verlor ber „liberale Prälat" seine Geltung unb wurbe für
einen Hauptarbeiter im Weinberge ber Reaction angesehen.

Aber von jeher hatte sich Gerbert als einen Mann erwiesen,
welchem bas Interesse seines Stanbes, wie bie Sache ber Religion unb
Kirche, vor Allem am Herzen gelegen; welcher als Abt seines Stiftes
unb Präsibent bes breisgauischen Prälatenstanbes jeberzeit für bie
Verteibigung bes hergebrachten Rechtes ber Klöster mit entschiebenem
Eifer eingestanben, weil ihn bie Überzeugung beseelte, bazu befugt unb
verpflichtet zu sein [2]. Warum sollte er ba nicht all' seine Kräfte zur
Abwehr aufgeboten haben, als man bie Grunbmauern bes Hauses,
worin er mit so warmer Anhänglichkeit wohnte, burch alle möglichen
Mittel zu untergraben unb zu zerstören suchte? Kein unparteiisches Ur=
theil konnte ihm bas verargen.

---

[1] So z. B. ließ er bie Glasmalerei von einem seiner Mönche erlernen unb
ausüben. Das war aber wohl nicht bie mittelalterliche verloren gegangene Kunst mit
eingebrannten Farben, sonbern bie im 18. Jahrhunbert beliebte Malerei mit Deck=
farben auf ber Rückseite ber Gläser. So hatte ferner ber Laienbruber Michael
Pfluger, ein gelernter Glaser, bem Fürstabte für sein Mebitationszimmer eine
sinnreiche Uhr verfertigt, unb bessen Neffe, ber Bruber Anton, war Bilbhauer,
welcher künstliche Arbeiten in Marmor unb Alabaster lieferte.

[2] Das bezeugen unter Anberem auch seine Briefe an ben Abt von S. Georgen
zu Villingen vom Jahre 1765.

In biefem Sinne ift es aufzufaffen, wenn Gerbert an bem Wi=
berrufe feines Freunbes von Hontheim mitgewirkt hatte[1]; wenn er
nach bem Tobe Jofephs II am Wiener Hofe unb beim päpftlichen
Stule eifrigft für bie Reactivierung ber früheren Zuftänbe bemüht
war, um auch für bie Stifte unb Klöfter bas Hauptfächliche von bem
womöglich wieber zu erlangen, was benfelben währenb ber jofephini=
fchen Periobe entriffen worben[2].

Unb als ber Fürftabt noch wenige Jahre vor feinem Ableben, voll
büfterer Blicke in bie Zukunft, jene Schrift über bie janfeniftifche
Frage herausgab, welche ihm fein Freunb Klüpfel fo fehr ver=
übelte[3], gefchah es nicht in einer tiefen Ahnung beffen, was nach einem
Menfchenalter über bie katholifche Kirche hereinbrechen follte? Die
kirchlich=politifchen Wirren unferer Tage fcheinen bazu angethan, bie
letzten Arbeiten Gerberts in fprechenber Weife zu rechtfertigen!

Schriften.

Theologia vetus et nova circa praesentiam Christi in eucharistia.
Friburgi Brisgoviae per Felnerum, typographum academicum, 1756.

Principia theologiae exegeticae, symbolicae, mysticae, canonicae,
dogmaticae, moralis, sacramentalis, liturgicae (8 Bänbe, zwifchen 1757 unb 1759,
theils zu Freiburg, theils zu S. Blafien gebruckt).

De recto et perverso usu theologiae scholasticae unb de ratione
exercitiorum scholasticorum, praecipue disputationum cum inter Catholicos, tum
contra adversarios in rebus fidei. Typis San-Blas. 1758.

Demonstratio verae religionis veraeque ecclesiae contra quasvis
falsas opiniones. Tafelbft 1760.

De communione potestatis ecclesiasticae inter summos principes,
pontifices et episcopos. Tafelbft 1760.

De legitima ecclesiastica potestate circa sacra et profana. Taf. 1761.

De christiana felicitate huius vitae. Taf. 1762.

----

[1] Gerbert fchmeichelte fich, mit bem Weihbifchofe im Briefwechfel geftanben
unb zu beffen Umkehr auch Einiges beigetragen zu haben. Daher vertheibigte er
ben Wiberruf beffelben als einen keineswegs erzwungenen, fonbern freiwilligen,
aus Überzeugung entfprungenen.

[2] Amann, zur Erinnerung Cafp. Ruefs. Freiburg 1836. Was würben bie
aufgeklärten Theologen unb Kirchenrechtslehrer jener Zeit: Klüpfel, Sauter, Dan=
nenmayer unb Ruef, wie Amann felber, wenn fie noch lebten, jetzt zu ben
„befchränkten Mönchsvorftellungen" Gerberts fagen? Experientia docet.

[3] Nachbem berfelbe von ber ecclesia militans gefprochen, fagt er: Sed quidquid
de his sit, magis me movit Jansenisticarum controversiarum retractatio,
quam recens e prelo egressam ad me muneri misit. Conspecto lectoque opus-
culo subirascebar et cogitavi apud me tacitus: *Cui bono, hac aetate, id
scriptionis genus?* (Er fchrieb's bem Alter zu.

De radiis divinitatis in operibus naturae, providentiae et gratiae.
Drei Theile. Daſ. 1762.

De aequa morum censura adversus rigidiorem et remissiorem. Daſelbſt 1763.

Adparatus ad eruditionem theologicam institutioni tironum congregationis S. Blasii destinatus. Daſ. 1764.

De eo, quod est juris divini et ecclesiastici in sacramentis, praesertim confirmationis. Daſ. 1764.

De dierum festorum numero minuendo, celebritate augenda. Daſ. 1765.

De peccato in spiritum sanctum in hac et altera vita irremissibili. Accedit paraphrasis cum notis selectis in epistolam S. Pauli ad Hebraeos.
Daſelbſt 1766.

Taphographia principum Austriae. Post mortem patrum Marquardi
Herrgott et Rustini Heer restituit, novis accessionibus auxit et ad haec
usque tempora deduxit Martinus Gerbertus, s. r. i. princeps et abbas
S. Blasii in sylva nigra. Daſ. 1772 (zwei Folianten mit 118 Kupfertafeln).

Crypta San-Blasiana nova. Daſ. 1772 (eine zweite Auflage erſchien 1785).

Codex epistolaris Rudolfi I rom. regis, locupletior ex manuscriptis
bibliothecae Vindobon. editus ac commentario illustratus. Praemittuntur Fasti
Rudolfini ex ipsis eius epistolis, tum aliis antiquis monumentis et scriptoribus. Daſelbſt 1772.

Pinacotheca principum Austriae. Post mortem patrum Herrgott et
Heer recognita et edita. Daſ. 1773 (zwei Folianten mit vielen Kupfertafeln).

Praxis regulae S. Benedicti, ex gallica lingua versa. Daſ. 1773.

De cantu et musica sacra a prima ecclesiae aetate usque ad prae-
sens tempus. Daſ. 1774 (zwei Quartanten).

Scriptores ecclesiastici de musica sacra, potissimum ex variis
Italiae, Galliae et Germaniae codicibus manuscriptis collecti. Daſelbſt 1774
(drei Quartanten).

Iter alemannicum, accedit italicum et gallicum. Editio revisa et
correcta. Daſ. 1774.

Vetus liturgia alemannica, disquisitionibus praeviis, notis et ob-
servationibus illustrata. Daſ. 1776 (zwei Quartanten).

Daemonurgia theologice expensa. Daſ. 1776.

Monumenta veteris liturgiae alemannicae. Accedit pars ritualis et pars
hermeneutica. Daſ. 1779.

Historia nigrae Sylvae, ordinis S. Benedicti coloniae. Daſ. 1783 bis
1784 (drei Quartanten).

Anrede an die verſammelten Ordensgeiſtlichen am Vorabende der feierlichen
Kirchenweihung (zu S. Blaſien). Abgedruckt in den Feſtreden, S. Gallen 1784.

De Rudolfo Suevico, comite de Rhinfelden, duce et rege, deque eius
familia. Daſ. 1785.

Solitudo sacra seu exercitia spiritualia ex doctrina s. scripturae et
s. patrum, in usum pastorum ecclesiae. Daſ. 1787.

Ecclesia militans, regnum Christi in terris, in suis fatis repraesen-
tata. Daſ. 1789 (zwei Bände).

Jansenisticarum controversiarum ex doctrina S. Augustini retractatio. Daſ. 1791.

Observationes in saeculum Christi tertium et quartum. Daſ. 1793.
De sublimi in evangelio Christi. Daſ. 1793.
De periclitante hodierno ecclesiae statu, praesertim in Gallia. Daſ. 1793.

Fintan Linder.

Dieſer namhafte ſanctblaſiſche Gelehrte war zu Rabolfszell geboren, am 7ten März 1725, und hatte wahrſcheinlich in Wien ſeine Studien gemacht. Am 8ten Dezember 1744 legte derſelbe zu S. Bla= ſien die Profeß ab, erhielt aber erſt im Mai 1750 die Prieſterweihe. Er verlegte ſich mit ebenſo großem Erfolge, als Fleiße auf das Stu= dium der orientaliſchen Sprachen, welche ſich ſeit dem 17ten Jahr= hunderte in vielen Klöftern einer beſondern Pflege erfreuten, weil die in dieſem Fache bewanderten Kloſtergeiſtlichen einen gewiſſen Vorzug vor allen übrigen genoſſen. ‒ Die hebräiſchen Studien unſeres Paters hatten zur Folge, baß derſelbe als Lehrer der orientaliſchen Sprachen in der ſanctblaſiſchen Schule verwendet wurde und in dieſer Stellung eine hebräiſche Grammatik bearbeitete, welche 1755 gedruckt erſchien, mit einer Wid= mung an den damaligen Erzbiſchof von Wien. Man darf hieraus ſchließen, baß ſich Linder dieſem Kirchenfürſten zu beſonderem Danke verpflichtet fühlte.

Das Buch ſelber iſt nach dem bamaligen Stande dieſer Disciplin eine ſehr beachtenswerthe Erſcheinung, in netter, klarer Dar= ſtellung. Der Verfaſſer, ſeines Stoffes völlig Meiſter, lieferte Alles ſorgfältig correct, ſelbſt in der Punctation des Hebräiſchen, was noch heutzutage öfters nicht der Fall iſt. In der einſchlägigen Literatur war Pater Fintan ganz zu Hauſe; er nahm in dem angehängten kleinen Lexikon die für ſeine Zeit ſeltene Rückſicht auf das Arabiſche und Syriſche, und ſelbſt äthiopiſche Wörter wurden von ihm zur Ver= gleichung beigezogen [1].

Linder arbeitete aber noch an einem größeren Werke ſeines Faches, worüber Pater Heer in einem Briefe vom 15ten März 1764 ſchrieb: „An dem Lexico hebraeo-rabbino-talmudico wird von Pater Fintan, da er nun ſeinen cursum theologicum zu Ende gebracht, fleißig fort= gefahren, und Andere haben andere Gegenſtände vor die Hand genom= men.“ Leider wurde dieſes weitausſehende Unternehmen nicht zur Reife gebracht, obwohl der Verfaſſer noch 20 Jahre im Leben war. Er ver= ſtarb 1785, bald nach ſeinem gelehrten Mitbruder Schmidfeld.

---

[1] Nach einem Schreiben des Herrn Profeſſors Dr. König über die Linder'ſche Grammatik.

112

Schriften.

Opus grammaticum ebraeum ad solidam sacrae linguae intelligentiam methodo analytica ducens. Ulmae 1755. Etwas Weiteres von ihm ist mir nicht bekannt.

Franz Kreuter.

Pater Franz war eine der interessantesten Persönlichkeiten unter den sanctblasischen Gelehrten. Derselbe hatte am 15ten April 1736 zu Freiburg im Breisgau das Licht der Welt erblickt, im Jahre 1753 zu S. Blasien, wohin ihn wahrscheinlich sein mütterlicher Oheim Herrgott gebracht, die Gelübde abgelegt und 1759 die Priesterweihe empfangen. Seine Ausbildung erhielt er mit Gerbert in Paris, und brachte wohl von daher das feinere und urbane Wesen, welches ihn vor den meisten Klostergeistlichen auszeichnet, nach seinem schwarzwälbischen Heimatstifte [1].

Kreuter wurde von seinem Prälaten zum Professor der Philosophie und zum Hofcaplane ernannt. Wegen seiner practischen Brauchbarkeit erhielt er sobann das Amt eines Großöconomen des Stiftes, womit die Aufsicht über den neuen Tempel- und Klosterbau verbunden war, und endlich die Stelle als Propst zu Bürgeln.

Dieses Propsteiamt legte ihm mancherlei, zum Theil sehr verdrießliche Geschäfte auf, da die stiftischen Gefälle im Markgräfischen immer bedroht waren und lästige Verhandlungen herbeiführten. So meinte unser Pater [2], „ein Karlsruher Cameralbeamter, welcher 1786 im Oberlande erschien, habe die Untersuchung der babischen Bergwerke zu seiner Maske gemacht, um unter der Hand ein Verzeichniß der klösterlichen Einkommenstheile im breisgauischen Markgrafenlande zu fertigen."

Seiner vielen Verwaltungsgeschäfte aber ungeachtet, fand Kreuter noch Muße genug zur Abfassung eines geschichtlichen Werkes über die vorderösterreichischen Staaten, welches ihm in der gelehrten Welt einen Namen erwarb. Man mag daran die Darstellungsweise tadeln und die gegen das Erzhaus gar zu obligate Sprache; seinen Werth aber hat das Buch in unserer vaterländischen Literatur bis auf heute behalten. Hätte der gelehrte Verfasser dasselbe in dem einfachen, klaren und fließenden Style seiner Briefe geschrieben und dabei den Höfling weniger gespielt, so würde diese „Geschichte Vorderösterreichs" eine beste Arbeit aus der historischen Schule von S. Blasien sein.

---

[1] Nach mündlicher Notiz von Pfarrer Speidel, wie das Spätere.
[2] Schreiben desselben an den sanctblasischen Hofkanzler d. d. Bürgeln den 27. October 1786.

Pater Kreuter war ein Mann von mittlerer Größe, sehr mager, aber höchst lebendig, mit klugem Blicke, langer Nase und satyrisch ge= schnittenem Munde. Derselbe trank keinen Wein, schlief immer auf Stroh und lebte überhaupt äußerst streng. Aber man fand an ihm den jovialsten Herrn im Umgange, den witzigsten Kopf bei der Tafel, den gewandtesten Führer der Klostergäste. Er mußte noch den schmerzlichen Schicksalsschlag der Aufhebung des Stiftes erleben und wanderte wahrscheinlich mit dem größern Theile der 78 Conventherren nach ihrem Asyle zu S. Paul in Kärnthen. .

Schriften.

Geschichte der vorderösterreichischen Staaten, aus Urkunden, gleich= zeitigen Geschichtschreibern und anderen Quellen gezogen. S. Blasien 1790. Zwei Theile. Außer diesem Werke kenne ich keine weitere literarische Arbeit Kreuters.

Ämilian Affermann.

Dieser treffliche Geschichtsforscher war, wie Herrgott, Schmidfeld und Kreuter, ein Breisgauer, geboren zu S. Ulrich am 30sten Octo= ber 1737, von unbemittelten, aber ehrbaren und braven Eltern. Schon in frühester Jugend hatte der Knabe eine seltene Gelehrigkeit und Lern= begierde gezeigt, weßhalb er von den dortigen Benedictinern[1] in den Anfangsgründen des Lateinischen unterrichtet und nach S. Peter an das Gymnasium empfohlen worden.

Hier genoß der talentvolle Jüngling den Unterricht in der lateini= schen, griechischen und hebräischen Sprache, wie daneben auch in der Musik. Und nachdem derselbe die Humaniora absolviert hatte, begab er sich nach S. Blasien, wo man ihn nach vollendetem Probejahr am Maitage 1757 in den Orden aufnahm und am 16ten Mai 1761 zur Priesterweihe zuließ.

Ussermann verlegte sich sofort mit allem Eifer auf das Stu= dium der philosophischen und theologischen Wissenschaften, und mit so glücklichem Erfolge, daß man ihn an die Hochschule zu Salzburg als Lehrer der Moraltheologie und der hebräischen Literatur berief. Dort verfaßte er ein Compendium der hebräischen Syntax mit einer Anleitung zur leichtern Erlernung dieser Sprache und einem Verzeich= nisse der besten einschlagenden Bücher.

Der Aufenthalt in Salzburg wurde unserm Pater jedoch bald verleidet, theils wegen des geringen Einkommens, theils wegen einer

---

[1] Das Clugniacenser Priorat S. Ulrich an der Melin (bei Staufen) war 1578 mit dem benachbarten Stifte S. Peter vereinigt worden.

114

Spannung zwischen ihm und seinen Collegen. Aemiliani consilium, meint sein Freund Klüpfel, nemo prudens improbaverit, si amore pacis et spe tranquillioris vitae ductus, ante tempus ad suos redire constituit.

Nach seiner Heimkunft wurde Pater Ussermann zum Kloster-bibliothekare ernannt, einer Stelle, wozu derselbe alle Gaben und Eigenschaften in seltenem Grade besaß; denn er war ebenso verständig und gelehrt, als human und gefällig. Nichts im Leben interessirte ihn auch mehr, als das Bücherwesen. Von überall her ließ das Stift auf seine Anregung ausgewählte Druckwerke und Handschriften mit vielem Gelde zusammenkaufen, wodurch die sanctblasische Biblio-thek wieder den sehr bedeutenden Werth erlangte, welchen sie vor dem Unglücksjahre 1768 besessen [1].

Unser Pater blieb aber nicht ein bloser Mehrer und Hüter der-selben, sondern benützte sie auch zu gelehrten Arbeiten, nament-lich im historischen Fache. So giengen der Vorläufer der Germania sacra und die Geschichtsbeschreibung der Bisthümer Würzburg und Bamberg aus seiner Feder hervor, welche Werke zu den besten der historischen Schule von S. Blasien gehören.

Nachdem Ussermann viele Jahre der Bibliothek vorgestanden und ganz in seinen gelehrten Studien gelebt, ergriff ihn eine Krank-heit, welche seinen Tod herbeiführte. „Er war (sagt Klüpfel) ein Mann von großer Gelehrsamkeit und Sprachenkenntniß, dabei ein Charac-ter von altdeutscher Treue und Redlichkeit, von einfachem und ge-radem Wesen, ein abgesagter Feind aller Prahlerei, Eitelkeit und Schmeichelei, zufrieden mit seinem Geschicke und allein um seine Studien und die Erfüllung seiner Pflichten besorgt. Man pflegte ihn, der seine Bücher inwendig wie auswendig kannte, nur die lebenbige Bib-liothek zu nennen."

Schriften.

Compendium syntaxeos hebraicae, unacum analysi libri Geneseos. Salisburgi 1769.

Prodromus Germaniae sacrae, sive chronicon Hermanni contracti,

---

[1] Über die damalige sagt das ziegelbauerische Werk (I, 589): S. Blasii in hercynia sylva, celeberrimi et potentissimi cocnobii, Bibliotheca eximiam omnino celebritatem, uti priscis, ita posterioribus temporibus sibi vendicavit, *tum ab antiquis, raris et copiosis codicibus manuscriptis, cum a recentioribus et selectis libris*, quibus exornata superbit. Quod si etiam Bibliothecae a loco, situ, dispositione, catalogo, denique a globis, mappisque geographicis, musaeis et numophylaciis laudandae veniunt, certe San-Blasiana non parum ab iis omnibus se commendat.

Peterbusanum, Bertholdi Constantiensis, Ottonis de S. Blasio aliaque. Typis San-Blasianis 1792.

Episcopatus Wirceburgensis sub metropoli Moguntina, chronologice et diplomatice illustratus. Cum codice probationum. Daſ. 1794.

Episcopatus Bambergensis sub sede apostolica, chronologice ac diplomatice illustratus. Cum codice probationum. Daſ. 1802.

Trudbert Neugart.

Entſchieden der grünblichſte unter den ſanctblaſiſchen Hiſtorikern war Pater Neugart, welchem zugleich das Lob einer beſonders klaren und geſchmackvollen Darſtellung gebührt. Die Gabe eines kritiſchen Forſchungsgeiſtes zeichnete ihn vor all' ſeinen literäriſchen Collegen aus, und es verdankt ihm die Geſchichte des alten Alemannien die weſentlichſten Berichtigungen und Aufklärungen, wie er nach ſeiner Überſiedelung nach Kärnthen auch die Geſchichte dieſes Landes viel= fach beleuchtet hat.

Neugart, am 23ſten Februar 1742 zu Villingen geboren, war der Sohn des dortigen Spitalmüllers [1], welcher den talentvollen Kna= ben, nachdem derſelbe die Stadtſchule zurückgelegt, in das Gymnaſium der Benedictiner von S. Georgen und ſpäter in die Schule von S. Blaſien ſchickte, wo man dem wackern, mit den günſtigſten Zeug= niſſen verſehenen Studioſen die nachgeſuchte Aufnahme gern geſtattete, was nur vorzüglichen Talenten zu geſchehen pflegte. Hier nun beſchwor der ebenſo fleißige, als begabte Jüngling am 13ten November 1759 die Ordensgelübde und wurde, nach Abſolvierung der philoſophiſchen und theologiſchen Fächer, am 1ſten Juni 1765 zum Prieſter geweiht.

Sofort verlegte ſich Neugart mit ſolchem Eifer und Erfolge auf das Studium der bibliſchen Sprachen, daß man ihm ſchon 1767 die Lehrkanzel derſelben und der Hermeneutik an der Hochſchule zu Freiburg übertrug. Nachdem er daſelbſt vier Jahre lang als öffent= licher Lehrer gewirkt, rief ihn Abt Gerbert in ſein Stift zurück und vertraute ihm das Lehramt der Theologie für die jüngeren Ordens= brüder an, welchem der eifrige Pater bis 1779 vorſtund.

Nachdem Neugart die Ehrenſtelle eines Hofcaplans erhalten, ſchickte man ihn, wie einſt die Patres Wülberz und Heer, auf ſanct= blaſiſche Expoſituren, 1780 als Pfarrer nach Gurtweil, 1781 nach Nötgersweil, 1782 wieder nach Gurtweil, und 1791 als Lehen= propſt nach Bonndorf. Sein dortiger Aufenthalt währte indeſſen nicht lange; er kehrte wieder nach S. Blaſien zurück und wirkte da=

---

[1] Vgl. Altbürgermeiſter Vetters Gedenkbüchlein auf die Induſtrie=Ausſtellung zu Villingen im Sommer 1858, S. 16.

selbst als „Stiftsbecan", wie nach dem Hinscheiden des Prälaten Mauriz als „Statthalter" des Reichsstiftes, wobei ihm die Abts= würde zugedacht war, welche der bescheidene Herr jedoch ausschlug, sich mit dem herrgottischen Musensitze zu Krotzingen begnügend.

Pater Trubbert hatte bis 1780 nur theologische und allgemein geschichtliche Studien getrieben, in diesem Jahre aber erhielt er den Auftrag, für die Germania sacra die von Pater Herrgott schon pro= jectierte Geschichtsbeschreibung des Bisthums Constanz in Angriff zu nehmen [1]. Neugart machte sich sofort mit allem Eifer an diese schwere, weitaussehende Arbeit und erwies sich dabei schon dadurch als gründ= lichen Historiker, daß er der geschichtlichen Darstellung ein umfassendes Urkundenbuch voraus gehen ließ, den Codex diplomaticus Ale- manniae, welcher mit den Chronikbüchern des ussermannischen Pro= bromus die fundamenta historiae dioecesis bilden sollte.

Die Herstellung dieses Urkundenbuches war aber mit einer Reihe von Hindernissen und Verdrießlichkeiten verbunden, welche nur eine männliche Selbstbeherrschung und Ausdauer überwinden konnte. Denn nicht allein gerieth Neugart mit den Klosterherren von S. Gallen, die es gereute, ihm ihren Urkunden=Codex zur Benützung überlassen zu haben, in die mißlichste Irrung, sondern es versagten ihm die Stifte Salem, Petershausen, Kreuzlingen, S. Peter, S. Trubbert, Tännen= bach, Schuttern und Gengenbach, gänzlich die Mittheilung ihrer histori= schen Urkunden!

Selbst aus dem bischöflichen Archive zu Meersburg war für ihn nichts zu erhalten, und ebenso mußte er sich an anderen Orten „ab= speisen lassen." Beinahe nur in der Schweiz fand sein Vorhaben die verdiente Unterstützung. Ganz besonders wurde es von Rheinau aus gefördert, wo der gelehrte Conventuale Vandermeer, mit welchem unser Pater in vertrautem Briefwechsel stund, ihm zu Mancherlei be= hülflich war und seinen Muth aufrecht zu erhalten suchte.

---

[1] Historiae vix ulla pars est, schrieb Gerbert 1788, quae non fuerit in Nigra Sylva seculo hoc exculta, sacra et profana, patria imprimis per Herr- gottum, Heerium et alios, qui etiamnum eo in labore desudant, eo potis- simum consilio, ut alii aliarum etiam provinciarum amplissimae nostrae nationis ad idem opus praestandum in suis regionibus exstimulentur, quo per huius- modi accuratas historias singularum provinciarum via complanetur ad universalem Germaniae sacrae et profanae historiam exquisite et solide conscribendam; quo hic noster collimat labor, historia item episcopatus Con- stantiensis, quam prae manibus habet ex meis P. Trudbertus Neugart, Brisgoviae vero et aliarum anterioris Austriae ditionum P. Franciscus Kreuter. Man erkennt hieraus den Plan des großartigen Unternehmens.

Noch im Sommer 1792 hatte Neugart an denselben geschrieben:
„Die Fortsetzung meines Codicis diplomatici wird nicht mehr an's
Tageslicht kommen. Aus meiner Schuld? Nein! Weiter darf ich
nichts sagen und bitte, mir niemals diese Nachricht zuzuschreiben."
Und gleichwohl konnte bald darauf der zweite Theil des Werkes, welcher
ebenfalls viele sanctgallischen Urkunden enthält, zum Drucke bereitet
werden. Dieses Urkundenbuch erwarb sich den entschiedenen Bei=
fall der gelehrten Welt [1].

Hatte Pater Neugart bei der Bearbeitung seines Urkundenbuches
solche Unannehmlichkeiten und Kränkungen zu ertragen, so wiederholte
sich dieß bei der Abfassung der Bisthumsgeschichte; aber er schwieg
darüber und arbeitete fleißig fort, was ihm sein Aufenthalt in dem
freundlichen Krozinger Propsteihofe sehr erleichterte. So erschien end=
lich der erste Theil des episcopatus Constantiensis, dessen Widmung
an den Fürsten von Dalberg mit dem Datum schließt: Scribebam
Krozingae in Brisgovia die 9ma Augusti 1802.

Unverweilt nahm Neugart sofort auch den zweiten Theil in An=
griff, ungeachtet der niederschlagenden und lähmenden Lage seines ge=
liebten Heimatlandes. Denn peinlicher noch, als selbst die Kriegs=
drangsale seit 1793, waren für ihn und seine Mitbrüder die faulen
Friedensjahre von 1800 bis 1803, während denen das Breisgau
von den Franzosen besetzt blieb.

Unser Pater, dessen patriotische Gesinnung in all' seinen Schriften
athmet, hegte den lebhaftesten Antheil an dem Schicksale des Landes
und seiner geistlichen Stifte. So schrieb er unterm 15ten März 1801
an den Abt von S. Peter: „Nach den gegenwärtigen Umständen soll=
ten die breisgauischen Stifte für ihre Existenz nichts zu befürch=
ten haben; aber den Bedacht werden sie nehmen müssen, den neuen
Landesherrn nicht gleich beim Antritte seiner Regierung durch viele
Vorstellungen zu belästigen. Das Land ist in seinen alten Vorrechten
von Zeit zu Zeit beschränkt worden, und geht es vermuthlich an den
Herzog von Modena über."

Diese Hoffnung aber war eine trügerische, worüber Neugart
seinen Schmerz nicht zu unterdrücken vermochte. „Wie's im Breisgau

---

[1] Die jenaische allgem. Literaturzeitung von 1792, Nr. V, S. 36, sagt
darüber: „Dieser Codex ist einer der wichtigsten, so jemals zum Vorschein gekom=
men. Man ist es schon gewohnt, aus dem fürstlichen Stifte S. Blasien vortreff=
liche Werke in diesem Fache zu erhalten, weil der dasige Fürstabt weder Mühe noch
Kosten scheuet, die vaterländische Geschichte durch die willkommensten und
nützlichsten Beiträge zu erweitern."

zugeht", schrieb er im Sommer desselben Jahres nach S. Peter, „ist
bekannt. Besteht der Friede noch lang auf diesem Fuße, so müssen
Herrschaften und Unterthanen von Grund aus ruiniert werden. Dem
Wiener Hofe sind unsere Plagen mit den wahren Farben geschildert
worden, aber bisher ganz umsonst. So mißkannt zu werden, hat
das Land wahrhaft nicht verdient. Ich war den ganzen Krieg über
noch nie so mißmuthig als jetzt, denn ich hoffte auf Frieden; da uns
aber der Friede ebenso nachtheilig ist, als der Krieg, weiß ich nichts
mehr zu hoffen."

Da verwandelte sich das Gefühl alter Anhänglichkeit an das Erzhaus, wie bei anderen Blasianern, auch bei Neugart in eine Bit-
terkeit, welche ihm folgende Äußerungen abrang: „Die armseligen Trost-
gründe aus Wien sind mir schon lange verhaßt. Man müßte blind
sein, um nicht zu sehen, daß unser Land dem Jdole, welches man Staat
nennt, zum Opfer fallen werde. Gott erbarme sich unser."

Unter solchen Seelenleiden arbeitete Pater Trubbert an seinen
gelehrten Werken im Stillen fort, und auch der härteste Schlag, dieselben von der neuen Landesregierung mißachtet zu sehen und die geliebte
Heimat verlassen zu müssen, konnte ihm das Interesse für historische
Studien und Arbeiten nicht rauben.

Neugart hatte an den Bemühungen seines Prälaten für die
Erhaltung S. Blasiens unter Baden den lebhaftesten Antheil ge-
nommen. Als nun alle Schritte vergeblich waren, bemühte er sich, die
Propstei Krotzingen auf lebenslang zu erhalten, und hätte als Ge-
lehrter wohl diese Rücksicht verdient; man ignorierte ihn aber völlig,
wie die Verdienste des Stiftes überhaupt. Der „klassisch gebildete"
Aufhebungs-Commissär von Jttner wagte sogar zu behaupten, die
Wissenschaften in S. Blasien hätten aufgehört, nachdem kaum vier
Jahre zuvor der erste Band des episcopatus Constantiensis erschienen
war, welcher auch bisher noch nicht übertroffen worden.

Im Jahre 1807 wurde Pater Neugart als Bevollmächtigter
seines Abtes und Conventes an den Wiener Hof abgesendet, um
wegen Übersiedlung des Stiftes nach Österreich die nöthigen Schritte
zu thun. In Folge derselben überließ man den Blasianern das auf-
gehobene Kloster S. Paul im Lavanthale bei Klagenfurt, worauf Abt
Berchtold mit etwa 40 Conventualen die bisherige Heimat verließ
und die neue bezog.

Unser Pater fügte sich als Mann in die Nothwendigkeit und suchte
für Kärnthen zu erstreben, was er für Schwaben geleistet. Davon zeugen die fünf trefflichen Schriften über kärnthische Geschichte,
welche der Unermüdliche bei seinem Tode in der Handschrift hinter-

ließ [1]. Aber auch die alte Heimat wurde von ihm nicht vergessen, indem der zweite zu S. Blasien begonnene (bis 1306 reichende) Theil des episcopatus Constant. zu S. Paul seine Vollendung erhielt [2].

Pater Trubbert Neugart verstarb zu S. Paul am 15ten Dezember 1825, als presbyter jubilaeus, in seinem 83sten Lebensjahre — si tamen mortuus nobis est, immortali fama gaudet apud posteros, quamdiu erunt, qui literas colent patrias.

Neugart unterschied sich von vielen seiner Mitbrüder durch ein sehr strenges Wesen, weßhalb er mit dem freier sich bewegenden Gerbert ein wenig zerfallen war; damit aber verband derselbe ein freundliches Wohlwollen, besonders gegen seine Schüler, welche ihn innigst verehrten. Für seine eigenen ehemaligen Lehrer bewahrte er zeitlebens ein dankbares Andenken, wie er sich am Schlusse der Geschichte von S. Paul gegen den Abt Berchtolb in den Worten ausspricht: Ego vero Deum singulis diebus vehementer oro, ut pater optimus vitae meae diu superstes sit.

Seine Anschauung und Auffassung geschichtlicher Ereignisse war nichts weniger als mönchisch beschränkt; er unterschied immer die bloße Legende oder Sage von dem wirklich Geschichtlichen, wie es sein kritisches Talent ja nicht anders zuließ. Und über seine eigenen Standesgenossen in früherer und späterer Zeit urtheilte er so unbefangen, wie es kaum zu erwarten war. Die Reformation des 16ten Jahrhunderts z. B. galt ihm als Abfall vom Dogma der Kirche, wozu aber die sittliche Verkommenheit vieler katholischen Geistlichen mehrfach beigetragen habe, während alle Neuerungen der Reformatoren in nicht dogmatischen Dingen fast weniger verwerflich seien, als jener traurige Sittenzerfall [3].

---

[1] Dieselben sind von Mone eingehend besprochen in den Heidelb. Jahrbüchern von 1855, Nr. 34.

[2] Neugart hatte die Handschrift des Werkes dem Schultheißen von Mülinen zu Bern in der Hoffnung überlassen, daß derselbe es zum Drucke befördern werde. Dieser übergab sie aber zum gleichen Zwecke dem Freiherrn von Laßberg, welcher nach den ersten Druckbogen mit dem Verleger Cotta in Zerwürfniß gerieth, wodurch die Fortsetzung des Druckes unterblieb. Hierauf entschloß sich der Abt zu S. Paul, in Folge einer Besprechung mit Mone, die Handschrift mit einem namhaften Beitrage seines Klosters zu den Kosten zu veröffentlichen, was denn auch 1862 bei Herber in Freiburg geschah.

[3] Quis miretur, sagt er, tot populos ante et deinde, relictis ecclesiae catholicae sacris, ad sectarios transisse, quia sacerdotum catholicorum mores a sanctitate religionis, quam profitebantur, tanto intervallo distabant.

Schriften.

Beschreibung der feierlichen Übersetzung einiger Gebeine des heiligen Pir‍min. S. Blasien 1777.

Doctrina de sacramento poenitentiae recte administrando. Daf. 1778.

Spicilegium precum quotidinarum ad usum sacerdotum. Daf. 1787.

Codex diplomaticus Alemanniae et Burgundiae transjuranae intra fines dioecesis Constantlensis. Tom. I, S. Blasii 1791. Tom. II, ibid. 1795 (zwei Quartanten).

Episcopatus Constantiensis alemannicus sub metropoli Moguntina. Partis I tom. I. S. Blasii 1803. Part. I tom. II. Friburgi Brisigaviae 1862 (zwei Quartanten).

Analecta Carinthiaca et Juvaviensia, Handschr. von 1816.

Codex traditionum monasterii S. Pauli notis illustratus, Handschrift von 1818.

Specimen lexici topographico-genealogici interioris Austriae, Handschr. von 1818.

Libellus maiores maternos Rudolfi I regis exhibens. Scripsit P. Trudp. Neugart, presbyter iubilaeus. Edidit P. Lud. Weber. Klagenfurt 1850.

Historia monasterii ad S. Paulum in valle Lavantina Carinthiae. Tom. I Clagenfurti 1848, tom. II ibid. 1854.

Kurze Geschichte des Chorherrenstiftes Ebernborf in Kärnthen, abgedruckt im Archive für kärnthische Geschichte und Topographie, Jahrg. I, 97.

Vinzenz Ilger.

Dieser Sanctblasier war, wie der gelehrte Pater Heinrich Grüninger (geb. 1680, gest. 1738), ein Bürgerssohn von Thiengen im Kletgau. Am 12ten Februar 1742 daselbst zur Welt gekommen, in der heimatlichen Schule und hierauf zu S. Blasien erzogen, trat er daselbst am 28ten October 1762 in den Orden und wurde am 13ten Juni 1767 zum Priester geweiht.

Der talentvolle junge Pater, nachdem er die Philosophie und Theologie absolviert, erhielt in seinem Stifte die Ämter als Censor morum, als Moderator fratrum religiosorum und als Magister novitiorum. Seine Studien und gelehrten Arbeiten scheinen sich vornehmlich auf disciplinarische, philosophische und kirchenhistorische Gegenstände bezogen zu haben.

Als Lohn seiner im Lehr- und Erziehungssache geleisteten Dienste erhielt Ilger um's Jahr 1800 die Stelle eines Priors über das Klösterlein Sion bei Klingenau, wo sich dem geübten Schulmanne an der dortigen Bildungsanstalt ein weiteres Feld pädagogischer Thätigkeit eröffnete. Er lebte noch bei der Aufhebung des Stiftes S. Blasien und ist wahrscheinlich mit nach Kärnthen ausgewandert.

Schriften.

Observationes in secula christiana de disciplina et moribus ecclesiae catholicae in usum cleri utriusque. Einsideln et Basel 1791 (vier Theile).

Die beschämten Philosophen unserer Zeit durch die Philosophen des grauen Altertums. Etwas für Verstand und Herz. Handschr. von 1801.

Konrad Boppert.

Dieser, am 10ten Februar 1750 zu Constanz geborne, am 6ten Juni 1773 zu S. Blasien in den Orden getretene und am 23sten September 1775 zum Priester geweihte Sohn des heiligen Benedict wurde der literarischen Welt erst nach seinem Tode bekannt. Er ist der Verfasser des gelehrten asketischen Sammelwerkes Scutum fidei, welches im Jahre 1806 unter die Presse der stiftischen Druckerei gelangte, aber dem Commissär Ittner als ein mönchisches Machwerk so sehr mißfiel, daß er den Weiterdruck desselben verhinderte.

Die Handschrift nahm der Verfasser mit nach S. Paul, von wo man sie an Herber zu Freiburg überließ, in dessen Officin das Werk zwischen 1853 und 1855, unter der Leitung des Domcapitulars Dr. Buchegger, endlich vollständig gedruckt erschien. Über die Veranlassung desselben wird Folgendes erzält [1].

„Pater Boppert war von einer heftigen Gemüthsart, welche ihn leicht zu Streitigkeiten mit anderen Conventualen verleitete. So kam es eines Tages zwischen ihm und etlichen jüngeren Patres zu einer höchst unklösterlichen Scene, wobei er sich dermaßen vergaß, daß seine Rechte nach dem Messer griff, was von traurigen Folgen hätte werden können, wenn man nicht abwehrend dazwischen getreten. Als der fatale Vorgang an den Abt gelangte, verbannte derselbe den Schuldigen als Pfarreiverseher nach Ibach, mit der weitern Auflage, aus den Schriften der Kirchenväter, Concilien, Liturgien und Theologen aller Jahrhunderte die für das Dogma der Eucharistie beweisenden Stellen zu sammeln."

„Der Pönitent mußte an den hohen Festen und an gewissen anderen Tagen, wo sich alle Patres im Chore einfanden, nach S. Blasien reiten, durfte aber die Clausur nicht betreten, und wenn der Gottesdienst zu Ende war, erwartete ihn schon wieder sein Pferd an der Klosterpforte. Diese Verbannung dauerte vom Sommer 1799 bis zum Frühlinge 1803, und so entstund in dem abgelegenen Pfarrhause von Ibach das Scutum fidei, eine Arbeit von erstaunlichem Fleiße, großer Belesenheit und Erudition."

[1] Briefliche Mittheilung des Herrn Professors König, gestützt auf die Aussagen der früheren Pfarrer Braun zu S. Blasien und Escher zu Ibach.

Das 12bändige Werk enthält für jeden Tag des Kirchenjahres eine Meditation über die Festzeit, immer im Hinblicke auf Messe oder Abendmahl; dann folgen die Beweisstellen aus den kirchlichen Schriften in chronologischer Ordnung, und endlich die Preces ante et post missam. Im Vorworte beklagt sich der Verfasser über die Lauheit vieler Geistlichen, indem er schreibt: Manifestum fit, tot sacerdotum in sacris peragendis irreverentiam, teporem, ne dicam scurrilitatem, non nisi ex defectu fidei oriri.

Er wußte recht wohl, daß Viele über seine Arbeit spotten würden, nämlich alle Diejenigen, welche die wirkliche Gegenwart Christi im Abendmale entweder geradezu läugnen oder sie zwar zu glauben vorgeben, aber thatsächlich mißachten (negligunt). Solchen Geistes war auch Herr von Ittner[1], der da meinte, „kein kluger Mensch werde ein so werthloses asketisches Buch lesen können." Daßelbe fand aber bei seinem späteren Erscheinen nicht allein in Deutschland, Österreich und Ungarn seine Abnehmer, sondern erlebte in Belgien und Italien auch einen Nachdruck, wie eine Übersetzung in's Deutsche und Französische! Konrat Boppert starb im Kloster S. Paul am 31sten Juli 1811.

Schriften.

Scutum fidei ad usus quotidianos sacerdotum. Tomi XII. Die ersten 3 Bände wurden 1806 erstmals in S. Blasien gedruckt, das Ganze zu Freiburg 1853 bis 1855.

Johann Baptist Weiß.

Derselbe war zu Wittichen, bei Wolfach, am 4ten Jänner 1753 geboren, hatte am 6ten Juni 1773 zu S. Blasien die Ordensgelübde abgelegt und im Sommer 1776 die priesterliche Weihe erhalten. Nachdem dann der junge Pater in der Stiftsschule als Lehrer der Theologie gewirkt, übertrug man ihm die Pfarrei zu Schluchsee, von welcher Expositur er jedoch bald wieder in's Stift zurückgekehrt zu sein scheint, da er am 21sten Juni 1793 daselbst die Grabrede auf den verstorbenen Fürstabt Martin hielt.

Im Jahre 1794, nachdem die Schulen zu Constanz von den Benedictinern der vorderösterreichischen Stifte übernommen worden, betraute man den Pater Weiß mit der Präfectsstelle am dortigen Gymnasium, woraus auf seine Fähigkeiten und seinen Charakter wohl ein günstiger Schluß zu ziehen. Jedenfalls bewährte er sich als tüchtigen

---

[1] In seinen (von Schreiber herausgegebenen) Schriften, Bändchen III, S. 206. Es mangelte ihm eben, bei aller Bildung und Gelehrsamkeit, für die Beurtheilung derartiger Leistungen jeglicher Maßstab.

Redner und Schulmann, wurde aber schon während des Jahres 1800, im schönsten Mannesalter, vom Tode ereilt.

Schriften.

Festrede, gehalten am 8. Tage der Feierlichkeiten bei Einweihung der neuen Kirche zu S. Blasen. S. Gallen 1784.

Trauer= und Lobrede auf Martin Gerbert, weiland Fürstabten zu S. Bla= sien, gehalten von J. B. Weiß, Capitular daselbst, an seine Mitbrüder, bei dem feierlichen Leichenbegängnisse am 21. Brachmonat 1793. S. Blasien.

Über die Verbindung guter Sitten mit den Wissenschaften. Eine Ermah= nungsrede an die Zöglinge des Gymnasiums zu Constanz, gehalten am 8. Christ= monat 1794. Constanz 1795.

Practisches Rechenbuch oder Anleitung, die vorkommenden Rechnungen, ohne viele Multiplicationen, kurz auszurechnen, mit Beispielen, Regeln und Er= läuterungen, nebst einem Anhange von 100 verschiedenen Rechnungsexempeln zur Übung. Grätz 1799.

Ambros Eichhorn.

Dieser Gelehrte, geboren am 6ten September 1758 zu Wittlig= hofen im Bonndorfischen, war der Sohn des dortigen Schullehrers, welcher den fähigen Knaben in den Elementarkenntnissen unterrichtete und hierauf nach Rotweil zu den Jesuiten schickte. Nachdem derselbe die Schule der eifrigen Väter fünf Jahre lang fleißig besucht, begab er sich, um die Rhetorik zu studieren, nach S. Blasien und erhielt einen Freiplatz im Stiftsconvicte.

Hier nun erwachte in dem strebsamen Studiosen die Neigung, ein Mitglied des unter dem Abte Gerbert so rühmlich aufblühenden Or= denshauses zu werden, und da seine Bitte um Aufnahme durch löbliche Zeugnisse unterstützt war, erhielt er dieselbe auch. Sofort widmete sich Eichhorn der Philosophie und Theologie, worin Pater Rottler, der nachmalige Abt, sein Lehrer war. „Unermüdet in der Lectüre," heißt es bei Waißenegger, „sammelte er, gleich einer Biene, alles Gute und brachte es immer sogleich in Ordnung. So kam das Jahr 1779 herbei, wo ihm am 8ten November zu S. Blasien das Ordensgelübbe abgenommen ward."

Im Jahre 1782 absolvierte Pater Ambros das Studium der Theologie, konnte jedoch die Priesterweihe, wegen Mangel des vorge= schriebenen Alters, erst 1783 erhalten; aber „eben in dieser Zwi= schenzeit legte der emsige junge Pater den Grund zu seinen später gewonnenen vielseitigen Kenntnissen, namentlich in der Diplomatik, Numismatik, Altertumskunde und Geschichte. Fürstabt Gerbert ar= beitete gerade an seiner Historia Sylvae nigrae und Ussermann ſtand der quellenreichen Stiftsbibliothek vor — eine höchſt glückliche Conſtellation für den angehenden Geſchichtsforſcher."

Damals gelangte Gerberts Lieblingsgedanken, die Gründung einer Germania sacra, zur Ausführung und Eichhorn wurde dabei mit der Bearbeitung des Bisthums Chur betraut. Er zeigte dieß dem dortigen Fürſtbiſchofe von Roſt mit dem Geſuche an, ihm die Benützung der betreffenden Archive zu geſtatten, erhielt die Erlaubniß unter ſchmeichelhaften Ausdrücken, bereiste hierauf die Bezirke des Churer Sprengels, ſammelte unermüdlich fleißig und kehrte mit einem reichhaltigen Quellenmateriale nach S. Blaſien zurück, wo man ihn auf Stellen verſetzte, welche die nöthige Muße gewährten, das Geſammelte zu verarbeiten und an's Licht zu fördern.

Unter ſolchen Arbeiten verfloſſen unſerm Pater 17 Jahre, welche er theils in der Seelſorge, namentlich als Pfarrer zu Bernau, theils als Novizenmeiſter in S. Blaſien verbrachte. Seine Arbeit gelangte im Jahre 1797 unter die Preſſe der ſtiftiſchen Druckerei, worauf ihn der neue Fürſtabt Mauriz zum Bibliothekare, wie ſpäter deſſen Nachfolger Berchtold zum Archivare des Gotteshauſes und folgends, ſeiner vielfachen Verdienſte wegen, zum Prior von Oberried ernannte, wo er bis zum Unglücksjahre 1807 verblieb [1].

Nach ſeiner Ankunft in S. Paul wurde Eichhorn ſogleich zum Präfecte des Gymnaſiums zu Klagenfurt auserſehen und begann, in dieſem Amte auf's Thätigſte und Gewiſſenhafteſte zu wirken. Pater Ambros „war ſtreng, aber die Studenten liebten ihn, denn als weiſer Pſycholog wußte er die rechte aequitas zu treffen, und die pädagogiſche Grundregel: Nulli aetati facere injuriam ward bei ihm zur Handlungsmaxime. Um den Studierenden ein ihnen angemeſſenes und zugleich im Style nützliches Erbauungsbuch in die Hände zu geben, ſchrieb er ein kleines lateiniſches Gebetbuch, welches ſich durch religiöſe Nüchternheit, wie durch einige beſonders ſchönen Hymnen empfahl."

Alle von ſeinen Amtsgeſchäften zu erübrigende Zeit verwendete Eichhorn auf die Sammlung von Urkunden und Nachrichten zur Geſchichte von Kärnthen. Manches Ergebniß ſeiner Forſchungen machte er in Hormayers Archive oder in der Zeitſchrift Carinthia bekannt, was die erfreuliche Folge hatte, daß man ihn als Archivar wie-

---

[1] Das Wilhelmiter Klöſterlein zu Oberried war im Jahre 1727, zugleich mit den Gotteshäuſern Sion bei Klingenau und zu Mengen in Schwaben (des nämlichen Ordens) dem Stifte S. Blaſien einverleibt worden. Der Ort mit dem Thale, bisher nach Kirchzarten pfarrhörig, erhielt 1787 eine eigene Pfarrei, welche von einigen ſanctblaſiſchen Capitularen unter einem Prior beſorgt wurde.

der nach S. Paul zurück berief, um seine historischen Studien auf diese Weise am Entsprechendsten zu fördern.

Bereits hatte der Unermüdliche eine reiche Sammlung von Ur- kunden-Abschriften beisammen, welche derselbe als Grundlage zu einer Geschichte von Kärnthen zu veröffentlichen beabsichtigte, als ihm 1818 das Amt eines Präfecten am Gymnasium zu S. Paul aufgetragen ward. Freudig unterzog er sich diesem Berufe, aber schon 1820 er- griff ihn eine Lungenentzündung, welche seinen Tod herbeiführte. Pa- ter Eichhorn verschied den 21sten März genannten Jahres, am Tage seines Ordensstifters Benedictus, von allen Guten und Redlichen auf- richtig betrauert.

Schriften.

Gedanken über die Freiheit, für den deutschen Landmann (wider die Re- volution in Frankreich). Ohne Angabe des Namens und Druckorts (aber gedruckt in S. Blasien), 1793.

Episcopatus Curiensis in Rhaetia sub Metropoli Moguntina, chrono- logice ac diplomatice illustratus. Cum codice probationum 101 documenta praecipua complectente. Typis San-Blasianis 1797.

Kurzgefaßte Geschichte der Propstei Oberried und des Thales S. Wil- helm, von 1805 (abgedruckt in der Badenia von 1844, S. 137).

Libellus precum ad usus studiosae juventutis christianae. Klagen- furti 1811.

Beiträge zur Geschichte und Topographie des Herzogtums Kärnthen. Klagen- furt, erste Sammlung 1817, zweite 1819.

Urkunden-Sammlung zur Geschichte von Kärnthen, Handschr.

Anselm Buß.

Dieser heißspornige Religiose, welchem ein tragisches Ende bestimmt war, hatte das Licht der Welt am 10ten October 1759 in der Reichs- stadt Gengenbach erblickt, in den Schulen daselbst, wie hernach zu Offenburg und S. Blasien seine Anfangsbildung erworben und 1779 die Aufnahme in dieses Stift erhalten. Seine Talente wurden bald erkannt und verhalfen ihm zu der wichtigen Stelle eines Registrators oder Klosterarchivars, welches Amt er zwischen den Jahren 1787 und 1792 verwaltete.

Während dieser Zeit arbeitete Pater Anselm ungemein fleißig in den Urkunden und Acten des Archives, und erhielt sofort von Fürst- abt Gerbert den ehrenden Auftrag, für die Germania sacra das Bisthum Speier zu übernehmen. Er wendete sich deßhalb im Som- mer 1788, wie an andere Gelehrte, an Lamey um Mittheilung von betreffenden Materialien, und erhielt auch solche in erfreulichster Weise. Seinen Dank dafür drückte Buß hierauf in dem folgenden Schreiben vom 6ᵗᵉⁿ März 1790 aus: Jubeor a Celsissimo meo, salutem Tibi dicere plurimam gratesque rependere obnixissimas pro iis, quorum nos reddere participes humanissime voluisti, subsidiis diplomaticis ad dioecesin Spirensem pertinentibus. Quodsi jussus non essem, nihilo minus lubenti animo haberes me devinctissimum, quum improbum aliquorum jam annorum laborem hisco adjuveris suppetiis, quarum continuationem adhuc a te sperari posse, mihi promissum est. Dicere nequeo, quantum delectet me talis promissio, *quantumque addiderit animi ad discutiendam ulterius istius dioeceseos historiam.* Quare vellem varia quidem ex te ipso, qui mihi fons limpidissimus es, quaerere, nisi absterrerent quam plurima, quibus te obrutum scio, alia negotia. Sed hoc forsan haud difficile tibi audierit, nominare.mihi et conciliare viros eruditos, qui tua moti autoritate conatus meos suis augeant symbolis.

Der Eifer des feuerigen Paters an dieser Arbeit scheint aber bald erloschen zu sein, was wohl eine Folge der damaligen Zeitereignisse war. Denn gleich manchem jüngern Klostergeistlichen da und dort wurde auch Buß angeweht von dem aus Frankreich kommenden Geiste der „Freiheit und Gleichheit." Dieß verrathen sogar seine archivalischen Arbeiten, welche öfters Auslassungen enthalten, von denen man, ohne es zu wissen, nicht glauben würde, daß sie aus der Feder eines vorderösterreichischen Mönches geflossen.

In einem Auszuge aus den prälatenständischen Acten des Stiftsarchives ließ sich unser sanctblasischer Stiftsregistrator unter Anderem bei der Versicherung des Erzherzogs Ferdinand, daß die den breisgauischen Ständen auf dem Landtage von 1553 abgenöthigte Geldbewilligung „ihnen an ihren habenden Freiheiten keinen Abtrag thun solle", zu der Bemerkung hinreißen: „So höhnt ein Despot die Unbedachtsamkeit seiner Stände. Auf ihren Schultern bäumt er sich auf, preßt ihnen Gut und Blut ab und versichert sie dann auf dem Papiere, was in der That erlogen, sie seien frei und würden von der Landesregierung sehr milb behandelt."

Im Jahre 1792 wurde Pater Buß als Professor der Poesie und der griechischen Sprache an das Gymnasium zu Freiburg gesendet — zu seinem Verderben! Denn in der breisgauischen Hauptstadt gerieth er unter die Anhänger der französischen Revolution und ließ sich von seinem Hasse gegen die Fürsten, namentlich gegen das Erzhaus Österreich, zu dem tollen Schritte verleiten, nach Basel auszureißen, um sich bei dem republikanischen Büreau daselbst zu subscribieren.

Nach der Überlieferung in seiner Familie soll Pater Anselm zu

Basel sein Mönchsgewand auf einem Scheiterhaufen verbrannt und jauchzend um den Freiheitsbaum getanzt haben [1]. Von dem an verschwand er spurlos — wahrscheinlich ein trauriges Opfer der Revolutionswuth, wie sein ehemaliger Standesgenosse Eulog Schneider, mit welchem er auch sonst viele Ähnlichkeit gehabt.

Schriften.

Regeste aus dem Theile des gräflich lupsischen Archives, welcher nach S. Blasien gekommen, von 1256 bis 1423. Handschr.

Auszug aus den zu S. Blasien befindlichen Acten des prälatenständischen Archives, von 1523 bis 1636. Handschr.

Verschiedene Aufsätze (wohl die über die Propstei Bürgeln, über die Werke des Paters Herrgott und dergleichen) in Hirschings historisch-literar. Handbuche (biographische Nachrichten) III, 47, 112, wie im Stifts- und Klosterlexikon (Leipz. 1792) I, 629.

Victor Keller.

In den letzten zwei Decennien des 18ten Jahrhunderts hatten zu S. Blasien, nach dem Eintritte von Eichhorn und Buß (1779) in den Orden daselbst, die Novizen Umber (1780), Keller (1785), Meyer (1795) und Maucher (1798) die Ordensgelübbe abgelegt, vier junge Männer, welche sich später theils als Gelehrte und Schriftsteller, theils als Seelsorger und durch wohlthätige Stiftungen verdient und bekannt gemacht.

Pater Philipp Jacob Umber, im April 1759 zu Laufenburg geboren und im Herbste 1783 Priester geworden, war als einer der talentvolleren jungen Patres, neben Keller, vom Fürstabte Gerbert zum Mitarbeiter an der Germania sacra bestimmt und deßhalb 1791 und 1792 nach den Bisthümern Augsburg und Eichstätt zur Sammlung der Materialien geschickt worden. Es ist aber aus seiner Feder nichts zum Drucke gelangt, als die Trauerrede, welche er am 22sten Christmonat 1801 auf das Absterben des Fürstabtes Mauriz an seine Mitbrüder gehalten.

Ein reicheres und schriftstellerisch weit thätigeres Leben zeichnete seinen etwas jüngern Genossen Victor Keller aus. Derselbe war als Sohn des Schmidmeisters Benedict Keller von Ewatingen am 14ten Mai 1760 daselbst geboren, zeigte schon frühe treffliche Anlagen, machte bei den Benedictinern zu Villingen seine ersten Studien und bezog nach zwei Jahren das Gymnasium zu Freiburg, wo unter sei-

---

[1] Mündliche Mittheilung des Herrn Hofraths von Buß.

nen Lehrern der ebenso freimüthige als gelehrte Professor Ruef und der damals berühmte Musiker Umstatt ihn besonders liebten und zu fördern suchten [1].

Nach absolviertem Gymnasium begab sich Keller zum weitern Verfolge seiner Studien an die Hochschule von Wien. Dort hörte er Vorlesungen über Philosophie und Theologie; besuchte aber nebenbei auch fleißig das Theater, die Oper und verschiedene Gesellschaften, wo der intelligente junge Schwabe immer gerne gesehen war. Das naive, ungenierte Wiener Leben scheint einen nachhaltigen Eindruck auf denselben ausgeübt zu haben.

In den Herbstferien 1778 nach der Heimat zurück gekehrt, besuchte Keller (wahrscheinlich mit Empfehlungen des stiftischen Amtmanns zu Ewatingen) das Gotteshaus S. Blasien, welches damals unter der trefflichen Verwaltung Gerberts in seine schönste Blüthezeit getreten war. Angezogen hievon, ließ der junge, für gelehrte und literarische Thätigkeit geschaffene Mann sich leicht bestimmen, zu S. Blasien in den Orden zu treten, was noch während desselben Jahres geschah. Als Novize schon lehrte er die Philosophie, wurde vom Chordienste befreit, mit Ausnahme der Sonn= und Feiertage, und zum Professor der Mathematik, Diplomatik und Numismatik ernannt, legte sofort, in seinem 25ßen Lebensjahre, die Klostergelübbe ab und erhielt 1785 zu Constanz die Priesterweihe, worauf man ihm den Lehrstul der Kirchengeschichte und des Kirchenrechtes im Stift anvertraute.

Um nun ungestört seinen Studien obliegen zu können, suchte sich Pater Victor möglichst von den Geschäften der Seelsorge, namentlich vom Beichthören, frei zu machen, was zuweilen durch sonderbare Mit= tel geschehen sein soll. Mit unstillbarem Wissensdurste durchgieng er die 36,000 Bände der Klosterbibliothek, und sammelte mit unermüd= lichem Fleiße den Apparat zur Ausführung der Bischtumsgeschichten von Verden, Eichstätt und Augstburg. Aber die folgenden Geschicke des Stiftes ließen diese Arbeiten nicht zur Reise gelangen.

Auf das überraschende Hinscheiden des Fürstabts Mauriz wurde unmittelbar nach Bestattung des Leichnams die neue Abtswahl (am 19ten November 1801) vorgenommen, wobei neben dem Propste Rott= ler von Klingenau auch Pater Victor in Vorschlag kam; derselbe soll jedoch bewirkt haben, daß sein Gegencandidat drei Stimmen mehr er= hielt, weßhalb er sich hernach selber scherzweise einen „geschelten Fürsten"

<hr />

[1] Diese, wie die folgenden Nachrichten über Keller sind größtentheils der Bio= graphie entnommen, welche seinem literarischen „Nachlaß" vorausgeschickt ist, I Bd. S. 1 bis 56.

nannte[1]. Der neue Fürstabt verlieh ihm die Propstei Gurtweil und später die Pfarrei Schluchsee, wo er sieben Jahre zufrieden verlebte und sich vieler angenehmen und ehrenden Besuche erfreute.

Sehr ungerne vernahm Keller beßhalb seine Versetzung nach der sanctblasischen Propstei Wislikon im Aargau. In Folge derselben aber erhielt er bei der Aufhebung seines Stiftes den Ruf als Pfarrer nach Aarau (14. Febr. 1806) eine Lebensveränderung, welche sehr folgen= reich auf seine geistige Richtung und Thätigkeit einwirkte. Denn dort gefiel seine Freisinnigkeit; sie verschaffte ihm die Ernennung zum Mit= gliede der Bibliothek=Commission und der obersten Schulbehörde des Cantons und die Freundschaft geltender Männer, wie eines Troxler, Zschokke, Sauerländer, Herzog, Feer und Fetzer, welche den ehemaligen Benedictinermönch völlig in ihre liberale, rationalistische Bahn hinein zogen. Im Jahre 1812 übertrug ihm das Constanzer Ordinariat das Amt eines bischöflichen Commissärs und als solcher wurde er im folgenden Jahre auch Präses der geistlichen Prüfungs= commission für den Canton Aargau.

In Aarau verfaßte Keller seine „Ideale" und lieferte viele Auf= sätze in die „Stunden der Andacht", so daß dieses viel gelobte und viel getadelte Werk größtentheils aus seinen allgemein beliebten Pre= bigten entstanden sein mag. Wie angenehm ihm aber der Aufenthalt in der argauischen Hauptstadt sonst auch gewesen sein mochte, so fand er sich gleichwohl durch manches Mißfällige veranlaßt, um die Pfarrei Zurzach einzukommen. Er erhielt dieselbe im Frühjahr 1814 und wurde zugleich Decan des bortigen S. Verenenstiftes; jedoch nöthigte ihn die schon im nächsten Jahre erfolgte Abtrennung der Schweiz vom Bisthume Constanz, seine Entlassung aus dem schweizerischen Kirchen= dienste zu verlangen, im Mai 1816.

Durch einen Tausch mit dem Pfarrer zu Grafenhausen, wel= cher ein geborner Klingenauer war, erhielt Keller biese ehemals sanct= blasische Pfarrei und bezog dieselbe am 26ten November 1816; sie ent= leibte ihm aber schon nach wenigen Jahren, weßhalb er um die vacante Pfarrei von Pfaffenweiler competierte, wegen „des milbern Klima's, der größern Muße und bequemen Nähe von Freiburg mit seiner Universitäts=Bibliothek."

Am 28ten November 1820 wurde Keller als Pfarrer baselbst bestätigt und befand sich längere Zeit ganz behaglich in bem freund= lichen Dorfe, erhielt auch viele Besuche aus Freiburg, namentlich

---

[1] Die ausführliche Beschreibung dieser Wahlhandlung in Speckles Memoiren enthält hieron keine Sylbe.

von Studenten der Theologie, deren Lehrer in der Dogmatik er gerne geworden wäre [1]. Das „Katholicon", welches die erste Frucht seiner pfaffenweiler'schen Muße war, zog ihm aber viele Verdächtigungen und Verdrießlichkeiten zu; diesen folgte im Winter 1823 ein Schlaganfall, welcher ihn für längere Zeit der Sprache und des Gedächtnisses beraubte; ganz erholte er sich nie wieder, und erlag zuletzt einer Lungensucht am 7ten December 1827.

Ohne Frage war Victor Keller unter den letzten Blasianern einer der fähigsten Köpfe und trefflichsten Menschen. Gerbert hatte dieses Talent früh erkannt und für sein Unternehmen der Germania sacra ausersehen. Die freiere Richtung des jungen Paters, welche Manchen schon im Kloster verdächtig schien, mochte den aufgeklärten Fürstabt wenig beirren; er soll ihn beßhalb zwar zur Rede gestellt, dabei aber gesagt haben: „Lehren Sie, wie und was Sie wollen, nur lernen Sie auch ränken, wenn man Sie packen will."

Heiter, witzig und wohlwollend im Verkehre der Gesellschaft, gastfrei gegen Freunde, freigebig gegen die Armen, gerade und offen gegen Jedermann, ein Mann von klarem Denken, von vielem Wissen und redlichem Charakter — das war Keller; aber „die geistige Richtung, wie solche gegen das Ende des vorigen und im Anfange des gegenwärtigen Jahrhunderts herrschte, die f. g. Aufklärung, zumal der theologische Rationalismus, hatte ihn völlig ergriffen und Etwas aus ihm gemacht, was er ohne die zu Wien und Aarau empfangenen Eindrücke wohl nicht geworden wäre".

Als Schriftsteller war Keller sehr fruchtbar, aber vieles von ihm Begonnene blieb unvollendet. Er schrieb nicht ohne Kraft und Wärme, und da seine Schriften dem herrschenden Zeitgeiste entsprachen, so fanden sie einen ausgedehnten Leserkreis, was ihnen rücksichtlich des Einflusses auf denselben keine geringe Bedeutung verlieh. So arbeitete der ehemalige Schüler des großen Gerbert gerade dem entgegen, was dieser durch seine vielen Werke zu erstreben gesucht.

Schriften.

Ideale für alle Stände. Aarau 1818 (dritte Auflage 1831, daselbst).
Katholicon. Aarau 1824 (dritte Auflage 1832, ebenda).

---

[1] Ich habe noch Freiburger gekannt, welche mir viel Schönes von dem „trefflichen Pfarrer und Prediger" zu Pfaffenweiler erzählt. — In seiner Eingabe an die theolog. Facultät gab er zu erkennen, wie er die Dogmatik aufheitern und von allen scholastischen Schlacken säubern wolle; daß sie überhaupt nicht in der gewöhnlichen Form, sondern als Dogmengeschichte zu behandeln gedenke. — In der zu seiner Zeit üblichen Behandlungsweise schien ihm diese Wissenschaft zum „christlichen Talmud" geworden (Nachl. II, 61).

Mehrere Aufsätze in den Stunden der Andacht (Aarau von 1809 bis 1816). Schutzschrift für den Bisthumsverweser von Wessenberg. Nachlaß (eine Art von philosophisch-theologisch-politischem Real-Lexicon, unvollendet. Herausgegeben von Cooperator J. Barbisch). Freiburg 1830, zwei Bände. Blätter der Erbauung und des Nachdenkens. Freiburg 1832. Die 2. Ausg. 1854. Vier Bände.

Lucas Meyer.

Dieser jüngste der aus S. Blasien hervorgegangenen Gelehrten und Schriftsteller war der Sohn einer armen mit Kindern überladenen Häuslerfamilie im Holzschlage bei Gündelwangen, ohnweit Bonndorf, geboren am 8ten Jänner 1774. Der lernbegierige Knabe besuchte zwar 1781 die Dorfschule von Boll, wurde aber bald wieder aus derselben weggenommen und zum Viehhüten, wie während der Winterszeit zum Mousselinesticken verwendet, welches damals ein hauptsächlicher Erwerb dortiger Gegend war.

Es läßt sich wohl denken, daß der Aufenthalt in der einsamen Bergnatur, auf der freien Waide, wie daheim in der väterlichen Hütte, wo man des Abends bei der Stickarbeit sich mit Liedern, Sagen und Mährlein die Zeit verkürzte, daß diese einfache, gemüthliche Lebensweise auf den empfänglichen, sinnigen Knaben einen Einfluß geübt, wodurch dessen Heimatliebe eine Innerlichkeit und eine Richtung gewann, welche später den gereiften Mann zur Bearbeitung der heimatlichen Geschichte ganz besonders angetrieben.

Aber bis Meyer zu dieser Bahn gelangte, wie viel Schweres und Bitteres hatte derselbe in seiner Jugend zu erdulden! Durch eine neue Heurat seines Vaters wurde er von Daheim vertrieben und begab sich (erst 12 Jahre alt) auf gutes Glück nach Bonndorf zu den Paulinern, wo man ihn aufnahm, aber so wenig beachtete, daß der Arme öfters in einem Winkel des Klostergartens bittere Thränen über seine trostlose Lage vergoß. Da endlich nahm sich der Gärtner des hilflosen Knaben an, dem es nun gelang, durch rastlosen Eifer seine schönen Anlagen besser auszubilden.

Seine gemachten Fortschritte erlaubten ihm, jetzt eine größere lateinische Schule zu beziehen; er begab sich daher zunächst zu den Benedictinern in Villingen, hierauf an das Gymnasium zu Donaueschingen und um's Jahr 1791 nach S. Blasien, wo man das Landeskind vorerst aber nicht aufnahm. Meyer setzte daher seine Studien an der Hochschule zu Freiburg fort, worauf ihm 1793 von S. Blasien aus endlich gewährt wurde, was er früher gewünscht.

Der für wissenschaftliche Studien begeisterte junge Mann trat im Herbste jenes Jahres in das Kloster, legte am 22sten Februar 1795

die Ordensgelübde daselbst ab und wurde, nach Vollendung des theo=
logischen Curses, am 21ᵗᵉⁿ September 1799 zum Priester geweiht. Es
geschah dieses nach einer längern sehr bemüthigenden Strafe und Zurück=
setzung, welche sich der mehrfach Enttäuschte durch ein Schreiben nach
Wien zugezogen, das zu Handen des Klosterbecanes gerieth und worin
es hieß: „Ich habe in meinem Streben nach den Wissenschaften einen
Fehltritt gethan; das Kloster ist der Musensitz nicht mehr,
wie ich ihn zu finden hoffte."

In der That hatte S. Blasien nach dem Hingange Gerberts
das Mißgeschick, daß dessen Nachfolger, der treffliche Fürstabt Mauriz,
einen großen Theil seiner Zeit in Angelegenheiten des Stiftes und
Prälatenstandes am Wiener Hofe verbringen mußte, wodurch es der
Partei, welche aus Neid oder Beschränktheit gegen die gelehrten
Patres eingenommen war, möglich gemacht wurde, dieselben zu chi=
kanieren, ihnen die bisher zu ihren Arbeiten gegönnte Zeit zu ver=
kümmern und sie mit einem strengern Chordienste zu belästigen.

Da unter solchen Machinationen auch Meyer besonders zu leiden
hatte, so mußte es eine wahre Erlösung für ihn sein, als er im Jahre
1800 zum Lehrer der griechischen Sprache am Lyceum zu Constanz
bestimmt wurde. Dort erfreute er sich einer freieren Bewegung und
des aufmunternden Umganges mit dem Generalvicare von Wessen=
berg, dem Herausgeber der „geistlichen Monatsschrift für das Bisch=
tum Constanz", welche später unter dem Titel „Archiv für die
Pastoralconferenzen" erschien. An diesen nützlichen Publicationen beab=
sichtigte unser Pater fleißigen Antheil zu nehmen, als ihn im Jahre
1804 seine Oberen plötzlich nach S. Blasien zurück beriefen!

Meyer wurde dem Lehrfache entzogen und für die Seelsorge be=
stimmt; derselbe erhielt zunächst die Pfarrei des Wallfahrtsortes Todt=
moos, bald indessen die angemessenere und freundlichere zu Oberrieb,
in der Nähe von Freiburg. Hier erlebte er die Aufhebung des Stiftes
S. Blasien, ohne Lust zu verspüren, mit dem Abte und seinen Ge=
treuen nach Kärnthen auszuwandern[1]. Im Jahre 1809 ward ihm
von S. Gallen aus der ehrenvolle Ruf zur Übernahme der Leitung
des dortigen neu gegründeten Gymnasiums; man veranlaßte ihn aber
durch Verheißung einer bessern Pfarrei, im Lande zu verbleiben.

---

[1] Schreiber, welcher die Abfassung solcher Biographieen gerne als eine Art
von Rechtfertigung seiner eigenen kirchlichen Richtung benützte, hat in dem Vor=
trage über „Lucas Meyer, Begründer der Lucasstiftung", erschienen zu Freiburg
in der Universitätsbuchdruckerei 1831, offenbar das Verhältniß Meyers zum Stifte
etwas zu trüb dargestellt. — Die Stiftungsurkunde bei Werk, Stiftg.=Urk. akademi=
scher Stipendien, S. 554 bis 560.

Nachdem er von Oberrieb nach Nötgersweil und endlich 1813 nach dem heiteren Gurtweil versetzt worden, begann seine angenehmste Lebenszeit, mit Ausnahme des Jahres 1814, wo das bortige Militär-Lazaret, und des Jahres 1817, wo die herrschende Hungersnoth ihm die größten Gefahren, Mühen, Sorgen und Verbrießlichkeiten verursachten [1]. Hierauf aber — je ruhiger Meyer sich seinen Studien und Arbeiten überlassen konnte; je mehr er die Liebe und Achtung seiner Gemeinde, wie aller benachbarten Gebildeten erwarb, desto mehr schwanden leiber seine Leibeskräfte dahin. Vom Frühjahre 1821 an eilte der kränkliche Herr sichtbar dem Grabe zu, und am 18ten Juni endigte er in ruhiger Fassung sein viel bewegtes Leben [2].

Pfarrer Meyer war als Mensch, als Seelsorger und Schriftsteller höchst achtungswerth und hat viel Gutes bewirkt. Was ihm an Schärfe des Geistes und kritischer Gelehrsamkeit abgieng, das ersetzte er möglichst durch Fleiß und Eifer, durch redliches Streben, durch Wahrheitsliebe und Herzlichkeit. Ich habe niemals anders, als mit besonderer Achtung und Anerkennung seiner Eigenschaften und Verdienste von ihm reden hören.

Wie immer Zeitumstände und Berufsgeschäfte es gestatteten, überließ sich Meyer seinen Lieblingsstudien. Auf dem theologischen Felde beschäftigten ihn besonders praktische Fragen, das Pastoral-Archiv enthält mehrere Aufsätze aus seiner Feder. Seine historischen Arbeiten beschränkte derselbe auf ein Gebiet, welches er beherrschen konnte, auf das heimatliche. Und hier wurde ihm der Geschichtschreiber des Schweizerbundes zum Vorbilde. Darnach bildete sich seine Behandlung der geschichtlichen Stoffe und seine Darstellungsart; aber freilich wollte dem Jünger der eigentümliche Styl des Meisters so wenig gelingen, daß diese Nachahmung öfters höchst störend auf den Leser wirkt und demjenigen vielfach Abbruch thut, was der Verfasser durch die müllerische Geschichtsanschauung an historischer Umsicht und Einsicht gewonnen [3].

Meyer verdient aber nicht allein wegen seines segensreichen Seel-

---

[1] Beiderlei Elend habe ich als Knabe in nächster Nähe von Gurtweil (zu Thiengen und Waldshut) selber miterlebt.

[2] Als Meyers Bibliothek zur Versteigerung kam, erwarb mein Oheim (Gefäll-verwalter K. in Thiengen) mir etliche Bücher aus derselben, namentlich die manchfische Sammlung von Minnesängern, welche Bodmer 1757 herausgegeben.

[3] Die meyerischen Manuscripte, welche in verschiedene Hände gerathen waren, habe ich beinahe sämmtlich wieder zusammengebracht durch Mittheilungen des sel. Oberamtmanns Schilling, des sel. Ministerialraths Merk und des Herrn Pfarrers Kürzel zu Ettenheim-Münster.

forgerwirkens und seiner hinterlassenen Schriften unser dankbares An=
denken, sondern auch wegen einer wohlthätigen Stiftung, welche
er in seiner letzten Willensverfügung gemacht, ähnlich wie es sein
jüngerer Mitbruder Roman Maucher zu Ringsheim that.

Pater Roman, am 21ſten October 1777 zu Winterrieben in Schwa=
ben geboren, war am 28ſten October 1798 zu S. Blaſien in den
Orden getreten und am 19ten September 1801 zum Prieſter geweiht.
Nach der Aufhebung des Stiftes trat derſelbe in die Seelſorge ein,
wurde zuerſt Pfarrer zu Gütenbach, dann zu Sigelau und endlich 1827
zu Ringsheim, wo er am 20ſten Dezember 1841 verſtarb. Sein Ver=
mächtniß beſtund in 29,000 Gulden, wovon die Zinſen „für arme ge=
ſittete Jünglinge zur Erlernung eines Handwerks, oder für einen armen
talentvollen Sohn von Ringsheim zum Behufe des Stubierens, ver=
wendet werden ſollen" [1].

Die meyeriſche Stiftung betraf (neben ſchönen Vermächtniſſen
zu einem Armenfond und an die Kirche in Gurtweil, an ſeine Bluts=
verwandten und Dienſtboten) den Überreſt ſeiner Verlaſſenſchaft, woraus
an der Hochſchule zu Freiburg eine „S. Lucasſtiftung" gebildet wer=
den ſolle, um einen Stubioſen der Theologie aus der Verwandt=
ſchaft des Stifters oder aus den Pfarrſprengeln Günbelwangen, Bonn=
dorf, Boll und Schluchſee, mit jährlichen Stipendien von 160 bis 300
Gulden zu unterſtützen.

„Hiezu bewog ihn, wie er im Teſtamente verſichert, ſein eigenes
Jugendſchickſal, damit von ſeinen Landsleuten ſich künftig hin auch
ärmere Jünglinge dem ſo wichtigen Weltprieſterſtande widmen
können, ohne eine Beute der Armuth und Lebensdrangſale zu werden,
worunter das höhere Geiſtesſtreben ſo leicht erliegt oder verkümmert."

Schriften.

Zwölf Aufſätze im Archive für die Paſtoralconferenzen, über den Nutzen der
Kirchengeſchichte für den Seelſorger (1808 V, 345); Etwas aus dem Leben
Martin Gerberts (1811 III, 195); das Benehmen des Seelſorgers bei ge=
wiſſen außerordentlichen Verrichtungen (1811 VI, 401); Anſicht über die Litur=
gie (1812 II, 111); das Pfarrbuch von Kirchzarten (1813 XII, 401); wie Con=
ferenzen abzuhalten? (1815 III, 212); über zweckmäßige Regeneration der Li=
turgie (1816 VIII, 81); der hl. Gallus als Chriſtenlehrer (1818 VII, 3); wie die
Kirchengeſchichte des Bisthums Conſtanz für die Seelſorger zu ſchreiben ſei (1819
II, 73); über den Geſammtwillen der einzelnen kathol. Kirchen bezüglich des
Bisthums Conſtanz (1819 VIII, 104); geſchichtliche Beleuchtung des alemanni=
ſchen Volksglaubens (1819 II, 321) und Stiftungsurkunde über den Armen=
fond Gurtweil (1820 X, 259).

---

[1] Regierungs=Bl. 1843, S. 141. C. Jäger, Stip.=Stiftungen I, 116.

Geschichte des Thales S. Wilhelm bei Oberried, Beitrag zur einstigen Pfarr=
geschichte, Handschr. von 1808.

Geschichte der Pfarrei Rötgersweil, von 1812.

Kulturgeschichte des Schwarzwaldes, von 1813.

Geschichte der Pfarrei Gurtweil, von 1814.

Aus dem Leben des Priesters Origenes, von 1815.

Schicksale der Wiedertäuferlehre auf dem Schwarzwalde, von 1815, abge=
druckt in der Babenia von 1840, S. 276.

Römische Altertümer auf dem südöstlichen Schwarzwalde, besonders über
die Ausgrabungen bei Lauchringen, von 1817.

Umriß der Geschichte des Kletgaues, von 1817, abgedruckt in meinen Brie=
fen über das badische Oberland (1833).

Hercynia oder Eigentümlichkeiten der Schwarzwälder (Hauensteiner) Mund=
art, von 1819.

(Ausführliche) Geschichte des Kletgaues, von 1820.

Geschichte der alemannischen Landgrafschaft Alpgau oder Hauenstein, 1821
vollendet.

VIII. Übersicht des Ganzen und Schlußbetrachtung.

Soweit in den Rhein= und Donauländern die römische Herr=
schaft reichte, war seit dem 4ten Jahrhunderte das Christentum auch
die herrschende Religion gewesen. Nachdem aber das gewaltige Römer=
reich der großen Völkerwanderung hatte erliegen müssen, überschwemmten
die heidnischen Germanen diese theilweise schon sehr cultivierten
Länder, wobei die Alemannen, ein Volk der hartnäckigsten Wohans=
diener, den Oberrhein besetzten. Da sie die alte, meistens christliche
Bevölkerung unterjochten, so läßt sich denken, wie es mit den reli=
giösen Zuständen derselben ausgesehen, bis das Evangelium am Rheine
durch die fränkische Monarchie wieder hergestellt worden.

Indessen hatten zwei Dinge, wie anderwärts, so auch in den
oberrheinischen Gauen, trotz allen Hindernissen und Unterbrechungen,
eine Fortsetzung der christlichen Kirche unterhalten — Bischöfe und
Einsidler. Jene erhielten sich zu Windisch (Constanz) und zu Augst
(Basel); diese aber lebten im Lande umher, wo eine abgelegene Gegend,
eine Wildniß, die nöthige Sicherheit versprach, ihrem Gottesdienste in
hölzernen Hütten oder Zellen, aus denen hernach einflußreiche Klöster
und Stifte entstunden. Solche Einsidler und Waldbrüder waren am
Oberrheine die heiligen Männer und Märtyrer Trudbert, Lando=
lin, Meinrat[1] — und die frommen Brüder an der Alb.

---

[1] Trudbert und Landolin lebten in der ersten Hälfte des 7. Jahrhunderts,
also ohngefähr zu eben der Zeit, wo sich der Sage nach die Einsidler des schwarz=
wäldischen Albthales in eine brüderliche Gesellschaft zusammen gethan. Und noch zwei
volle Jahrhunderte später führte der hl. Meinrat dasselbe Einsidlerleben!

Als diese letzteren zu einer kleinen Colonie heranwuchsen, waren am Rheine hin schon zwei bedeutende Klöster vorhanden, das Fribolinsstift zu Säckingen und das Welfenstift zu Rheinau. Da wurde veranstaltet, daß die Albzelle mit Verwilligung des dortigen Grundherrn Sigemar im Jahre 858 an die rheinauischen Benedictiner übergieng, welche sofort ihre Ordensregel mit einer Reliquie des heiligen Blasius dahin verpflanzten, wenn den Brüdern die benedictinische Regel nicht schon früher durch ihren Diöcesanbischof ertheilt worden [1].

So gestaltete sich die „Zelle des heiligen Blasius am Albflusse" zu einem rheinauischen Priorate, verfiel aber bald hernach dem traurigen Geschicke, ein Opfer der Hungarn-Einfälle zu werden. Die Verwüstungen dieser wilden Horden erinnern an die Alles umstürzenden Erschütterungen der Völkerwanderung, wie an die grimmigen Fehden der Großen des merovingischen Zeitalters und vollenden das traurige Bild jener Jahrhunderte voller Verwirrung, Rohheit und Barbarei, voller Gewaltthaten und Blutströme, welche das aufgehende Licht der Christuslehre nur langsam überwand.

Zum Glücke für die neugegründeten christlichen Reiche war aus Nursia in Umbrien der Mann hervorgegangen, welcher durch seine Stiftung des Benedictinerordens die Überlieferungen der alten Cultur auf die Nachwelt verpflanzte. Die zu Monte Cassino niedergeschriebene Regula sancti Benedicti blieb das Gesetz für eine wunderbar anwachsende Menge von Bekennern, denen man seit jenem 5ten Jahrhunderte nicht allein die Beurbarung unzähliger Wildnisse, sondern auch die Pflege der geistigen Cultur in den verschiedensten Bevölkerungen verdankte [2].

So wichtig für das ganze abendländische Mittelalter war die Arbeit der Benedictiner zum materiellen und geistigen Anbau der Länder, zumal zur Fortpflanzung der literarischen Schätze des gebildeten

---

[1] Auffallender Weise erwähnt der Liber constructionis der Übergabe der Albzelle an das Stift Rheinau mit keiner Sylbe, sondern erzält von einer Deputation der Brüder nach Constanz, wo ihnen der Dioecesanus (welches nach der Überlieferung Bischof Crenfrib gewesen sein soll) sua authoritate regulam et habitum S. Benedicti ertheilt habe. Da Crenfrib aber im Jahre 748 verstarb, so hätten die Albzeller schon über ein ganzes Jahrhundert vor ihrem Anfalle an die Rheinauer diese Regel besessen, was indessen sehr unwahrscheinlich ist, da dieselbe Quelle bereits vom heiligen Blasius spricht, dessen Reliquie doch notorisch erst nach dem Jahre 858 von Rheinau in vicinum saltum (d. h. nach dem Schwarzwalde) verbracht wurde. Hiernach wäre also, was oben S. 11 gesagt worden, zu berichtigen.

[2] Insbesondere Germania nostra ordini S. Benedicti lumen fidei (et literarum) debet atque culturam soli. Gerbert.

Altertums, daß ein gelehrter Jünger der (ihnen sonst sehr abholden) Gesellschaft Jesu sich zu dem Bekenntnisse genöthigt sah: Nisi ordo divi Benedicti fuisset, tota literatura periisset!

In der That, durch ganz Italien, Frankreich, Deutschland und England bestanden nach der Eroberung dieser Länder durch die Germanen nirgends etwelche Schulen, als in den Gotteshäusern, und auch nach Errichtung der ältesten Hochschulen zu Rom, Pavia und Paris, wo die Benedictiner die ersten Lehrer waren, bildeten die Klosterschulen noch lange beinahe die einzigen Unterrichtsanstalten. Daher darf man für jene Zeiten mit allem Rechte sagen: Omnia Coenobia erant Gymnasia et omnia Gymnasia erant Coenobia.

Die Benedictiner haben, um nur von Deutschland zu reden, die ersten Schulanstalten bei uns gegründet, namentlich die trefflichen Schulen von Fulda, von S. Gallen, Reichenau, Corvei, Hirschau, Etthal, Kremsmünster, und welche Männer sind überhaupt aus den benedictinischen Klöstern hervorgegangen, wie viele Päpste, Bischöfe und kaiserliche Canzler, wie viele Missionäre, Künstler, Gelehrte und Schriftsteller ersten Ranges![1] Ex iis monasteriis, sagt Mabillon, velut ex arce sapientiae, innumeri viri prodierunt philosophiae cognitione praestantes divinae atque humanae.

So verdankte auch S. Blasien, nach seiner Wiederherstellung[2]

---

[1] Es seien hier nur die berühmtesten aufgezählt: Papst Gregor der Große (gest. 604), der ehrwürdige Beda (735), der heilige Bonifaz (755), Alcuin, der Lehrer Karls des Großen (804), der Abt Walafried Strabo (849), Erzbischof Rabanus Maurus (856), Cardinal Damiani (1072) und Papst Gregor VII (1085), die Erzbischöfe Lanfrank (1089) und Anselm von Canterbury (1109), die Geschichtschreiber Hermann der Lahme (1054) und Bernold von Constanz (1100), der Bibliothekar Petrus Diaconus (1140), der heilige Bernhard von Clairveaux (1153), Abt Cäsarius von Heisterbach (1240), Abt Suger von S. Denis, Regent von Frankreich (1152) und der englische Historiograph Matthäus Parisius (1259), Thomas Aquinas, zu Monte Cassino gebildet (1274), Papst Clemens VI (1352), Abt Trithemius von Spanheim (1516), der Diplomatiker Mabillon (1707) und Generalpropst Dionys von Saint-Marthe (1725), der Historiker Meichelbeck (1734), der Bibliothekar Bernhard Pez (1735), der Procurator von Montfaucon (1741), Abt Gottfried Bessel (1749), Fürstabt Gerbert (1793).

[2] Cella in sylva Swarzwalt a beato Reginberto heremita noviter constructa, heißt es im kaiserlichen Diplome von 983. Noviter kann hier den Sinn haben von neulich, aber auch von denuo oder iterum; denn war keine ältere Zelle vorhanden gewesen, wofür überhaupt dieser Beisatz? Cella a Reginberto constructa (ubi primus habitaverat) hätte hingereicht. Nach meiner Auslegung würden jene Worte also heißen: Die von Reginbrecht erneuerte Zelle, welche er zuerst wieder bewohnte.

durch ben frommen, welterfahrenen Einsibler Reginbrecht, dem benedictinischen Bekenntnisse schon während des 11ten und folgenden Jahrhunderts eine für damals in der That ungemeine Blüthe materieller und geistiger Cultur.

Denn nachdem die rheinauische Adoptivtochter an der Alb [1] durch Kaiser Otto den Großen und seinen Sohn mit einem eigenthümlichen Gebiete bewidmet und mit dem kaiserlichen Schutze begnadet worden, um auf eigenen Füßen stehen zu können, gieng der reginbertische Wunsch in Erfüllung — die Cella S. Blasii wurde von ihrem Mutterstifte Rheinau getrennt und zur selbstständigen Abtei erhoben; sie verbesserte sofort ihre vielbesuchte Schule, erweiterte ihre Bücherei und erzog eine Reihe gelehrter Mönche, welche theils daheim, theils als Äbte oder Lehrer nach anderen Gotteshäusern berufen, im Geiste ihres Ordensstifters zu wirken bemüht waren.

Der ottonischen Schenkung folgten die frommen Vermächtnisse der Fürsten und des Adels, welche gerade in den Zeiten am reichlichsten flossen, da die Kirche ihre größten Gefahren und Drangsale erlitt. So gelangte S. Blasien unter seinen acht ersten Äbten zu einem Reichtume irdischen Besitzes, zu einer Ordnung häuslichen Gedeihens, zu einer Blüthe der Regelzucht, der klösterlichen Handarbeit, des Gottesdienstes und der Gelehrsamkeit, welche den benedictinischen Geist in glänzender Weise offenbarten.

„Das Gotteshaus [2], nachdem es unter Vorschub einer frommen Kaiserin die Gewohnheiten von Fructuar angenommen, erschien neben

---

[1] So stellte Pater Bandermeer die Sache dar. Das aber genierte die Blasianer, welche ihren Ursprung als „benedictinisches Gotteshaus" nicht einem andern Kloster wollten zu verdanken haben, sondern eine eigene Entwickelung hierin behaupteten. Dieß jedoch widersprach den urkundlichen Nachrichten zu sehr, wenn man nur eine Albzelle festhielt; daher schlug Abt Gerbert den Ausweg ein, zwei an verschiedenen Orten des Albthales gelegene Zellen anzunehmen — eine ältere an Rheinau übergebene, von den Hungarn zerstörte, und eine neuere von Reginbrecht gegründete, selbstständig zur Abtei S. Blasien erwachsene. Das Richtige hierin hatte schon Schöpflin angegeben, indem er bemerkte: Blasiana cella per tempus aliquod juncta fuit coenobio Rhenaugiensi. At seculo X ineunte, irruptionibus Hungarorum monasteria ad Rhenum et in vicinia destructa quum essent, cella Alba norum fundatorem nacta est Reginbertum, qui ab imperatore Ottone II obtinuit, ut cella in abbatiam sub patrocinio S. Blasii converteretur, a quo tempore nexus inter Rhenaugiensem abbatiam et cellam Albam desiit. Auch aus den actis Murensibus geht hervor, daß die cella S. Blasii ehedem die cella Alba gewesen.

[2] Diese und die folgenden mit Anführungszeichen versehenen Stellen sind aus der trefflichen Festprebigt des Capitulars Schmid von Muri auf die Klostereinweihung von 1783.

Hirſchau und Schaffhauſen durch ganz Deutſchland als Vorbild
klöſterlicher Vollkommenheit [1]. Es hoben ſeine goldenen Zeiten an; die
Gebäude wurden zu eng, denn es brängten ſich Arme und Reiche,
Geringe und Vornehme heran, Ritter, Freiherren und Grafen kamen
in die Wüſte des Albthales, bekleibeten ſich mit dem Mönchsgewande
und fragten: Was muß ich thun, um abzubüßen und Heil zu erlangen?
Sie entſchlugen ſich alles menſchlichen Troſtes, ſchloſſen ſich in einſame
Zellen ein, verzehrten ihr kärgliches Brot unter Thränen der Reue,
verbrachten halbe Nächte mit Beten, und züchtigten ihren Leib bis an
den Rand des Grabes."

„War es da zu verwundern, wenn andere Klöſter aus S. Blaſien ſich Äbte und Lehrer holten, wie Engelberg einen Adelhelm
und Frowin, Donauwerd einen Dichterich, Wiblingen einen
Werner und Garſten einen Berchtolb, welche ſich ebenſoſehr durch Gelehrſamkeit, als Sittenſtrenge und Frömmigkeit ausgezeichnet? Und als
viele Klöſter durch eigene oder frembe Schuld in traurigen Zerfall geriethen, befand ſich unſer Schwarzwald-Stift unter denen, welche denſelben zur Hülfe kamen. So lag das Gotteshaus Muri beinahe
völlig barnieder, als ihm Abt Giſelbrecht ſeinen Mönch Leutfrib
ſchickte und mit einer neuen Colonie wieder empor half."

„Was Leutfrib hier gethan, das leiſteten ſanctblaſiſche Brüder auch
zu Kettwein und Kempten, zu Alpirsbach, Erlach, Weſſen-
brunn, Rheinau, Jſny und in noch gar vielen Klöſtern, da
S. Blaſien in deren ſieben neue Colonieen, wie in mehr denn breißig
anderen ſeine Mönche als Äbte, Lehrer und Verbeſſerer eingeführt.
So blieb die Quelle unerſchöpft, wie freigebig man auch baraus mit-
zutheilen pflegte, jene fruchtbringende Quelle, welche aus dem Geiſte
des großen Erzvaters Benebict entſprang."

„Dabei beburfte S. Blaſien ſeit jener Einführung der fructuari-
ſchen Gewohnheiten zur Handhabung der Kloſterzucht niemals einer
fremben Hülfe [2]. Unter 45 Äbten, von Werner I bis auf Martin II, im Verlauf ſo vieler Jahrhunderte, findet ſich kein einziger von
Auswärts poſtulierter Vorſteher."

Ja, die „goldenen Zeiten" von S. Blaſien traten ein, als die
Kirche und ihre Diener unter der furchtbarſten Verfolgung litten; als

---

[1] Per divi Blasii monasterium invecta fuit monasticae disciplinae re-
formatio, Cluniacensi non dispar, *et in nonnullis aliquantum districtior*, utpote
multis in eam ex S. Benedicti Anianensi adscitis, qui cognomen supra
Regulam fuit sortitus. Gerbert.

[2] Monasterium nostrum proprio semper, ut ajunt, natavit cortice, nec
unquam peregrinos in sedem suam adscivit praesules. Wülberȝ.

Bischof Gebhart flüchtig nach dem schwarzwälbischen Gotteshause kam und eine Menge verfolgter, ober reuiger, ober lebensmüber Menschen aus allen Stäuben dahin sich retteten. Das Stift gieng reicher an Gütern, stattlicher an Gebäuben und glänzenber an Ruhm aus jener wirren und brangsalvollen Zeit hervor!

Diese Blüthe verbanke basselbe vornehmlich seinen zwei Schulen — neben ben geheimnißvollen Wirkungen jener wunberbaren mystisch=schwärmerischen Frömmigkeit, welche zur Erlangung des „ewigen Seelenheiles", in beschaulichem ober werkthätigem Leben, unter ben Be=schwerben und Entsagungen ascetischer Bußübung, nach ber Palme bes Mönchtumes rang; jenes heiligen Wahnes, welcher bas höchste Ver=bienst barin erblicke, alle Genüsse und Wünsche bes irbischen Da=seins ber ewigen Betrachtung einer himmlischen Zukunft zum Opfer zu bringen; jenes seltsamen Strebens nach Selbstbemüthigung, Selbstherabsetzung, welches viele Söhne ber vornehmsten Familien be=stimmte, im härenen Gewanbe bie gemeinsten, niebrigsten Knechts= und Hanblangerbienste [1] zu verrichten!

Wenn ber benkenbe Mann vor biesen Erscheinungen steht, und nach ben Ursachen, nach ben Quellen berselben fragt, so wirb sich als Antwort wohl ergeben — hier ber tief in bie Menschenseele gelegte Drang bes Glaubens an ein jenseitiges Leben, bort bie täglich vor Augen liegenbe Eitelkeit alles irbischen Daseins, und ber täglich zum Himmel schreienbe Jammer bes menschlichen Elenbes, welches bamals noch häufiger und heftiger über bie Bevölkerungen kam.

„Hatten bie ersten Brüber an ber Alb ganz im Kleinen und Ver=borgenen angefangen, so verbanben bie Sanctblasier nachmals, burch ihre Zeiten belehrt, wie nöthig ber Kirche bie Gelehrsamkeit sei, bie Wissenschaft mit bem Gebete, bie Arbeit bes Geistes mit ber Arbeit ber Hänbe, und erlangten baburch einen weit verbreiteten Ruhm [2]. Aus ihrer Schule giengen würbige Diener bes Altars, unterrichtete Priester und erleuchtete Lehrer hervor. Hier erwuchs Bruber Arnolb von Straßburg, in ber Schriftauslegung gelehrt, wie kein anberer; hier Bruber Berchtolb von Donauwerb, vielgewanbt im Lateinischen und Griechischen, in gebunbener und ungebunbener Rebe, bessen Namen bis nach Constantinopel brang; hier Bruber Albrecht von Frohburg, in

---

[1] Quanto nobiliores erant in saeculo, tanto so contemtibilioribus officiis occupari desiderabant. Gerbert.

[2] Quum paullatim a suo splendore remitteret Hirsaugiensis congregatio, San-Blasiana contrario quotidiana fere incrementa accipere visa est. Gerbert.

göttlicher und menschlicher Weisheit wunderbar erfahren [1]; hier endlich erwuchsen die Brüder Werner, Bernhart und Bernold, allzeit rüstige Streiter für den Sieg ihrer Kirche."

„Werner schrieb von der heiligen Dreieinigkeit gegen die Manichäer, Bernhart griff die Simoniten an, und Bernold nahm es mit allen Feinden der ächten Kirchenlehre auf. Die Nicolaiten, Simoniten, Reorbinanten, Manichäer, Schismatiker — alle mußten vor seine Feder [2]. Derselbe griff an, kämpfte, verteidigte, fragte und antwortete, überall nach dem Siege der Tugend und Wahrheit strebend. Er schrieb gegen die Unenthaltsamkeit der Geistlichen, gegen das Treiben der Simoniten und Schismatiker; er schrieb für den Papst und dessen Decrete, für die priesterliche Gewalt und das Priestertum der Mönche."

„Und Bruder Hartmann, welcher aus der Einöde des Schwarzwaldes als Abt nach Kettwein gegangen — war er nicht ein Liebling der Fürsten, ein Vertrauter des Kaisers, ein Günstling des Papstes? Mit welch' kluger Vorsicht, mit welch' weiser Mäßigung mußte dieser Nathan die einander widerstrebendsten Dinge zu vermitteln! Unvermögend, nach irgend einer Seite das Unrecht zu begünstigen, opferte derselbe, wenn es seinen eigenen Vortheil betraf, Alles dem Wohl der Kirche. Ein Wink von Rom und er fügte sich in allem Gehorsam [3]. So geschah es, daß zwei sich damals bekämpfende Mächte diesem Manne gleichzeitig ihre Gunst zuwendeten, indem Kaiser Heinrich V ihm Abteien und Bischtümer zudachte, während Papst Paschal II ihn zu seinem Legaten in Deutschland ernannte."

Diesem freudigen Aufblühen S. Blasiens folgte eine Periode des Stillstandes; denn seit den Tagen des frommen, an Gesinnung und

---

[1] Albertus, S. Blasii monachus, ab Henrico blasiano praesule Ochsenhusano coenobio praeficitur, ibi cum nominis eius famam magna prudentia et disciplinae severioris laude quotidie augeri cernerent Wiblingenses, eum sibi abbatem expetierunt impetraruntque. Wülberg.

[2] Die Nicolaiten waren gegen den Cölibat der Priester und verlangten, daß dieselben sich verehelichen sollten. Die Simoniten, Anhänger des Gegenpapstes Wibert, hieltens mit der Käuflichkeit der geistlichen Ämter und Pfründen. Unter Reorbinanten aber verstund man diejenigen, welche die reuigen Simoniten nicht wieder für aufnehmbar hielten ohne neue Weihe. Simoniaca haeresis et Nicolaica in episcopatu Constantiensi ultra modum regnabat. Gerbert.

[3] Hartmannus principibus totius regni erat acceptissimus et ipsi Henrico V familiarissimus, qui et eum in archiepiscopatu Juvaviensi sublimare disposuit, in abbatia Campidonensi praefecit. Praeterea et papa Urbanus eum valde familiarem habuit eumque Gebhardo Constantiensi episcopo in apostolica legatione adjutorem constituit. Pez.

Herkunft gleich edeln Abtes Werner von Küssenberg[1], des ausgezeich=
neten Lehrers Arnold, des fleißigen Chronisten Konrat und des
trefflichen Geschichtsschreibers Otto, seit jenen rühmlichen Tagen war
im Stifte gar Vieles nicht besser und gar Mancherlei schlimmer ge=
worden. Der Erwerb zeitlichen Besitztums dauerte fort; aber im
Innern des Klosterwesens schlichen sich mehr und mehr Mißbräuche
ein, und von Außen traten mehr und mehr Gefahren heran, zumal
durch die Gewaltthätigkeiten des Faustrechts=Adels, welcher das
reiche Stift mit Fehden bedrängte, um es zu Vergleichen zu nöthigen,
deren Bedingung gewöhnlich ein Sümmlein Geldes war.

Die Studien fiengen an, unter dem Ueberhandnehmen eines ver=
äußerlichten Chordienstes zu leiden, und nachdem der hochverdiente
Abt Arnold sein Gotteshaus durch die Wirren des großen Zwischen=
reiches glücklich hindurch geführt, wurde dasselbe durch eine gewaltige
Brunst mit allen Schätzen seiner berühmten Bücherei gänzlich ein
Raub der Flammen! „So viel vermag ein einziger Unglückstag."

Die Wiederherstellung des Stiftes war das Verdienst des würdigen
Prälaten Ulrich, unter dessen Verwaltung die Musen zwar wieder
aufzuleben begannen, leider jedoch nur, um bald beinahe völlig zu ver=
stummen und unwissende Mönche einem mechanischen Chordienste
oder verderblichen Müßiggange zu überlassen.

Doch ist anzunehmen, daß das wissenschaftliche und sittliche Ver=
kommen unter den Blasianern weit den Grad nicht erreicht habe,
wie damals in vielen anderen Klosteranstalten; gleichwohl aber kann
man sich nach Allem, was aus jener Zeit über das Stift an Nach=
richten vorliegt, kein besseres Bild von demselben machen, als das eines
gewöhnlichen Klosterwesens ohne hervorragende Aebte und be=
sonders gelehrte oder verdiente Männer.

Nur Eines stellt sich heraus, was den damaligen sanctblasischen
Aebten und Conventen zum Verdienste gereicht — auch während der
schlimmsten Zeiten handhabten sie eine Hausöconomie, Güter=
Verwaltung und Landwirtschaft, welche von dem meistens
höchst wirtschaftslosen Treiben der benachbarten Fürsten und Edelherren
sehr löblich abstach. Während dieselben sich mit Schulden überluden,

---

[1] Das Titelbild seiner Blumenlese stellt den Abt dar, wie er das Buch dem
über ihm, neben der hl. Jungfrau stehenden hl. Blasius hinaufreicht, worunter
folgende Verse zu lesen sind:

Hoc syntagma tibi: jussi rex coelite scribi.
Suscipias a me: quod suscepi prius a te.
Theotecon natum: scriptori fac miseratum.
Codice me Christo: Blasi sacer offer in isto.

war S. Blasien beinahe immer in der Lage, ihnen kleinere oder größere Darleihen zu machen, gegen Verschreibung von Gütern und Gerechtsamen, welche großentheils nie mehr ausgelöst wurden [1].

Dergestalt konnte das Stift die Schäden und Verluste immer wieder ersetzen, welche ihm die faustrechtlichen Zugriffe des Abels, die Verwüstungen des alten und neuen Schweizerkrieges, die Bauern= empörung und die Kirchentrennung verursachten. Es ist erstaun= lich, mit wie vielen Leiden und Bedrängnissen S. Blasien während der vierthalb Jahrhunderte vom Tode König Rudolfs bis zum west= fälischen Frieden heimgesucht worden.

Durch die Reformation namentlich erlitt das Stift in der Eid= genossenschaft und im badischen Breisgau an Einkommenstheilen und Gerechtsamen schwere Einbußen, und der 30jährige Krieg schlug ihm die tiefsten Wunden. Aber auch in diesen Zeiten, wo so viele Gotteshäuser veröbet standen und andere sich nur mit höchster Noth zu erhalten mußten, auch in diesen wirrevollen und blutigen Zeiten war S. Blasien im Stande, den Klöstern Schuttern und Schwarzach zu ihrer Wiederherstellung zu verhelfen, und der als Vorsteher nach letzterem berufene Placibus Rauber war es, welcher als Visitator der oberrheinischen Benedictiner=Congregation dieselbe beinahe allein noch am Leben erhielt [2].

Niemals sind zu S. Blasien die Wissenschaften ganz darnieder gelegen, immer hat in diesem Gotteshause die unverwüstliche Wurzel derselben neue Schosse getrieben, neue Blüthen und Früchte getragen. „Nach dem Beispiele eines Mabillon, Ruinart, Martene und b'Achery that sich das Stift beinahe in jedem gelehrten Fache hervor. Nicht allein die Theologie, sondern auch die Kritik, Geschichte und Di= plomatik, die Beredsamkeit und selbst die Dichtkunst, die Natur= und Sittenlehre fanden hier von Zeit zu Zeit ihre Pfleger und Förderer. In der Geschichte glänzten ein Bernolb, Frowin, Otto und Konrat, ein Schullehrer Letsch, ein Abt Caspar, ein Pater Strölein, Eiselein und Wülberz; in den schönen Wissenschaften ein Pater Zink [3] und Rauber; in der Theologie aber verließ man endlich den scholastischen

---

[1] Gewöhnlich nahmen diese Herren bei dem Stifte auf ein verschriebenes Unter= pfand (meistens Leute und Güter, Zinse, Zehenten und Vogteirechte) nach und nach neue Summen auf, bis der Werth desselben erreicht oder die Schuld so groß war, daß sie nicht mehr getilgt werden konnte.

[2] P. Placid. Rauber, e S. Blasio evocatus, disciplinam collapsam Ni= griaci restituit, ac congregationem Alsaticam, cujus visitatorem 1658 egerat, jamjam labentem unice retinuit. Wülberz.

[3] Johannes Strölin historiam synodi Constantiensis reliquit 1567. Cos=

Weg, betrat einen lichtern, und stellte ein verbessertes, wohlgeordnetes und zusammenhängendes Lehrgebäude derselben her."

„Die Klöster S. Trudbert, Muri, Schwarzach, Schuttern, Gengen=bach, Reichenau und andere begehrten von S. Blasien Lehrer und Wiederhersteller der Wissenschaften; gelehrte Gesellschaften in Italien und Baiern rechneten sich's zur Ehre, von dort aus Mitglieder zu er=halten; öffentliche Prämien[1] bezeugten die vorzügliche Achtung der Verdienste des Stiftes; die Hochschule von Freiburg verdankte dem=selben mehrere Lehrer der öffentlichen Rechte, der Geschichte, der schönen Wissenschaften und morgenländischen Sprachen, und jene von Salz=burg endlich erhielt bei ihrer Gründung von ihm Rath und Hilfe, bei ihrem Fortgange verdiente Mitarbeiter und Lehrer, wie die Patres Sedelmaier, Troger, Enbel, und ihre erste Geschichtsbeschreibung."

An das Haus Habsburg=Oesterreich bewahrte unser Stift eine entschiedene Anhänglichkeit von König Rudolfs Zeiten bis auf Kaiser Karl VI und seine Tochter. Dasselbe verdankte den Herzogen, seit sie seine Schutz= und Schirmherren geworden, manches schöne Besitz=tum und mancherlei Förderung, wie endlich einen bedeutenden Ein=fluß am erzherzoglichen und kaiserlichen Hofe, was zumal unter den Äbten Augustin, Blasius III und Franz II der Fall war.

Der große Prälat Blasius Benber, welchen seine ungewöhnlichen Gaben zum Lieblinge dreier Kaiser machten, zierte den Altar und unter=stützte den Thron, ebenso geeignet für die großen Geschäfte des Staates, als für das Wohl der Kirche. Als bevollmächtigter Minister bei der schweizerischen Eidgenossenschaft mußte derselbe die alte Erb=vereinigung eines billig auf seine Freiheit stolzen Volkes mit dem Erz=hause zu erneuern, und dem Grafen von Daun in der graubündisch=mailändischen Angelegenheit die wesentlichsten Dienste zu leisten. Abt Franz aber erwarb dem Stifte durch seine Gunst am Kaiserhofe den reichsfürstlichen Rang, wodurch es unter den breisgauischen Stiften die oberste Stelle und die leitende Hand erhielt[2].

Der treuen Anhänglichkeit der Sanctblasier an das Erzhaus gab Fürstabt Gerbert noch ganz besonderen Ausdruck durch seine Crypta nova, welche er als ein Lieblingsunternehmen mit vieler Mühe und nicht geringen Kosten ausgeführt. Sein Verhältniß zu Maria The=

---

mannus Zink fuit vir insigni eloquentia, humanioribus literis ac poësi excul-tus. Wülberz.

[1] Gerberti iter alemannicum, edit. 1773, S. 441.

[2] Omnes Austriae anterioris ecclesiae in auctoritate eius firmissimum sibi praesidium collocatum agnoscunt. Herrgott.

refia, der hohen Begünstigerin dieser Schöpfung, daß einen so viel verheißenden Gang genommen, wurde aber sehr getrübt durch die kirch= lichen Reformen Josephs II, des Lothringers, deren Neuerungen den kirchentreuen Prälaten schwer betrafen und in eine ebenso peinliche, als haikle Stellung versetzten.

Wie Gerbert nicht allein als Abt ein großes Klosterwesen, son= dern auch als Fürst und Landesherr eine nicht unbedeutende Graf= schaft väterlich zu regieren verstund, haben wir gesehen. Noch heute bemerkt man im Bonndorfischen die Folgen seiner segensreichen Ver= waltung und noch heute erinnert sich die dortige Bevölkerung mit Ver= ehrung der Wohlthaten, welche er ihren Vätern durch Verordnungen, Anstalten, Einrichtungen und Stiftungen so reichlich erwiesen.

Und wie freudig entwickelte sich unter diesem trefflichen Vorsteher, dessen edler Geist schon aus seinem heitern, intelligenten Antlitz leuchtete [1], die Gelehrten=Academie von S. Blasien! Sie bleibt eine einzige Erscheinung im Bereiche der schwarzwälbischen Berg= und Wald= gegenden, wie schon das Bild des neuen Kirchen= und Kloster= gebäudes in der einsamen, wildkräftigen Natur anbeutet.

So erscheint unser Stift vornehmlich als eine Schule der Philo= sophie, Theologie, Geschichte und ihrer Hilfswissenschaften, daneben aber war es auch längere Zeit eine Schule der Musik, wie denn diese schöne Kunst in den Klöstern von jeher mit aller Liebe gepflegt und geübt worden, oft bis zum Uebermaße. Jeder Novize erlernte ein In= strument und beinahe jeder Pater spielte eines, dieser und jener mit ausgezeichneter Meisterschaft.

Jenes Übermaß aber, wie überhaupt die Ausartung der kirchlichen Instrumentalmusik (die Oper und die Messe unterschieden sich bald allein noch durch ihren Text) riefen das Bestreben hervor, an beren Stelle etwas Würdigeres einzuführen. So verfiel man auf den Choralgesang, welchen Abt Gerbert ganz besonders bevorzugte. In einem Schreiben aus jenen Tagen [2] heißt es hierüber: „Der jetzt

---

[1] Ein Bildniß (Brustbild) des Fürstabts befindet sich vor dem 60. Bande der allgem. deutsch. Bibliothek von Nicolai (Berlin 1785), welches aber nicht sehr ge= lungen. Besser ist das Brustbild desselben auf der zur Einweihungsfeier von 1783 geschlagenen Denkmünze (durch Guillemard gefertigt), deren Revers das neue Klostergebäude darstellt, mit der Umschrift: Optimo patri ob rem restauratam Capitulum S. Blasianum. Wohl das beste aber zeigt ein halb lebensgroßes Brust= bild in Schwarzkunst auf Kupfer gearbeitet, wovon ich, wie von der Denkmünze, ein Exemplar selber besaß.
[2] Bei Baron von Böcklin, Beiträge zur Geschichte der Musik, besonders in Deutschland. Freiburg 1790.

regierende Fürstabt liebt die Studien mehr, als die Musik, obwohl
derselbe ihren Werth gehörig zu schätzen weiß. Er trachtet allein, Gelehrte aus seinen Leuten zu bilden, unter denen er glänzt, wie der
Mond unter den Sternen. Der weltberühmte Herr ist sogar ein Feind
der heutigen so ausgearteten und verborbenen Kirchenmusik[1],
und mit Recht; denn in der That sollte man dieses gotteslästerliche
Wesen, wie es meistens getrieben wird, aus unseren Tempeln überall
strengstens verbannen."

Eine andere Ursache des Zerfalles der Instrumental=Musik
zu S. Blasien lag in dem Umstande, daß von den bortigen Con=
ventualen immer gegen 40 meist jüngere Männer auf die stiftischen
Priorate, Propsteien und Pfarreien ausgesetzt waren, welche bei der
Rückkehr in's Kloster meistens ihre Kräfte und ihre Übung in der
Musik eingebüßt hatten. Auch wurden die daheim verbleibenden Fratres mit Schulstudien und Hausämtern zu sehr überladen, um
zur Pflege der Musik etwas Ersprießliches beitragen zu können.

Dagegen hörte man in S. Blasien einen besonders guten und
schönen Choral. „Bei der Einweihung der neuen Kirche daselbst,"
berichtet von Böcklin, „wurde ein Choral (die Antiphon: Ecce sa-
cerdos magnus) intouiert, wozu die Orgel, die Posaunen, Zinken,
Trompeten und Pauken, sammt einigen harmonischen Glocken wechsel=
weise mitspielten, von welcher Art ich in Deutschland noch niemals
eine Musik gehört. Sie hatte große Aehnlichkeit mit dem Chbral=
gesange in der Peterskirche zu Rom." Der Fürstabt selber hatte die
Composition dazu geliefert und Pater Schell, der „herrliche Organist",
trug besonders zur imposanten Ausführung bei[2].

Das ist die Summe der 1000jährigen Geschichte des ehemaligen
Benedictinerstiftes S. Blasien, welches dreimal nach großen Feuers=
brünsten (1322, 1525 und 1768) wie ein Phönix aus der Asche
jedesmal herrlicher wieder erstauden! Es mag daselbst in so vielen
Jahrhunderten intra muros et extra Vieles gefehlt und gesündigt
worden sein; aber vor der urkundlichen und actenmäßigen Darstellung
seines äußern und innern Lebens und Wirkens im großen Ganzen
schmilzt die Mode gewordene Beschuldigung von mönchisch=zelotischer Feind=

---

[1] Die übertriebene Steigerung und Geltung der Instrumental=Musik in den
Klöstern tadelte schon Pater Bisenberger zu Salmannsweil in einer besondern
höchst interessanten Abhandlung de musica monachorum figurata, wovon ich in
meinen „Fahrten und Wanderungen" (I, 76) einen Auszug mitgetheilt.

[2] Nach dem Vorworte der Schrift: Feierlichkeit des Stifts S. Blasien bei
Einweihung des neuen Tempels, S. 13.

schaft gegen den Fortschritt, von pfäffisch-listiger Untergrabung der Volks=
rechte, von unersättlicher Habgier, gewissenloser Erbschleicherei, geist=
licher Hoffahrt und schwelgerischer Üppigkeit, auf gewisse Zeiten
und einzelne Äbte zusammen.

Wollte man die menschlichen Leidenschaften hervorheben, welche auch
in S. Blasien wiederholt das „Haus des Friedens" mit Neid, Haß
und Haber erfüllten — nun, zu allen Zeiten gab es Sterbliche von so
eingefleischter Ichheit, daß sie nicht irgendwelche Überlegenheit geduldig
ertragen konnten. Solche Leute aber, wenn sie geistig beschränkt
sind, fürchten und hassen instinktmäßig jeden Begabteren, feinden ihn
öffentlich und heimlich an und suchen seine Vorzüge womöglich zu ver=
dächtigen und in den Schatten zu stellen.

Bei dem engen Zusammenleben der verschiedentlichst begabten Per=
sönlichkeiten in den Klöstern mußte dieses Übel von desto schlimmeren
Folgen sein, je weniger freie Bewegung daselbst herrschte. Die minder
begabten Köpfe stützten sich auf strenges, ja ängstlich pedantisches Beob=
achten der herkömmlichen Satzungen, fleißigen Chordienst und ähn=
liche Klosterübungen, und suchten von da aus die Verdienste und Be=
vorzugungen ihrer wissenschaftlich gebildeten, gelehrten Mitbrüder miß=
günstig zu verkleinern, als unklösterlich und eitel anzuklagen [1].

Unter dem Drucke dieses Übels, das freilich nicht allein in den
Klöstern herrschte, hatten talentvolle, gelehrte und wissenschaftlich
strebende Religiosen oftmals schwer zu leiden, und gar manchen
mochte zuweilen eine bittere Reue über den gewählten Stand beschleichen.
Um so mehr muß daher die Erscheinung überraschen, daß in Gottes=
häusern, wie S. Blasien, das Licht der Wissenschaften auch während
der ungünstigsten Zeiten niemals ganz erlosch und die Pflege der Ge=
lehrsamkeit immer bald sich wieder erneuerte, wenn ein Vorsteher sich
als Freund derselben bewährte.

Wollte man, um einen andern Schatten auf unser Stift zu werfen,
die Jahrhunderte langen Unruhen der Hauensteiner herbeiziehen, so
würde zu bedenken sein, daß die stiftischen Leibeigenen, von den
Freileuten auf der Bahn ihrer gemeinschaftlichen Einungsverfassung
mit fortgerissen, auch vielfach weiter gegangen, als die verbrieften
Rechte es erlaubten.

---

[1] Gab es doch zu Gerberts Zeit (wie noch später) in Klöstern da und dort
sehr zweideutige Verehrer des strengkirchlichen Prälaten, Eiferer, welche den
Werth des Mannes, als eines Gelehrten erster Klasse, freilich nicht in Abrede stellen
konnten, ihm aber seine Verordnungen gegen unnütze und abergläubische Reli-
gionsgebräuche sehr verübelten und ihn deßhalb nicht zu den „Ächten" zählten. Nach
mündlicher Mittheilung von Pfarrer Speibel.

Wollte man von Eingriffen in die unterthanlichen Erbrechte reden, so wäre dem gegenüber auf die Prozeßacten und Urtheilssprüche der zuständigen Gerichte zu verweisen. Ober wollte man dem Stifte die strenge Erhebung des Drittels, des Leib- und Gutsfalles, ober die Vermengung dieser verhaßten Abgaben, die übertriebene Jagdpolizei und die Nachsicht gegen willkürliche, gewaltthätige Amtleute[1] zum Vorwurf machen, so wird die Thatsache dasselbe einigermaßen entschuldigen, daß diese Härten im Geiste der früheren Zeit gelegen und bei weltlichen Fürsten, Herren und Obrigkeiten noch in weit ärgerer Weise vorgekommen.

Was vielleicht am meisten böses Blut bei den Unterthanen des Stiftes machte, war die Rücksichtslosigkeit, womit dasselbe unsolide und gantmäßige Bauern behandelte, wie die unerbittliche Strenge, womit es systematisch an der Untheilbarkeit der geschlossenen Hofgüter festhielt. Dabei mögen Fälle vorgekommen sein, daß man ungerechterweise auch solche Güter, welche die Hofbesitzer aus eigenem Gelde erworben, zu den Höfen schlug und überschuldeten Bauern grausam versagte, diese Güterstücke zu verkaufen, um sich mit dem Erlöse noch weiter fortzuhelfen.

Das und Ähnliches mag vorgekommen sein, und die einzelnen Fälle mögen nicht wenig erbittert haben; aber im Ganzen waren die Strenge und die Sorgfalt, womit S. Blasien auf weltliche und kirchliche Ordnung hielt, womit es seine großen Bauernhöfe ungeschmälert zu bewahren und alles Proletariat möglichst zurück zu drängen suchte, nur eine Wohlthat für Herrschaft und Unterthan.

Hier, am Schlusse dieser Darstellung, dürfte es noch von Interesse sein, aus der Feder eines Benedictiners zu erfahren, wie die bewunderten Blasianer als „Klostergeistliche" dem Verdammungsurtheile ihrer „aufgeklärten" Mitwelt eben auch verfallen waren. In den Festreden von 1783 finden sich hierüber folgende bezeichnende Stellen.

„Wir leben in einem Jahrhunderte, welches für den ganzen Mönchsstand nicht betrübender sein könnte. Während man uns einer

---

[1] Und hier, bei den weltlichen Beamten des Stiftes, hatte schon früh ein Krebsschaden angesetzt, aus welchem wohl das meiste Übel entsprang. Ich habe es in den stiftischen Acten gelesen und weiß, daß der sanctblasische Unterthan überall weit besser daran war, wo ein Klostergeistlicher das Amt verwaltete. Namentlich haben sich Justiz- und Polizeibeamte der Grafschaft Bonndorf gar Vieles zu Schulden kommen lassen. Es sei nur an den Obervogt Johler erinnert.

seits unsere Güter wegnimmt und auf alle Weise beschränkt, soll uns andrerseits auch unsere Ehre geraubt und alles Verdienst ab= gesprochen sein. Eine zügellose Presse sucht die ganze Klosterverfassung als nutzlos und lächerlich darzustellen. Wir Mönche werden wie eine Bande von Schurken und Taugenichtsen behandelt[1], wie Insecten lin= näisch klassificiert und beschrieben! Jeder eingebildete Scribler will an uns seine Rittersporne verdienen, indem er uns mit allem möglichen Tadel und Spotte überhäuft."

„Das ist unsere Lage. Wir müssen Vorwürfe hören, welche sich widersprechen. Bald soll unser Dasein für's Leben unnütz, für Kirche und Staat verloren sein; bald aber will man uns weder an der Seelsorge, noch an der Pflege der Wissenschaft theilnehmen lassen, oder gnädigst etwa gar Fabrikanten und dergleichen aus uns machen, wie der Verfasser der Briefe über das Mönchswesen."

„Der Eine tadelt uns wegen Übertretung der Klosterzucht, während ein Anderer diese Zucht selber lächerlich und abgeschmackt fin= det. Man macht sich lustig über die strenge, einförmige Ordnung in den Klöstern, und bezeichnet die festgesetzte Zeit des Stillschweigens, der Erquickung, des Gebetes und der Arbeit als unnatürlichen Zwang, den Gehorsam gegen die Obern als dumme Selbstverläugnung, ge= wisse Strafen als kindische Abschreckung und die Strafcapitel als ein despotisches Gericht."

Was Herr von Ittner[2] an ähnlichem Tadel, angeblich aus dem Munde eines ehemaligen Benedictiners, veröffentlichte, enthält allerdings manches Wahre; höchst ungerecht aber ist es in solcher Allgemeinheit, wenn er den Klöstern vorwirft, daß in denselben, bei ihren vielen Hülfsmitteln an Geld, Büchern, Handschriften, Urkunden und physicali= schen Instrumenten, dennoch so wenig geschrieben und der Anbau der Wissenschaften so unverantwortlich vernachlässigt worden sei.

Jedenfalls haben die schwarzwälbischen Benedictinerstifte S. Bla= sien, S. Peter und S. Georgen solchen Tadel nicht verdient. Dort war es dem vielfach verkommenen Ritterabel nicht gelungen, sich in die Abtswürden einzubrängen und dieselben zu einer Versorgungsan=

---

[1] Das war nichts Neues. Schon der Prior Fleury zu Argenteuil schrieb um's Jahr 1700: Lector prudens caute seipsum muniat contra Protestantium praejudicium et quorundam effrenem licentiam Catholicorum in homines monasticae professionis debacchantium. His enim monachi solum nomen causa abundans videtur, hominem despiciendi et optimas, quibus praediti, dotes contemnendi. Nonnulli ideam universalem monachi sibi fingunt tanquam hominis ignorantis, creduli, superstitiosi.

[2] In seinem Aufsatze: Die Klöster.

stalt für seine nachgebornen Söhne zu machen. Diese Gotteshäuser wurden größtentheils aus armen ober wenig bemittelten Bürgers= und Bauernfamilien refrutiert; ihre Zöglinge hatten meist eine harte Jugend durchgemacht und brachten eine „hausbackene Moral" mit in's Kloster; in ihrem Wesen lag etwas Solides, Ernstes, und das Albthal, der Kandel und die Hochebene der Baar erhielten durch ihre stählende Luft das dortige Leben frisch und gesund.

Immer haben sich, wie in der ältern, so in der neuern Zeit, unter den Äbten und Mönchen dieser Stifte einige der Gelehrsam= keit gewidmet und fleißige Arbeiten geliefert, von denen die Welt ein= fach nichts erfuhr, weil sie ungebruckt geblieben [1].

Doch, auch das Gebruckte kam nicht ohne Tadel davon; wenigstens hieß es: „Welch' barbarisches Latein," ober: „Welch' ungenießbares Deutsch." Gestehen muß man allerdings, daß z. B. der sanctblasische Pater Reble seine Umarbeitung von Abt Caspars Klosterchronik durch Geschmacklosigkeit der Sprache und Darstellung beinahe unlesbar gemacht, was um so mehr mißfällt, als die Urschrift noch in einem ganz einfachen, treuherzigen und kernhaften Schwarzwälber Deutsch abgefaßt ist. Aber die Verschlechterung der Muttersprache war seit dem Wiederaufleben der altklassischen Literatur und seit dem Einflusse der französischen in Deutschland ein allgemeines Übel, welchem auch die gebildetsten Geister unterlagen.

Gleichwohl schrieb schon Abt Gerbert wieder ein richtiges, reines Hochdeutsch, welches leicht besser sein dürfte, als zuweilen sein ungleiches Latein. Und das „barbarische Latein" der Mönche hatte sich auch gebessert, nicht als todte, sondern als lebende Sprache, welche ihren eigenen Entwicklungsgang gehabt, und nicht allein geschrieben, sondern auch gesprochen wurde, in gewissen Kreisen mehr und geläufiger, als das Deutsche. Ich weiß nicht, was in solchem Sinne einfacher, klarer geschrieben, wie leichter und angenehmer zu lesen wäre, als die Werke eines Neugart oder Ussermann.

---

[1] Von S. Blasien finden wir bei Mone (Quellens. I, Einleit. 64) ein langes Verzeichniß der ungedruckten Arbeiten. Zu S. Peter sammelten und verarbeiteten der gelehrte Abt Steyerer und die Patres Bürgi und Baumeister das ganze Material des Klosterarchives; die Annales monasterii S. Petri des letztern (3 starke Quartanten) verdienten wohl noch jetzt, gedruckt zu werden. In S. Georgen, wo der ausgezeichnete Abt Gaißer (gest. 1690) das Beispiel eines ebenso fleißigen, als gelehrten Schriftstellers hinterlassen, verfaßte der emsige Archivar Lenz (wenn ich mich im Namen nicht irre) eine ausführliche Geschichte seines Stiftes mit einem reichen Urkunden=Buche, welches Werk aber durch die Klosteraufhebung unterbrochen wurde.

„Kein Fach der Gottesgelehrtheit," sagt Gerbert am Schlusse seiner Sylva nigra, „blieb während unseres Jahrhunderts unter den Benedictinern des Schwarzwaldes unbebaut. Das bezeugen ihre zahlreichen Werke aller Gattung. Das Studium der heiligen Schrift förderten die Gebrüder Cartier zu Ettenheim-Münster durch ihre treffliche, mit Erläuterungen aus den Kirchenvätern und einer deutschen Übersetzung versehenen Bibelausgabe. Der gelehrte Pater Dornblut zu Gengenbach machte sich durch Herausgabe einer Reihe eigener, wie durch Übertragung fremder Schriften religiösen Inhaltes in's Deutsche verdient; und das Studium der orientalischen Sprachen pflegten und verbreiteten unsere beiden Patres Linder und Ussermann durch ihre Grammatiken und Lexica, wie mündlich in den Schulen zu S. Blasien, Freiburg und Salzburg."

„Die Bearbeitung des Kirchenrechtes erhielt eine andere Gestalt durch Riegger, welcher unserm Orden zwar nicht angehörte, aber in der Schule der Benedictiner seiner Vaterstadt Villingen erzogen war, wie denn gar viele Familien ihre Knaben in die Klosterschulen zu schicken pflegen, um dieselben nicht allein in den Anfängen der Wissenschaft, sondern auch in der Frömmigkeit und guten Sitte erziehen zu lassen. Daher wurde von den Benedictinern auch immer für gute Erbauungsbücher gesorgt und namentlich dem Brevier eine entsprechendere Einrichtung gegeben."

„Im Bereiche der Geschichtswissenschaft gibt es kaum ein Feld, welches von unseren schwarzwälbischen Ordensbrüdern nicht bearbeitet wäre. Die Namen Herrgott, Heer, Neugart, sind durch ganz Deutschland bekannt, und manche unserer Gelehrten haben zur Cultivierung historischer Fächer mit literarischen Ordensgenossen außerhalb der Gränzen des Schwarzwaldes da und dort Verbindungen angeknüpft, wodurch der Gedanke einer benedictinischen Gelehrten-Gesellschaft in's Leben trat, wie ihn zunächst Pater Ziegelbauer [1] zur

---

[1] Man vergleiche über diesen gelehrten und unermüdlich fleißigen Mann das Diöcesan-Archiv IV, 292. Er hinterließ eine Reihe von Schriften; nebenbei beschäftigten ihn verschiedene schöne und großgedachte Pläne zur Hebung der kirchlichen Gelehrsamkeit.

So unternahm er das großartige Werk einer umfassenden „Geschichte der Literatur des Benedictinerordens", und da sich's bald herausstellte, daß dasselbe unmöglich von einem Einzelnen, sondern nur von einem Vereine gelehrter Mitarbeiter auszuführen sei, so entwarf Ziegelbauer den Plan, den bisher vereinzelten Studien und Arbeiten dieser Richtung einen Vereinigungs- und Mittelpunct zu verschaffen durch die Gründung einer Societas literarum Germano-Benedictina. Derselbe fand eine vielseitige Zustimmung in der gelehrten Welt, selbst von Protestanten, wie

Begründung einer umfassenden Literaturgeschichte seines Ordens aufgefaßt. Hieraus entwickelte sich sofort der Plan eines gemeinsamen Seminars oder Collegiums für die deutschen Benedictiner nach dem Vorbilde der Congregatio S. Mauri in Frankreich."

„Dergestalt kam es, daß auch protestantische Literaturhistoriker, wie Heumann, das Bekenntniß ablegen mußten: Hoc saeculo XVIII monachi quoque nonnulli otio suo uti coeperunt ad strenuas colendas literas. Habemus ex hisce claustris progressos historicos, oratores et poëtas eximios. Maxime Benedictini ac Jesuitae de eruditionis palma inter se certarunt."

So stund es in den schwarzwäldischen Benedictiner-Klöstern. S. Georgen und S. Peter besaßen treffliche Schulen, pflegten Kunst und Wissenschaft, und gediehen auch ökonomisch durch wohlgeordnete Hauswirtschaft. Und S. Blasien, dieses wahrhaft fürstliche Stift — es war eine Academie von Gelehrten, eine klösterliche Musteranstalt, welche unter Gerberts Führung und Verwaltung zur vollsten, schönsten Blüthe gedieh.

Abt Gerbert sah sich durch seine Wahl aus der Stille geliebter Studien herausgerissen[1] und durch den Brand von 1768 in ein peinliches Gedränge von Sorgen und Geschäften gestürzt. Der Mann aber, welcher die Pflichten und Arbeiten eines Klostervorstehers so klar vor Augen hatte, bewältigte sie auch und lieferte den glänzendsten Beweis, was aus einer Anstalt des „unnützen Mönchswesens" zu schaffen und heranzubilden sei.

Als Fürstabt Martin verschied, erfüllten Schmerz und Betrübniß alle Treu- und Redlichgesinnten der ganzen Klosterfamilie; denn sie empfanden es tief, was es heiße, einen solchen Vorsteher zu verlieren.

---

namentlich von Gottsched. Da starb der unternehmende Pater und sein bisheriger Gehülfe, der Benedictiner Legipont, setzte zum Behufe der Ausführung des begonnenen Literatur-Werkes die Bemühungen pro inienda et stabilienda Societate literaria unter den deutschen Benedictinern mit allem Eifer fort. Obwohl aber der gelehrte Cardinal Quirinus die Protection übernommen und eine Reihe der angesehensten Prälaten des Ordens ihren Beitritt zugesagt, scheiterte das Unternehmen dennoch an damals unüberwindlichen Hemmnissen und Schwierigkeiten.

[1] Nunc, schrieb er unterm 24. März 1765 an den Abt von S. Georgen, nunc sub prelo est Iter alemannicum, dumque haec scribo, affertur ad me plagula illa, quae de tuo agit monasterio tuisque in rem literariam promovendam meritis. Sed jam omnia lente procedunt, neque aliquid moliri licebit, nisi quod prius jam elucubraveram *antequam a jucundissimo meo otio literario avellerer, in quo sorte mea contentissimus eram, nihil unquam aliud cogitans aut affectans.* Id quod ipsum facit, ut velut in alium orbem translatus videar et quidem difficillimis his temporibus statui ecclesiastico tam funestis.

Dieses drückte sich auch sprechend in dem herrlichen C h o r a l e aus, welcher am Grabe des Hingeschiedenen gesungen ward. Der gedruckte Text [1] desselben trug die Überschrift: „Der Untergang der Sonne" und ließ den Schutzgeist des Stiftes sagen:

> Sanct Blasien, für dich ist es bestimmt
> Das bitt're Loos, daß deine Sonne weichet.
> Ergieb dich Gott, der Fürsten schickt und nimmt,
> Und trink' den Kelch, den dir der Himmel reichet.
> Trink' ihn, den Kelch der schon gewöhnten Leiden,
> Trink' ihn und fei're deines Vaters Scheiden;
> Feir' es im trauerschwarzen Florgewand,
> Weil deine Sonne,
> Weil deine Wonne
> Zu früh', ach viel zu früh' verschwand!

Es gab wohl einige Stiftsglieder, welchen (aus ganz gegentheiligen Gründen) diese Trauer wenig von Herzen gieng; aber ihre Hoffnungen schlugen fehl, denn G e r b e r t s Nachfolger huldigten weder einem Rück= schritte, wie ihn der und jener Conventuale heimlich wünschte, noch der belobten Zeitrichtung, wie es etliche jüngere Patres gerne gesehen. Die Fürstäbte M a u r i z und B e r c h t o l d hielten sich ebenso streng an den Geist ihrer Kirche, als an die Satzungen ihres Ordens, und be= traten im Übrigen einen gemessenen Mittelweg, wie sehr auch zelotische Aufklärer mündlich und schriftlich es tadelten.

---

[1] „Der Untergang der Sonne. Ein Trauerlied auf den hochsel. Hintritt des Fürstabtes M a r t i n II. S. Blasien 1793." Die Singenden stellten dar den Schutzgeist des Stiftes, die Religion und vier Bewohner des Albthales. Beim Leichenbegängnisse befanden sich außer dem Weihbischofe v o n B a d e n, der Regierungs= präsident von Summerau, der landständische Präsident von Baden, der Vice= präsident von Bissing, die Grafen von Durant und von Sickingen aus Freiburg, die Prälaten von Rheinau und S. Trubbert, der Domherr von Thurn und der Waldvogt aus Waldshut. Die Trauerrede verfaßte (da der dazu bestimmte Pfarrer von Thiengen durch's Podagra verhindert war) der sanctblasische Capitular Weiß, „wozu er nur drei Tage Zeit hatte, und bennoch ein Meisterstück lieferte." Nach einem Schreiben aus Bonndorf vom 25. Juni 1793.